KB211129

평신도를 깨운다

제자 훈련의 원리와 실제

평신도를 깨운다

옥한흠 지음

국제제자훈련원

지역 교회에서
이름도 없이 빛도 없이
오직 평신도를 예수의 제자로 만들기 위해
힘을 다해 수고하는 동역자들에게
이 책을 드립니다.

개정판을 내면서

14년 만에 다시 쓰는《평신도를 깨운다》

《평신도를 깨운다》가 세상에 나온 지 14년이 조금 넘었습니다. 그동 안 하나님께 감사와 영광을 돌려야 할 일이 한두 가지가 아니었습 니다. 많은 선후배 동역자가 보내준 격려를 잊을 수 없습니다. 무엇 보다 일선 목회자와 신학생 그리고 뜻있는 평신도들이 이 책에 보 여준 진지한 관심은 참으로 놀라웠습니다.

솔직히 말해 이처럼 오랜 시간 제자훈련이 꾸준하게 저변을 확대 해 가리라고는 미처 예상하지 못했습니다. 1년이 멀다 하고 교계에 불어닥치는 변화가 워낙 대단해서, 제자훈련도 몇 년 못 가 관심을 끌지 못하는 낡은 것이 되지 않으리라는 보장을 아무도 할 수 없었 기 때문입니다. 그러나 상황은 정반대로 바뀌고 있습니다. 해를 거 듭할수록 제자훈련의 중요성에 공감하는 교역자들이 늘어가고 있 습니다.

그럼에도 사랑의교회 주일 집회 참석 인원이 천 명을 밑돌 때 내 놓았던 책을 지금까지 한 번도 제대로 보완하지 못했다는 사실은 저자로서 큰 부담이었습니다. 여러 번 손을 대보려고 시도했지만, 그때마다 과중한 업무로 중단하지 않으면 안 되었습니다.

그동안 사랑의교회에는 엄청난 변화가 있었습니다. 지금도 계속 변화의 바람을 타고 있습니다. 그리고 교계에서는 제자훈련에 대한

평신도를 깨운다

전반적인 인식이 전과는 비교가 되지 않을 정도로 긍정적입니다. 국내외로 제자훈련 목회를 통해 건강한 체질을 회복하여 놀랍게 성장하는 지역 교회를 만나는 일이 어렵지 않습니다.

앞으로 제자훈련을 향한 요구가 갈수록 더 증폭될 수 있음을 예상하게 하는 자료들이 연이어 나오고 있습니다. 이와 같은 현실에 더 효과적으로 부응하기 위해 이번에 개정판을 내놓게 되었습니다. 이전의 내용을 상당 부분 수정하고 교체했습니다. 그리고 그동안 오랜 경험을 통해 새로 정리된 자료로 많이 보완할 수 있었습니다.

무엇보다 사랑의교회 창립 20주년에 맞추어 현장 공개되는 내용을 다각도로 담을 수 있었다는 것은 참 감사한 일입니다. 제자훈련 목회의 잠재력이 얼마나 대단한가를 보여주는 현장으로서 나름대로 제구실을 하리라고 생각합니다.

지금 한국 교회는 그 밑바닥으로부터 거부할 수 없는 새로운 변화가 일어나고 있음이 틀림없습니다. 평신도를 깨워야 한다는 신념을 가진 지도자가 늘면 늘수록 이 변화가 주는 진동의 폭은 더 커질 것입니다.

오랜 전통으로 굳어 있는 교회의 토양에 제자훈련이라는 새로운 묘목을 이식하는 일은 순교를 각오하지 않으면 안 되는 일처럼 어려워 보이는 것이 사실이지만, 그럼에도 겁 없이 뛰어드는 교역자가 있는 이상 한국 교회의 전망은 밝다고 확신합니다. 하지만 본서는 여명을 알리는 새벽닭의 첫 울음소리에 지나지 않습니다. 제자훈련에 대해 더 활발한 연구가 있어야 할 것입니다.

본서는 엄격히 말하면 저자 혼자서 쓴 것이 아닙니다. 지난 20년 동안 담임목사와 함께 눈물과 땀을 아끼지 아니한 형제자매들이 보이지 않는 붓으로 한 장 한 장 메꾸어 만들어진 것입니다. 예수 그리스도를 누구보다 더 사랑하길 원하는 그들의 정신이 이 책 속에서 숨 쉬고 있음을 먼저 밝혀두고 싶습니다.

누군가가 자신의 사상을 글로 표현하려 함은 뭔가 완전한 것을 얻었기 때문이 아닙니다. 불완전하지만 다른 사람과 나누고 싶은 것이 있어서입니다. 별스러운 것이 아니지만 혼자 마음속에 가만히 담아두기에는 답답해서입니다. 그리고 자기가 하는 말에는 확실한 진리가 들어 있으며 하나님이 기뻐하신다면 그 진리가 큰 우렛소리로 바뀔 날이 반드시 올 것이라는 믿음이 있기 때문입니다. 본서 역시 비슷한 동기에서 나왔다고 보아도 크게 틀리지 않습니다.

본 지면을 빌어 저자가 감사하고 싶은 분들이 너무 많습니다. 우선 저자와 함께 평신도 제자화의 비전을 안고 지금까지 변함없이 뛰고 있는 사랑의교회 교역자들에게 진심으로 감사를 드립니다. 그들은 자기 자신을 잊어버리고, 성도를 온전하게 하며 봉사의 일을 하게 하는 사역에 전력을 쏟은 그리스도의 충성스러운 일꾼들입니다.

사랑의교회 평신도 제자화의 첫 열매요, 기수(旗手)라고 할 분들이 있다면 다름 아닌 장로들을 위시한 남녀 순장들입니다. 그들은 담임목사와 분담 사역을 하는 평신도 지도자로서 각자 책임을 맡은 다락방과 봉사 현장에서 무거운 십자가를 지고 주님을 따르는 사람들입니다. 그들은 평신도가 하나님 나라를 위해 얼마나 놀라운 소명을 받았으며 얼마나 큰 잠재력을 갖고 있는지를 실증한 프론티어입니다. 평신도가 어떤 존재이며 무엇을 할 수 있는가를 자신의 인격과 삶을 통해 웅변적으로 말해준 그리스도의 제자들입니다. 저자는 그들을 만나게 하신 하나님께 진심으로 감사를 드립니다.

그리고 사랑의교회에는 담임목사를 위해 주야로 기도하는 평신도가 많습니다. 저자가 본서를 내놓기까지 그들에게 사랑의 빚을 얼마나 크게 졌는지 모릅니다. 지면으로나마 자랑스러운 그들에게 마음을 담아 사랑을 전합니다.

정말 고맙게 생각되는 분들이 있습니다. 똑같은 목회 철학을 가지고 국내외에서 평신도를 깨우느라 그동안 많은 땀과 눈물을 흘린 자랑스러운 동역자들입니다. 그들의 격려와 사랑이 없었다면 본서를 다시 내놓기가 어려웠을지 모릅니다. 앞으로도 변함없는 격려가 있기를 바랍니다.

그리고 항상 즐거운 마음으로 곁에서 손발처럼 봉사하는 비서 오정일 집사, 정호선, 박정은 자매에게 사랑과 감사를 전하고 싶습니다.

1998년 8월

옥한흠

차례

서론

지나간 기독교의 발자취를 더듬어보면 교회는 언제나 세상에서 살 얼음 위를 걷는 것 같은 불안감을 숙명처럼 안고 살아왔음을 알 수 있다. 교회가 위축되어 있을 때는 그 시대 나름의 긴장 때문에 자책과 진통을 피할 수 없었고, 교회가 부흥 일로에 들어서면 그다음에 따라올지 모르는 부패와 세속화를 걱정하면서 마음을 놓지 못했다.

오늘날 우리가 처한 상황이 바로 후자가 아닌가 생각한다. 이런 불안은 악한 세력이 여전히 활동하는 이 세상에서, 교회가 빛과 소금 구실을 바로 하게 하시려는 성령의 근심이요 탄식이라고 보아야 한다. 그것은 교회가 빛과 소금 역할을 똑바로 하도록 촉구하기 때문이다. 그 불안이 남아 있는 이상 교회는 잠들지 못할 것이 틀림없다.

평신도의 위치와 역할을 다시 회복하지 않으면 안 된다는 열띤 주장에 관해서 우리는 20세기부터 귀가 아프도록 들어 왔다. 이것역시 교회가 안고 있는 하나의 불안증을 나타내는 것이다. 현대 사회를 하나님의 이름이 거룩히 여김을 받는 의의 나라로 변화시키려면 교회가 구태의연하게 가만히 있으면 안 된다는 것을 알려주는 일종의 경종이다.

사실 평신도는 오늘날의 교회에서 대단히 심각한 문제로 등장하고 있다. 긍정적으로 보면 교회가 희망을 두고 기대할 만한 최대, 최선의 잠재력이고, 부정적으로 보면 교회에 대한 심각한 도전이 될 수도 있기 때문이다. 어느 편으로 발전되는가는 전적으로 교회 지도자의 손에 달려 있다.

하지만 '평신도의 재발견'은 교회 지도자들에게 대단히 무거운 짐이다. 그것은 우리의 목회 방향과 강조점을 대폭 수정하도록 강요하는 것이나 다름없기 때문이다. 많은 목회자가 평신도에게 깊은 관심이 있음에도 두려움과 좌절감을 떨쳐버리지 못하는 것은 그 문제가 그만큼 목회의 깊은 곳을 건드리는 날카로운 데가 있기 때문이다.

솔직하게 말해서 우리는 평신도 문제로 전통적인 목회 철학에 어떤 변화를 추구하는 것을 대단히 주저한다. 주저한다기보다 싫어하는 편이다. 왜 그럴까? 그것은 마음에 드는 방법론 하나를 빌려 와서 모방한다고 해서 해결될 성질의 것이 아니기 때문이다. 그 문제는 아무도 건드리려 하지 않는 환자의 환처를 찾아 수술할 것을 결단하는 일이나 다름없다. 이런 의미에서 평신도에 대한 새로운 각성은 개혁의 성격을 띠고 있다고 보아야 한다.

우리가 아는 바와 같이 개혁은 쉽게 일어나지도, 쉽게 거두어지는 것도 아니다. 오늘날 교회 안에 자리 잡은 내향적인 사고와 편견에서 벗어나 평신도의 실체를 올바로 보는 안목은 교회의 개혁을 논하기 이전에, 먼저 지도자 자신의 개혁을 전제해야만 열리는 것이다. 사실상 시대적으로 보면 교회의 개혁은 교역자의 개혁을 의미하는 때가 많았다. 그들의 마음에 변화가 일어나지 않는 한 교회가 스스로 변화를 맛본다는 것은 정말 어려운 일이다.

평신도를 깨운다

《평신도 신학》을 쓴 평신도 신학자 헨드릭 크래머가 교회 개혁을 끊임없는 명령으로 보고 그것을 항상 교회의 생명과 직결된 것으로 해석한 것은 옳았다고 생각한다.

> 이러한 의미에서 교회의 개혁은 어떠한 종류의 교회를 막론하고 없어서는 안 될 꼭 필요한 요소이다. 즉 번창하는 교회나 쇠퇴하는 교회나, 또 자기만족에 빠져 있는 교회나 낙심하는 교회나, 거기에는 구별이 없다. 이와 같은 끊임없는 개혁이라는 법칙의 빛에 비춰볼 때 비로소 평신도는 그 본질적인 위치와 의미를 찾을 수 있다. 교회 전체가 이 끊임없는 개혁을 위해 소명을 받고 있기 때문이다.[1]

제1부는 우리가 다 같이 걱정해야 할 현대 교회의 문제점을 파악하는 데 목적이 있다. 정확한 문제의식은 그 자체에 이미 해답이 있음을 우리는 잘 알고 있다. 이런 의미에서 거부감을 일으키는 일이라도 솔직하게 대면해 찾아보는 것은 대단히 중요한 일이다. 더불어 평신도라는 개념이 무엇을 의미하는가를 교역자와 비교하여 간략하게 다루고 있다.

제2부는 교회를 예배하는 공동체로만 볼 것이 아니라 평신도가 소명자로서 상호 사역하고, 증거하는 공동체로 재조명해야 하는 까닭을 이야기한다. 이 목적을 위해 교회의 사도적 본질과 만인 제사장직 그리고 몸의 지체로서의 개념을 무엇보다 먼저 다루었다. 평신도를 재발견해야 한다는 주장은 어떤 일시적인 신학 사조가 아니라 성경 말씀이 보여주는 교회의 본질과 그 소명에 일치하는 근본적인 과제임을 확인할 수 있다.

교회는 왜 세상에 존재하는가? 평신도가 교회와 세상에서 맡은 역할은 무엇인가? 이런 질문에 대한 바른 해답을 우리는 성경을 통해 새로 얻어야 할 시점에 서 있다. 여기서 어떠한 해답을 얻느냐에 따라 우리의 목회 철학은 달라진다. 이러한 맥락에서 볼 때 목회 철학이란 교회론에서 생긴 목회자 자신의 목회 신념을 말하는 것이다.

불행하게도 우리 대부분은 교회의 사도성이나 평신도라는 개념을 매우 소극적으로 처리하는 교회 분위기에 오랫동안 젖어 있었다. 교회를 책임감 있게 지도하는 목회자로서 회생(回生)하려면 자기도 모르게 갇혀 버린 조개껍데기에서 빠져나오는 것이 최선이다.

제3부는 제자도에 관해 다루고 있다. 제자도는 교회의 본질에 일치하는 평신도의 자아상을 재건하는 데 없어서는 안 될 성경적인 기본 전략이라고 할 수 있다. 한 마디로 제자도는 이상적인 평신도상의 전부다. 평신도를 어떠한 표준에 맞추어 교육하고 훈련할 것인가에 관해 예수님이 가르치신 답변이다. 이런 의미에서 제자도는 평신도 재발견이라는 방향을 선명하게 가리키고 있다.

제4부는 평신도 계발을 위한 제자훈련의 실제적인 원리와 방법을 개괄하고 있다. 분명한 목회 철학과 전략을 확립한다면 그다음으로 가장 이상적인 방법을 찾는 일은 그다지 어렵지 않다. 제자훈련이야말로 여기에 대한 대답이라고 할 수 있다. 예수님께서 몸소 실천하셨던 소그룹 형태의 훈련은 가장 효과적인 교육 방법의 하나라는 것이 입증되고 있다. 여기에 담긴 중요한 특징을 검토하여 목회 현장에 적용한다면 큰 도움이 될 것이다.

제5부에서는 지역 교회에서 평신도를 주체로 만들기 위해 제자도 전략대로 그들을 훈련하고 있는 어느 목회 현장을 방문할 것이다. 거기에서 무엇을 하고 있으며 실제로 무엇이 일어나고 있는가를 좋은 점과 나쁜 점을 구분하면서 분석 검토하겠다. 평신도의 제자화

가 지역 교회에서 어느 정도 가능한가를 부분적으로나마 타진하는 좋은 기회가 될 것이다.

1980년대까지만 해도 주변에서 이러한 실제적인 자료를 구할 목회 현장을 찾기가 쉽지 않았다. 그러나 지금은 조금만 관심을 두고 살피면 아름답고 건강한 현장을 어렵지 않게 발견할 수 있다. 한국 교회가 조금씩 갱신되고 있다는 청신호로 보아도 된다고 생각한다. 언젠가 이 나라에 세워진 모든 교회가 예수의 제자로 가득해질 날을 기대해본다.

1부

현대 교회와 평신도

Called to Awaken the Laity

1장
문제와 도전

폭발적인 교회 부흥

20세기 중반 이후 20~30년 동안은 한국 교회가 국제적으로 선망의 대상이 되었다. 폭발적인 성장, 큰 교회들, 열정적인 성도 등 많은 찬사와 격려가 날아들었다. 일본에서 일하던 어느 선교사는 오래전부터 한국 교회 부흥을 현대 선교 역사상 위대한 드라마 중 하나라고 불렀다.[1]

알렌과 언더우드, 두 선교사가 1884년에 한국에서 선교를 시작하고 첫 개심자를 얻은 것은 2년 후인 1886년이었다. 그로부터 1세기가 지난 1983년 한 해에만 우리나라에서는 약 60만 명의 신자가 증가했다. 어느 통계에 따르면 한국 교회는 매년 13~15퍼센트의 성장률을 보여왔는데, 이는 인구 증가율 2퍼센트보다 6~7배 앞서는 것이다.

지난 1970년대 중반부터 연간 4,000여 개의 교회가 생겨나 하루 10개꼴로 새 교회가 탄생하는 놀라운 결과를 맞았다.[2] 선교 100주년을 전후하여 우리는 4천만 가운데 4분의 1이 기독교 신자라는 말을 주저하지 않고 할 수 있을 만큼 경이적인 부흥을 이룬 것이 사실이다.

교회가 그처럼 급성장하게 된 배후에는 그다지 어렵지 않게 발견할 수 있는 몇 가지 요인이 오랫동안 작용하고 있었다. 지난 20여 년 동안 소외된 젊은이의 세계에 성경 하나만을 가지고 뛰어들어 그들의 가슴을 복음의 불길로 타오르게 했던 복음주의 선교 기관들의 지속적인 복음화 운동, 오순절 운동의 거센 열풍이 가져다준 충격, 그리고 이와 같은 외부적인 도전에 크게 자극받은 교회 자체의 영적 각성 등을 중요한 요소로 꼽을 수 있다. 여기에 한 가지를 더 들자면, 복음이 들어온 이래 오랫동안 계속된 정치적, 사회적 불안 요인이 교회 성장에 긍정적으로 기여했음은 주지의 사실이다.

분명히 한국 교회는 고난의 풀무 속에서 연단을 받아 왔다. 그 연단은 오늘의 열매를 거두는 밑거름이 되었는데, 많은 환난 가운데서 주신 하나님의 위로가 특별히 풍성했던 것이다. 이런 의미에서 우리는 한국 교회가 절대로 우연히 존재하는 것이 아님을 기억해야 한다.

부흥이 가져다준 문제점

오늘날 한국 교회를 걱정하거나 비판하는 소리를 자주 들을 수 있다. 이와 관련하여 우리는 오래전부터 심상치 않은 자각 증세를 느끼고 있었다. 현실 교회를 볼 때마다, 마치 제멋대로 쌓아 올린 벽돌 더미 곁에 있을 때와 같은 불안과 두려움을 느끼기 때문이다.

우리는 모두 교회를 향해 될 수 있는 한 긍정적인 시각을 갖고 싶다. 예수 그리스도께서 승리하셨기 때문에 교회의 미래를 놓고 부정적인 시각을 보인다면 그것은 곧 불신앙으로 간주되기 때문이다. 더욱이 교회 부흥에 관한 한 언제나 밝고 적극적인 어조로 말해야 하는 것처럼 인식해왔다.

"한국 교회는 반드시 제2의 부흥기를 맞이할 것입니다." "21세기를 위해 하나님은 한국 교회를 크게 들어 쓰실 것입니다. 그러기 위해 교회의 부흥과 함께 선교를 뒷받침할 수 있는 경제 부흥도 함께 허락하실 것입니다."

누구나 들으면 기분이 좋고 힘이 나는 이야기이다. 그러나 수십 년 동안 양적 성장에만 매달렸던 한국 교회가 듣기 좋은 낙관론을 펴고 앉아 있기에는 그 형편이 지금 매우 심각하다는 데 문제가 있다. 성장이 멈추었다거나 개척 교회가 잘 안 된다는 것 때문에 하는 말이 아니다. 그런 것들은 심장병 환자가 느끼는 자각 증세에 지나지 않는다. 우리를 긴장시키는 것은 자각 증세가 아니라 심장병 그 자체다. 우리는 지금 이렇게 고백해야만 하는 입장이 되었다. "교회 부흥이 왜 안 되는가? 교회 때문에 안 된다. 교회가 교회의 부흥을 가로막고 있다."

이상하게 들릴지 모르지만, 한국 교회의 부흥은 그 성격이나 유형이 지난 30여 년 동안 고도성장을 주도해 온 근대화 운동과 비슷한 데가 있다. 한동안 '잘살아보세'라는 구호 아래 경제 성장은 우리의 우상이 되었다. 그래서 목표를 달성하기 위해서라면 과정상의 윤리는 큰 문제가 되지 않았다.

그 결과 세계에서 가장 정직하지 못한 나라 중 하나로, 배금주의의 희생양으로, 얻은 것 못지않게 잃은 것이 많은 나라로, 뇌물 풍토와 부정부패로 그 기반이 병들어버린 사회로 이미지가 굳어졌다.

부패 퇴치 민간 기관인 〈국제투명성기구〉(Transparency International) 워싱턴 사무실에서 공개한 1996년도 TI 국제 부패 지수에 따르면 한국은 전체 대상 54개국 중 27위에 머물렀다. 이것이 우리의 현주소이다. 지금은 고속 성장 드라이브 정책으로 생긴 경제 거품을 걷어내느라 막대한 출혈을 감내해야 하는 지경에 이르렀다.

이런 문제가 어찌 경제계에만 해당한다고 할 수 있겠는가? 교회 안에도 과감히 걷어 내어야 할 거품이 한두 가지가 아니다. 부흥 혹은 성장이라는 말을 지나치게 양적 개념으로만 해석하여 얼마나 모이는가, 얼마나 크게 지었는가, 헌금이 얼마나 나오는가가 우상처럼 여겨져 왔다. 수적인 목표 달성을 위해서라면 교회 지도자들이 목회 윤리마저 예사로 파기하는가 하면, 세상적인 마케팅 전략을 비판 없이 받아들이고, 어떤 경우에는 무속적인 요소마저 도입하는 영적 혼란을 자초했다.

물론 부흥은 양과 질을 다 포함하는 것이라고 성경은 가르친다. 어느 한 편으로 치우쳐서 균형을 잃는 것은 진정한 부흥이 아니다. 어떤 경우에도 한 가지 분명한 사실은 질이 양을 결정하는 부흥이 건강한 부흥이라는 것이다. 그러나 거꾸로 양이 질을 결정할 수 있다는 생각을 조금이라도 한다면 우리는 이미 기독교의 본질에서 벗어나고 있다는 사실을 자각해야 한다.

삼허 현상

양적 성장에 급급한 나머지 우리가 자초한 후유증 중에는 '삼허 현상'(三虛 現象)이라고 이름 붙일 수 있는 문제가 가장 심각하지 않나 생각된다. 무엇이 삼허 현상인가? 허수, 허세, 허상이다.

허수(虛數)는 한국 교회가 그동안 통탄할 정도로 통계에 정직하지 못했음을 지적하는 말이다. 얼마나 이 문제가 심각한지는 정작 교회 지도자들이 한국 교회의 통계를 가장 믿지 않는다는 사실에서 잘

드러난다. 수입이 월 100만 원인 사람이 300만 원 번다고 말한다면 우리는 그 사람의 정직성을 의심한다. 15평 아파트에 살면서 38평에 산다고 하는 사람을 우리는 좋아하지 않는다. 믿을 수 없기 때문이다.

그러나 교인 수 등 중요한 통계치는 두 배, 세 배로 과장해서 말해도 부끄러워하지 않는 것 같다. 어떤 사람은 믿음의 수치라고 변명하는 것을 본다. 그럴 수 있을지도 모른다. 그러나 무엇이 문제인가? 우리의 정직성에 이상이 생겼다는 것이다. 물량주의에 오염되어 있다는 것이다. 자기 과시욕에 사로잡혀 있다는 것이다. 만일 불신자들이 이런 사실을 알면 누가 예수를 믿겠는가?

우리가 교회의 크기만을 앞세우는 눈을 갖게 되면 자연히 목회를 '성공'이라는 좁은 렌즈를 통해서만 보게 된다. 그러면 우리에게는 커다란 맹점이 생긴다. 흔히 성공적인 목회라고 평가받는 5퍼센트 미만의 대형 교회만을 이상적인 교회로 보게 되기 때문이다. 이 점에 관해 빌 헐(Bill Hull)은 잔인할 정도로 이렇게 비판하고 있다.

매우 재능 있고 창조적이며 기업가적인 목사들이 상위 5퍼센트를 독점하고 있다. 그들은 매우 유능하며, 하나님은 그들을 대중 사역에 크게 사용하신다. 그러나 우리가 추구하는 모델에 따르면, 그들은 유익보다는 해를 더 많이 끼치고 있다.

그런 상위 5퍼센트에 대해 듣거나 보지 않았더라면 대부분 목사는 더 나은 사역을 했을 것이다. 상위 5퍼센트는 보통의 목사들에게 비현실적이며 도달할 수 없는, 그리고 자기 사역을 위협하는 죄책감만 주는 모델을 제시한다. 상위 5퍼센트처럼 되어야 한다는 부담이 많은 목사를 망치고 있다.[3]

듣기에 매우 거북한 혹평이지만 허수의 우상 앞에 절하기를 거부하는 지도자라면 삼켜야 할 쓴 약으로 알고 받아야 할 것이다.

하나님은 한 영혼을 천하보다 귀하게 여기신다. 진정한 부흥은 한 영혼의 가치를 바로 인식하는 데서부터 시작되어야 한다. 참 교회는 회중의 크기로 결정되는 것이 아님을 잊지 말아야 할 것이다. 이런 의미에서 한국 교회의 허수를 실수(實數)로 돌려놓는 양심 운동이 선행되어야 한다고 믿는다.

허세(虛勢)는 사회 각 분야마다 교회 다니는 사람은 많은 데 비해 그 영향력이 미미한 것을 가리키는 말이다. 한때는 국가의 최고 통수권자로부터 시작하여 행정부 요직과 재계, 교육계 등 여기저기에 그리스도인이 들어 있지 않은 데가 거의 없었다.

모 신문 기사에 의하면 1993~97년까지 장차관으로 임명된 인사 중에서 기독교인의 비율이 67.8퍼센트에 이를 정도로 대단했다. 그럼에도 이 사회는 정신적으로 도덕적으로 심지어 시민 질서에 이르기까지 점점 악화 일로를 걷고 있다. 안타깝게도 큼직한 스캔이 터졌다 하면 장로나 집사라는 직함을 가진 인사들이 자주 거론된다. 이것은 무엇을 말하는가? 한국 교회가 사회에서 제구실을 못 하고 있다는 사실을 지적하는 것이다.

믿는 사람이 있어도 소금의 맛을 내지 못한다면 그것은 허세에 불과하다. 이것이 개신교의 현주소라고 할 때 얼마나 안타까운가? 그러므로 우리가 진정한 부흥을 사모한다면 우리의 허세를 실세(實勢)로 바꾸는 작업부터 서둘러야 할 것이다. 이것은 회개를 의미할 수도 있고 자체 정비를 말하는 것일 수도 있다.

허상(虛像)은 한국 교회에 몸담은 대부분 평신도가 신앙과 삶을 일치시키지 못해 불신자와 차별성을 보이는 데 실패하는 현상을 가

평신도를 깨운다

리키는 말이다. 기독교의 생명은 신앙이 인격과 삶에 변화를 일으키는 데 있다. 그래서 믿는다는 것은 곧, 바로 행하는 것을 의미한다. 불행하게도 오늘날 한국 교회가 사회에 비치는 이미지는 '너나 나나 매한가지'라는 것이다.

종교 개혁자들이 우리에게 남겨준 위대한 유산 가운데 하나는 개인적인 신앙생활과 사회생활을 구분하는 이원론을 배척해야 한다는 것이었다. 그리스도인은 세상에 있으면서 세상에 속하지 않는 균형 잡힌 영성을 추구해야 한다. 하나님을 아는 것이 우리를 아는 것이다. 우리 삶과 유리되어 하나님을 아는 것과 하나님 없이 우리 삶을 이해하는 것 모두 종교개혁이 말하는 영성이 아니다.[4]

만일 신앙생활이 교회당이라는 울타리 안에서만 중시된다면 이것은 하나님의 피조물인 세상에서 도피하는 종교 행위에 지나지 않는다. 믿음은 타락한 피조물이 창조주와 화목하도록 회복되는 것과 연관된다. 믿는 자는 이러한 회복의 과정에 매우 중요한 역할을 감당해야 한다. 그리스도인은 창조자인 하나님을 향한 충성과 순종과 사랑이 있기에 세상에 대해서도 마땅히 존중과 관심과 헌신의 태도를 보여야 한다.

이와 같은 종교개혁자들의 위대한 유산을 우리는 잘 보존하지 못하고 있다. 그래서 한국 교회는 빵과 건강을 얻기 위해 예수 주변에 모여드는 무리는 많이 거느리는 듯하지만, 예수를 따르는 제자를 만드는 데는 실패하고 있다. 무리는 허상이다. 그러므로 신앙은 삶이요, 삶은 곧 신앙임을 증명해 보일 수 있는 제자들을 만들어야 한다. 이것이 교회의 허상을 실상으로 바꾸는 지름길이다.

기독교 신자가 전 국민의 의사를 어느 정도 대변할 수 있을 만큼 많아지는 이때, 사람들은 지금이야말로 교회가 가진 진면목이 무엇인가를 보고 싶어 한다. 그들이 안고 있는 문제들을 교회가 대답해주길 바라고 있다. 어떤 국제적인 행사를 열어 과시하는 데서 그치지 않고, 생활 현장에서 그들과 날마다 얼굴을 맞대고 대면하는 평신도들의 인격과 삶을 통해 살아 있는 대답이 주어지기를 기다린다. 그러나 그들 대부분이 점점 실망의 빛을 감추지 못하고 있다. 맛을 잃은 소금이 사람들의 발에 짓밟히듯, 이제는 교회가 점점 비판의 과녁이 되고 있다.

양적 팽창은 일시적인 현상일 수 있다

전도가 잘 안 되고 교회에 실망을 느낀 젊은이들이 타 종교로 발걸음을 옮기는 가슴 아픈 현실을 우리는 벌써 목격하는 중이다. 교단마다 마이너스 성장 곡선을 그리고 있다. 우리가 사랑했던 성장 주도의 전략이 교회를 쇠퇴하게 하는 원인이 되는 듯한 모순을 만나기도 한다. 이런 부작용은 오래전부터 선진국 교회에서 반복되었던 사건들이다. 〈크리스채너티 투데이〉(*Christianity Today*)에 인용된 그린의 경고를 한 가지 예로 들 수 있다.

그린은 미국이 기술 분야에서는 영국을 앞지르고 있지만, 종교 분야에서는 그렇지 못하다는 사실을 전제한 다음, 영국의 예로 현 미국 교회를 다음과 같이 예리하게 분석하고 있다.

> 50년 전만 해도 영국 교회는 지금의 미국 교회처럼 교인들로 초만원을 이루고 있었다. 그 당시 우리는 습관적으로 예배에 나와 강단을 쳐다보고 있는 신자들에 만족하고 있었다. 그 결과 사람들은 무력한 교회에 환멸을 느꼈고 설교에 무관심하게 되었다. 지금 영국 교회는 비어 있다.

평신도를 깨운다

미국 교회가 지금은 만원이지만, 평신도의 성경적 깊이, 아니면 영적인 깊이 같은 것이 결여되어 있다. 신앙은 그들의 생활에 뚜렷한 영향을 주지 못하는 감상적인 주일 행사가 되어가는 중이다.

여기에 어떤 변화가 일어나지 않는다면 지금부터 반세기 후에는 영국 교회와 같이 미국 교회도 텅 비고 말 것이다. 만일 내가 미국 교회의 목사라면 교회 밖에 있는 사람들에게 관심을 기울이기 전에 먼저 교회 안에 있는 사람들부터 거듭나도록 돕고 그들의 영적인 기반을 닦아 주는 데 모든 시간을 바칠 것이다.[5]

그린의 예언은 반세기가 되기 전에 이미 미국 교회에서 그대로 적중하고 있음은 우리 모두가 잘 아는 사실이다. 한국 교회가 지금의 영국 교회나 미국 교회가 겪는 운명을 걱정하지 않아도 된다는 보장이 어디 있는가? 큰 교회당에 몇십 명이 듬성듬성 앉아 예배를 드리는 참담한 장면을 목격하지 않을 것이라고 누가 장담할 수 있겠는가?

오래전에 문화 인류학 교수인 최길성은 현대 교회로 몰려가는 사람들이 언젠가는 떠날 수 있다고 전제하면서 이렇게 말했다.

필자는 갑작스러운 기독교의 부흥에 대하여 무속적 신자들이 기독교를 쉽게 수용하고 있기 때문이라고 보며, 기독교의 일방적인 노력이나 기독교 정신이 바로 토착화한 현상이라고 보지 않는다. 쉽게 기독교로 개종한 신자들이 언젠가 다시 복귀하거나 세속화할 가능성이 큰 것이 한국 교회의 부흥 현상이라고 보아야 옳다.[6]

유감스럽지만, 이 나라 교회의 양상이 일반 종교를 연구하는 학자가 예측한 대로 바뀌고 있는 것 같아 무어라 반박할 말을 찾기 어렵다. 1997년 11월, 국민일보 부설 교회성장연구소가 발표한 내용을 보면 불과 15년 전에 최 교수가 우려했던 사실이 근거 없는 추측이 아니었음을 알 수 있다.

1960~70년에 한국 교회의 연평균 증가율은 41.2퍼센트에 달했으나 1970~80년에는 12.5퍼센트, 1980~90년에는 연 4.4퍼센트로 급격히 떨어졌으며, 1991년부터는 성장 자체가 둔화했다. 그리고 1990~95년 사이에 교인 수의 증가는 오순절 교단인 기하성이 0.5퍼센트, 예장 통합이 0.45퍼센트, 감리교 0.4퍼센트, 예장 합동이 0.06퍼센트에 불과했다.

이미 공공연히 알려진 대로 교회 통계의 거품 현상을 고려한다면 이 성장 수치마저도 (성장이 아니라) 감소를 나타내는 것으로 보는 것이 더 정확하다.

그럼에도 교회 안에서 하나님 중심보다 인간 중심의 신앙생활이 더 자연스럽게 받아들여지고, 하나님의 요구보다 인간의 요구에 더 잘 부응하는 메시지가 훨씬 큰 환영을 받는다면, 그래서 그런 설교를 즐기러 오는 수많은 군중을 앞에 놓고 자기도 모르게 만족하고 있다면, 우리는 허벅지를 힘껏 꼬집어서라도 몽롱한 잠에서 깨어나야 할 것이다.

참된 부흥이 양적 성장을 가져다준다는 것은 사실이다. 기독교 역사 가운데서 일어났던 진정한 부흥이 반드시 수적인 증가와 일치하는 것은 아니었다 할지라도 양적 성장이 결코 나쁘거나 잘못된 것은 아니다. 분명히 하나님 나라는 겨자씨처럼 자라 세계 속에 가득하게 될 날이 오기 때문이다.

그러나 정말 나쁜 것이 하나 있다. 그것은 물량주의에 눈이 어두

워져 한 영혼의 가치와 가능성을 소홀히 여기는 교회 지도자로 전락할 수 있다는 것이다. 하나님은 우리 안에 있는 양 아흔아홉 마리를 세는 일보다 우리 안에 들지 아니한 한 마리의 양에 더 많은 관심을 쏟으신다. 어떤 의미에서 하나님은 다수를 기뻐하지 아니하신다고 기록되어 있다(고전 10:5).

양적으로 늘어난 하나님의 백성이 인간의 공로인 양 드러나 하나님의 영광을 가리고 그의 뜻을 흐리게 하는 때에는 분명히 그 다수를 기뻐하지 않으셨다. 인구 조사를 하고 싶어 한 다윗을 불쾌하게 여기시던 하나님의 마음은 지금도 변함이 없다고 생각한다(대상 21장).

웨버는 하나님의 계산 법과 사람의 계산 법에는 큰 차이가 있다고 지적하고 있다.

> 참 전도는 교인의 숫자를 깎는 결과를 가져올지 모른다. 우리가 던져야 할 첫 번째 질문은 교회가 어떻게 양적으로 성장할 수 있느냐가 아니라 어떻게 은혜 가운데서 성장할 수 있느냐에 있다. ⋯ 그래서 가끔 교회가 제자도의 값을 치르게 되면 그 수가 줄어드는 결과를 가져온다. ⋯ 신약 시대에서 교회의 선교는 통계와 관계가 있는 것이 아니라 헌신과 관련이 있다.[7]

지금 한국 교회가 처한 현실에서 귀담아들을 충고가 아닌가 한다. 지금까지 이룬 값비싼 부흥을 헛되이 하지 않기 위해, 그리고 더 큰 하나님 나라의 비전으로 전진하기 위해 교회는 옷을 갈아입지 않으면 안 된다. 정욕으로 옷 입지 말고 그리스도로 옷을 갈아입어야 할 때가 되었다(롬 13:14).

이 일은 교회 건물을 새로운 양식으로 바꾸어 짓는다고 해결할 수 있는 문제가 아니다. 목사의 가운에 줄을 하나 더 친다고 해서 달라질 문제도 아니다. 교회의 주체요, 얼굴인 평신도를 예수의 제자로 가르치고 훈련하는 것 외에는 다른 길이 없다고 확신한다. 여기에 교회의 사활이 달려 있다.

문제의 해답은 멀리 있지 않다. 우리가 성경의 원리로 돌아간다면 당면한 문제에 대한 해답을 찾을 수 있다. 예루살렘교회는 그들이 고민한 문제가 오히려 위대한 평신도 지도자를 발굴하는 계기가 되지 않았던가?(행 6:1~7) 우리에게도 전화위복의 가능성은 얼마든지 있다.

평신도를 깨운다

2장
귀중한 각성

평신도의 재발견

20세기에 들어 교회에 새로운 빛을 던진 각성 중에는 '평신도 운동'을 그 하나로 꼽을 수 있다. 이 운동은 제2차 세계대전 이후 우후죽순처럼 사방에서 일어났다. 여기에 대해서는 상당히 무게감 있는 연구 논문이 많이 쏟아져 나왔고, 평신도 훈련 교재들도 서점마다 높이 쌓이기 시작했다.

일각에서는 20세기에 나온 평신도의 재발견은 그 크기나 박력으로 보아 16세기 종교개혁과 맞먹을 정도라고까지 평가한다. 종교개혁이 '하나님을 위한' 참 교회상을 회복하는 데 그 의의가 있었다면, 평신도 운동은 '세상을 위한' 참 교회상을 회복하는 데서 의의를 찾을 수 있다.

왜 갑자기 평신도에 대한 각성이 일어나게 되었는가? 크래머가 지적한 두 가지 동기가 그 배경에 있었다고 본다. 하나는 급속도로 팽창해가는 현대 사회 안에서 평신도가 지닌 증인으로서의 잠재력을 구체적으로 활용하고자 했기 때문이고, 다른 하나는 에큐메니컬 운동이 그 산실로 작용했기 때문이라는 것이다.[1]

그러나 평신도에 대한 각성이 전적으로 이러한 시대적인 요구에

의해서만 일어났다고 하는 것은 일방적인 현실론에 불과하다. 평신도의 건전한 소명과 역할은 시대적인 요구에 앞서 성경적인 요구라고 보아야 한다. 그것은 에큐메니컬 운동과 직접적인 관계가 없는 많은 복음주의 선교 기관을 보아도 알 수 있는데, 그들은 세상을 향한 평신도의 소명을 성경을 통해 자신을 부르시는 하나님의 음성으로 확신하고 있다.

우리의 유일한 개혁의 근거는 성경이다. 그 말씀 가운데 감추어져 있던 진리가 성령의 인도 아래 현실의 요구와 접촉점을 가질 때 우리는 비로소 그것을 하나님 뜻으로 받아 적용하게 된다. 이런 의미에서 존 스토트가 지적한 말은 매우 타당하다고 생각한다.

> 평신도가 능동적이며 건설적인 교회의 일원이 되어 주기를 기대하는 이유는 신학적 원리에 입각한 실용주의나 편의주의 때문이 아니라, 그것이 성경적이기 때문이다. 이는 교역자가 평신도의 도움을 필요로 해서도 아니고, 평신도가 교회 안에서 쓸모 있는 존재가 되기를 원해서도 아니며, 지금 세상이 그런 식으로 생각하기 때문도 아니다. 오직 하나님이 그분의 뜻으로 보여주셨기 때문이다. 이것이 평신도가 교회에서 아무도 빼앗을 수 없는 자신의 권리와 의무를 찾아 받아들이게 되는 단 하나의 길이라면, 이는 이렇게 하는 것이 자기 백성을 향하신 하나님의 뜻이기 때문이다.[2]

그것은 교회 역사의 맥박이다

교회 역사를 돌아보자. 교회가 시작되면서 처음에 평신도는 자기 위치를 제대로 지키고 있었다. 신약 시대와 그 후 2세기 동안 교회는 평신도 중심이었다. 고대 교회사 연구로

평신도를 깨운다

유명한 하르낙은 이렇게 결론을 내리고 있다.

> (당시) 기독교의 복음을 선포하는 일을 담당한 주역들이 교회 안에서
> 어느 부류에 속한 사람이었는지를 알아보는 것은 불가능한 일이 아
> 니다. 주저하지 않고 우리가 믿을 수 있는 사실은 기독교의 위대한 선
> 교 활동이 실제로 성공할 수 있었던 것은 비공식적인 선교사들(평신도)
> 덕분이었다는 것이다.3

교회에서 평신도가 제구실을 하던 기간은 매우 짧아서 얼마 못
가 암흑기를 맞았지만, 교회 역사에서 어두운 시대를 자주 밝혔던
개혁의 횃불은 거의 모두 평신도의 손에 들려 있었다. 14세기의 위
클리프 운동이 그러했고, 루터의 종교개혁 역시 수많은 평신도가 그
기반을 떠받들어 주었기에 가능했던 각성 운동이었다. 개혁과 부흥
의 시대는 대개 평신도가 재기(再起)하는 때였고 침체와 타락의 시대
는 성직자가 횡포하는 때였다.

따라서 평신도가 잠자고 있거나 주저앉아 있는 교회는 절대로 건
강하다고 볼 수 없다. 어떤 의미에서는 성직자와 평신도 사이를 갈
라놓는 선이 희미할수록 그 교회는 성령의 창조적 사역이 훨씬 활
발하게 일어나는 현장이다. 다소 과격하게 들리지만 다음과 같은 주
장이 왜 나오는지 우리는 깊이 생각해보아야 할 것이다.

> 첫 번째 종교개혁이 성직자의 손에 독점적으로 남아 있던 하나님의
> 말씀을 교인들의 손에 넘겨준 것이라면, 두 번째의 개혁은 성직자의
> 손에 독점적으로 남아 있는 사역을 빼앗아 교인들의 손에 넘겨주는
> 것이다.4

근래에 한국 교회 안에 평신도의 중요성을 인식하고 연구하는 지도자가 늘고 있다는 것은 얼마나 고무적인지 모른다. 비록 때늦은 감이 없지 않지만, 지금부터라도 우리가 확신 있게 평신도를 위해 모든 것을 투자할 수 있다면 지금 우리가 우려하는 문제들이 반드시 개혁되고 교회의 체질은 새로워질 것이다.

평신도를 재발견하는 일은 어떤 선교 기관이나 국제기구에 맡길 문제가 아니다. 지역 교회에서 눈물과 땀을 쏟으며 헌신하는 목회자가 짊어져야 할 시대적 소명임을 한시도 잊어서는 안 된다.

만일 우리가 교역자가 중심이 된 교회, 예배 의식에만 관심을 가진 무리가 모인 교회를 그대로 방치하면서 평신도를 그리스도의 제자로 해산하는 진통을 기피한다면 양에는 성공하고 질에는 실패하는 기독교의 참담함을 다시 한번 맛보게 될 것이다. 이것은 교회의 머리 되신 예수 그리스도께서 원하시는 바가 아니라고 생각한다.

갈릴리에서 예수님을 가장 많이 실망시켰던 그 무리가 오늘날 교회에서 다시 큰소리치게 할 수는 없다. 참 기독교는 언제나 서 말의 가루에 있는 것이 아니라 한두 숟갈의 누룩에 있다는 사실은 우리가 2천 년 교회 역사를 통해 날마다 배울 수 있는 가장 중요한 교훈 중 하나라고 생각한다.

다행히 근래에 와서 적지 않은 교회 지도자들이 평신도의 잠재력을 총동원하는 것의 중요성에 눈뜨기 시작했다. 이 일이 급변하는 현대 사회 속에서 교회가 누룩의 역할을 하는 지름길이라는 사실을 인식하기 시작했음은 한국 교회의 밝은 장래를 약속하는 징조임에 틀림없다.

3장
평신도는 누구인가?

교회의 주체

　　　　　　　평신도를 가리키는 헬라어 '라이코스'(*laikos*)
는 신약성경에 나오지 않는다. 그러나 그것은 성경에 자주 사용되고
있는 '라오스'(*laos*)와 그 의미가 같다. 이 용어에는 '백성', '어떤 백
성', '백성의 무리'라는 의미가 있다. 세속에서는 헬라 시대의 전 시
민을 가리켰고, 성경에서는 초기에 이방인과 대조되는 이스라엘을
가리키다가(행 4:10) 나중에는 예수 믿는 이방인을 포함한 새 이스라
엘, 즉 말세 교회를 지칭하는 데 사용되었다(행 15:14).

　하지만 이 용어가 어떤 특정인이나 한 그룹을 가리켜 사용된 사
례는 신약에서 한 번도 등장하지 않는다. 언제나 백성 전부를 포괄
적으로 가리킬 때 사용되었다.[1] 그러므로 우리가 평신도라고 할 때
는 주님을 모신 선택받은 자 혹은 성도, 제자, 믿는 자의 공동체인
전(全) 교회를 가리키고 있음을 명심해야 한다.

　따라서 평신도라는 말에는 교역자와 나머지 신자를 갈라놓는다
는 의미가 조금도 들어 있지 않다. 존 스토트가 지적한 것처럼 성경
에서 사람을 구별하는 조건으로 사용하는 것은 한 가지뿐이다. 세상
사람과 구별되는 자로서 하나님의 자녀라는 독특한 개성이 그것이

다.[2] 다시 말해 교회 안에는 하나님의 자녀 사이를 구별 짓는 어떤 조건이나 근거가 전혀 없다. 그러므로 성직은 다른 신자들과 신분을 구별하는 잣대가 될 수 없다.

이 사실을 좀 더 확실하게 증명하기 위해 교회의 기본 개념을 살펴보자. 성경은 교회의 성격을 몇 가지로 설명한다. 가령, '하나님의 백성', '성령의 전(殿)', '그리스도의 몸' 등으로 부르는데 이 모두는 각각 평신도를 왜 교회의 주체라고 하는지, 그리고 어떻게 해서 신분상 성직자와 전혀 구별되지 않는지에 관해 명확한 답변을 준다.

먼저 교회는 선택받은 사람들의 모임이라는 개념을 살펴보자. 예수 그리스도를 믿는 자는 다 택함을 받은 하나님의 백성에 속한다. 하나님의 택함을 받은 자라는 점에서 성직자와 평신도는 차이가 있을 수 없다. 은혜로 부름받은 점에서 모두 하나님 앞에 평등하다. 이것은 교회가 어떤 특정한 계급이나 신분을 용납할 여지를 전혀 갖고 있지 않음을 뜻한다.

"교회는 항상 그리고 어떤 경우에도 하나님의 전(全) 백성이며, 전 교회며, 전 신자의 교제다."[3] 그러므로 모든 신자는 근본적으로 평등이라는 바탕에서 교회요 하나님 백성의 일원이다. 한 사람도 예외 없이 그들은 선택받은 자며 성도며 제자며 형제들이다.

다음으로 성령의 전(殿)이라는 개념이다. 예수 그리스도를 통해 믿는 자는 모두가 죄에서 놓인 자유인이다(롬 6:18~23). 이제 그들은 자기 자신의 것이 아니라 그들을 해방시키신 그리스도의 소유가 되었다(고전 6:19). 그러므로 신자는 누구나 성령으로 채움을 입은 성령의 사람이다. 성령께서는 교회 공동체와 각 개인에게 임하셨고 그 결과 전 교회가 다 새로운 피조물이 되었다.

이와 같은 의미에서 교회는 성령의 전이다. 그 안에서 모든 신자

평신도를 깨운다

는 하나님이 기쁘게 받으실 신령한 제사를 드릴 거룩한 제사장이 된다(벧전 2:4~5). 이 제사는 물질적인 것이 아니라 기도와 찬양과 감사와 회개의 열매를 드리는 영적 제사이다.

성령을 모시고 있다는 점에서 성직자와 평신도 사이에는 전혀 차이가 없다. 성령으로 신령한 제사를 드리는 제사장이라는 점에서도 둘은 구별되지 않는다. 따라서 전 교회의 구성원인 평신도는 엄연히 교회의 주체이며 교회라는 공동체 그 자체인 것이다. 성직자도 이 공동체에 포함된 일원이다.

끝으로 그리스도의 몸이라는 개념이 있다. 바울은 교회를 그리스도의 몸이라고 불렀다(엡 1:23). 그 몸의 머리는 그리스도요 그 지체는 신자들이다(고전 12:27, 골 1:18). 신자가 성령으로 세례를 받으면 그리스도의 몸에 참여하게 되고(고전 12:13), 성만찬에서 떡을 떼고 잔을 마실 때 그리스도와 한 몸이 되는 신비스러운 일체감을 경험한다(고전 10:16~17).

교회를 그리스도의 몸이라고 할 때는 모든 신자가 지체로서 다 중요하며, 각자에게 고유한 기능이 있음을 의미한다. 그들은 다 각자의 품위와 기능을 평등하게 소유한다. 그러므로 모두가 서로 보살피고 사랑하며 기쁨과 감사함으로 봉사하지 않으면 안 된다. 이 점에서 성직자와 평신도가 다르다고 말할 수 있는가?

몸이 가진 유기적 특성은 모든 신자를 상호 의존의 관계로 묶는다. 심지어 교회라는 공동체에서 끊어지면 각자의 믿음마저 정상적으로 유지할 수 없게 된다.

> 믿음은 혼자 존재하지 못하고 믿는 사람 안에 존재한다. 그리고 믿는 사람은 독립된 개체로, 고립된 신자로 살지 않는다. … 그들은 믿음의

공동체가 되어, 메시지를 전하면 믿음으로 응답하는 공동체를 통해 자신의 믿음을 소유한다. … 믿음은 전적으로 각자의 개인적 책임에 달려 있지만, 또한 그 믿음이 공동체인 교회에 속하여 더 넓고 부요하며 여전히 새로운 믿음의 한 부분을 이룬다는 사실은 우리에게 짐이 되는 것 못지않게 위로가 된다.[4]

신자들이 지체로서 서로 깊은 의존의 관계 안에 있음은 상호 사역의 필연성을 전제한다. 그들은 서로 돕지 아니하면 살아남을 수 없다. 성직자가 평신도를 위해 봉사하는 것만 아니라 평신도가 서로 영적 봉사를 하는 사역의 책임을 지지 않으면 안 된다.

이런 목적을 위해 성령께서는 각 지체에게 은혜의 분량대로 은사를 나누어 주신다(고전 12:11). 성령이 주시는 은사에는 모두가 평등하다. 은사를 받는 데는 예외가 없으며 은사 간의 차별도 없다. 각 지체가 이 은사를 통해 몸을 고르게 하고 지체끼리 서로 돌아보게 된다(고전 12:24~25).

이상에서 본 몇 가지 개념을 살펴보아도 성직자를 평신도보다 우월한 신분으로 보아야 할 근거를 어디서도 찾을 수 없다. 오히려 둘 사이는 평등하며 전혀 다른 점이 없다는 사실만 확인할 뿐이다.

그럼에도 현실적으로는 평신도가 성직자보다 하위 계급에 속한 것처럼 대우받고 있다. 성직자가 교회의 주체인 양 인식되고, 평신도는 교역자를 위해 존재하는 종속적인 존재처럼 처신한다. 이 얼마나 잘못된 것인가? 이런 형편에서 어떻게 평신도가 본래의 자기 위치를 찾을 수 있으며 자기 역할을 감당할 수 있겠는가?

평신도를 깨워 교회의 체질을 바꾸어 건강한 교회를 만들려고 한다면, 오른손으로는 로마 교회의 비성경적인 성직 우월주의를 밀어

내면서 왼손으로는 슬그머니 받아들이는 이상한 짓을 더는 용납하지 말아야 한다.

왜곡된 '평신도'라는 용어

우리는 '평신도'라는 말을 성직자를 제외한 모든 성도를 가리키는 것으로 알고 있다. 왜 그런가? 기독교 역사를 거슬러 올라가 보면 평신도라는 말의 본래 의미가 어떻게 왜곡되었는지를 확인할 수 있다.

기독교는 로마 제국에서 공인되기 전부터, 여러 번의 핍박을 받으면서도 주후 2세기 중반부터는 급속도로 부흥하기 시작했다. 이에 따라 교회 조직이 조금씩 제도화되는 것을 피할 수 없었다. 자연히 교직에 종사하는 소위 성직자 그룹이 등장하기 시작했다. 이에 따라 성직자와 구별되는 일반 신도를 공식적으로 무엇으로 부를 것인가 하는 문제가 대두되었다. 여기에 대한 대답으로 당시 카르타고의 감독이었던 키프리안(A.D. 200~258)이 '평신도'라는 말을 공식 용어로 사용하기 시작했다.

교직을 가진 자와 교직을 못 가진 자의 관계는 구약 시대의 제사장과 백성의 관계처럼 성직자와 평신도라는 명칭에 따라 확연히 구별되기 시작한 것이다. 결국 '평신도'는 마치 교회 안에 두 계급이 존재하는 것 같은 인상을 던지면서 변질된 이름으로 양성화되었다. 이렇게 해서 그 본래의 의미가 변질된 채로 사용되어 온 것이다.

하나님의 자녀가 오직 하나의 백성으로 존재하는 교회 안에서 평신도라는 이름이 변질된 채로 그대로 사용된다는 것은 이상한 일이다. 하지만 우리가 처한 현실에서는 그 말의 본래 의미를 파악하는 것도 중요하지만 그에 못지않게 역사적으로 왜곡된 의미를 사실대로 이해하고 회복시키는 것도 중요하다. 우리가 이 용어를 그대로 사용하는 이유가 바로 여기에 있다.

교회 안에는 99퍼센트 이상의 평신도가 있다. 세상 앞에 그 내면을 드러내는 가시적 교회는 교직을 가진 소수 성직자 위주의 교회가 아니라 생활 현장에서 하나님 나라의 임재를 자신의 삶을 통해 구현해내는 평신도의 교회다.

오순절 이후 예루살렘 사람들이 직접 목격했던 교회는 사도의 가르침을 받아 변화된 새 생활을 구가하던 평신도 교회였다. "믿는 사람이 다 함께 있어 모든 물건을 서로 통용하고 또 재산과 소유를 팔아 각 사람의 필요를 따라 나눠 주며 날마다 마음을 같이하여 성전에 모이기를 힘쓰고 집에서 떡을 떼며 기쁨과 순전한 마음으로 음식을 먹고 하나님을 찬미하며 또 온 백성에게 칭송을 받으니 주께서 구원받는 사람을 날마다 더하게 하시니라"(행 2:44~47).

세상은 평신도를 보고 교회를 안다. 평신도가 보여주는 이미지에 따라 그들은 교회를 골리앗과 맞서는 다윗으로 보든지 아니면 공포에 떠는 사울왕으로 볼 수도 있다. 그러므로 평신도는 교회의 객체가 아니다. 정기적으로 예배에 나와 경건한 의식에 따라 잠깐 감명을 받고 돌아가는 관람객이나 교회 운영에 보탬을 주는 단골손님이 아니다. 더욱이 주인의 명령에 마지못해 움직이는 하인 신분도 아니다.

평신도는 그 말의 본래 의미대로 하나님의 백성이며 교회의 주체다. 성직자와 평등하게 그리스도의 몸에 속한 지체들이다. 그들 모두가 머리 되신 주님으로부터 소명을 받고 있다. 이 소명을 위해 성령은 각자 분수에 맞는 은사를 주어 몸의 지체로 그 기능을 다하게 하신다.

잠자는 평신도

불행하게도 많은 교회에서 평신도가 잠을 자고 있다. 엄청난 저력을 가진 거인이 힘을 쓰지 못하는 것이다. 물론 어느 교회나 열심히 헌신하는 약간의 평신도 그룹이 있다. 그들의 봉사가 얼마나 귀하고 아름다운 것인가는 그들을 통해 지금까지 한국 교회에 내려주신 하나님의 은혜를 보면 알 수 있다.

그런데 지금 문제로 제기하는 부분은 그러한 탁월한 평신도 대부분의 역할이 교회 조직의 기능을 유지하는 데 필요한, 소위 통상적인 봉사 활동의 범주를 벗어나지 못하고 있다는 것이다. 교회의 본질적인 사역에 직접 참여하는 소수의 모범적인 평신도마저 교역자의 옷자락을 받드는 소극적인 시녀 역에서 더 발전하지 못하고 있다.

이뿐만이 아니다. 더 심각한 문제가 있다. 그와 같은 평신도의 역할마저도 극히 소수의 독점물이 되었고, 나머지 신자는 그런 현상마저 아주 당연한 것으로 받아들이고 있다. 어떤 교역자들은 그와 같은 평신도의 피동적인 위치는 평신도의 자업자득이지 교역자의 책임이 아니라고 말한다. 그런 말에 일리가 없는 것은 아니다. 교역자가 열심히 가르치고 훈련하려고 할 때마다 여러 구실을 만들어 빠져나가려고 하는 것이 대부분 평신도의 몸에 밴 폐습이기 때문이다.

그들은 시간이 없다고 핑계 댄다. 전문적인 교육을 받지 않아서, 전도하는 일이나 가르치는 일이나 상담하는 일은 신학교를 나온 교역자가 해야 한다고 생각한다. 세상에서 생업에 종사하면서 무거운 짐을 지고 살아가기 때문에, 교회 안에서는 뒷자리를 지키며 시키는 일이나 적당히 하면 된다는 식으로 생각한다. 그 결과, 에서가 장자권을 가볍게 처분해 버리듯이 하나님이 그들에게 주신 가장 중요한 소명을 포기해 버리는 것이다. 로렌스 경의 말을 인용해보자.

평신도가 정말 원하는 것이 무엇인가? 그들은 교회답게 보이는 건물과 그들 보기에 성직자답게 성장한 목사와 평소 몸에 익은 스타일대로 드리는 예배를 원한다. 그리고 여기에 한 가지 더 원하는 것이 있다. 그것은 교회가 그들 혼자 가만히 있게 내버려두라는 것이다.[5]

주변을 둘러보아도 자기가 평신도라는 구실을 내세워 비슷한 소리를 하는 사람이 얼마나 많은가? 만일 교회 지도자가 이러한 잘못된 평신도의 요구에 굴복한다면 그의 목회 생명은 숨이 끊어진 것이나 다름없다. 교회의 머리 되신 주님은 평신도를 방치하거나 병들게 한 책임을 반드시 교역자에게 물으실 것이다. 불에 타 버릴 나무나 짚으로 집을 지었다면 그것은 교역자의 책임이지 평신도 탓이 아니다. 평신도가 회피하고자 둘러댄 핑계들로 교역자의 책임 회피를 정당화하는 구실을 삼을 수는 없다.

교역자는 영적 지도자다. 평신도에게 함부로 책임을 떠넘기는 일을 할 수 없다. 만일 평신도가 잘못되어 있다면 그것은 교역자가 잘못하고 있다는 것이다. 평신도가 교회의 손님처럼 남아 있는가? 그들이 잠에서 깨어나지 못하고 있는가? 그렇다면 양 떼를 치라고 하신 주님의 명령을 생각하고 정말 두려워 떨어야 할 것이다.

중요한 일에 소외된 평신도

일반적으로 평신도들은 자신이 누구이며, 무슨 소명을 받았고, 어떻게 준비해서 주님을 섬길 수 있는지에 대해 성경에서 자세히 배우지 못하고 있다. 이것이야말로 현대 교회가 안고 있는 치명적인 약점이다. 1974년 스위스 로잔에서 열렸던 세계복음화국제대회에 참석한 한국 대표단이 제출한 보고서를 보면 이런 내용이 들어 있다. "한국 교회는 그 인력(人力)이 지닌 잠재력과 자원과 훈련과 영적 활력 면에서 부족함이 없다."[6]

여기서 우리가 의문을 제기하는 것은 '훈련에서 부족함이 없다'는 대목이다. 아마 대표단이 말한 훈련은 한국 교회의 강점인 새벽 기도, 집회 출석률, 대심방 프로그램 등 주로 성인을 위해 전통적으로 하던 목회 내용을 의미할 것이다. 이런 것들이 귀중한 영적 훈련임은 말할 필요가 없다.

그러나 만일 우리가 하나님 앞에서 좀 더 진실한 마음으로 이런 전통적인 목회 프로그램이 지닌 약점이 무엇이며 그것으로 만연하게 된 교회의 병폐가 무엇인지를 직시한다면 '부족함이 없다'는 단정을 함부로 할 수 없다고 생각한다. 솔직하게 자문해보자. 교역자는 정말 구체성 있는 영적 훈련을 통해 평신도를 적극적인 사역의 동반자로 받아들이고 있는가?

로잔 대회에서 메디슨이라는 평신도는 모인 지도자를 향해 이렇게 인상 깊은 하소연을 했다. "평신도가 바라는 것이 무엇인가? 그것은 정말 중요한 일에 우리를 참여시켜 달라는 것이다. 그리고 교회 교역자는 우리에게 성경을 어떻게 공부하며, 기도는 어떻게 하며, 사랑으로 사는 것이 어떤 것이며, 전도하는 방법, 그리스도를 닮아가는 방법이 어떤 것인가를 '보여줄' 필요가 있다. … 우리에게는 여러 교역자의 지도와 도전이 필요하다."[7] 우리 주변에도 이런 비슷한 하소연이 여기저기서 들리고 있음을 잊어서는 안 된다.

개신교가 평신도의 주체성을 확립하지 못했다는 사실은 어떤 점에서는 일종의 숙명처럼 보인다. 종교개혁이 발생했던 때부터 지금까지 본의 아니게 조금씩 키워 온 일종의 암이라고 할 수 있다. 크래머가 예리하게 지적한 말을 우리는 주의 깊게 들어야 할 필요가 있다.

> 칼빈이 세운 교회는 종교개혁으로 생긴 교회 질서 중에서 가장 박력 있는 것이었다. 그는 교회를 잘 지도하기 위해 교역자의 권위는 불가 피하다고 생각했다. 하지만 이렇게 강조하다 보니 뜻하지 않게 평신 도의 참된 의미와 중요성을 무시하는 결과를 낳을 수밖에 없었다.[8]

크래머의 비판은 절대 지나친 말이 아니다. 지난 400여 년 동안 칼빈의 신학을 계승한 많은 교회에서 교역자들이 겉으로는 만인 제사장직을 공인하고 고백하면서도, 안으로는 마치 자신이 구약 시대의 제사장이나 된 것처럼 처신하는 모습이 숨길 수 없는 현실이기 때문이다.

개신교가 교직 제도의 중요성을 지나치게 강조한 나머지 생긴 교역자와 평신도 사이의 계급 의식은 교회 안에서 신앙생활과 사회생활을 따로 생각하는 이원론적 사고를 키웠고, 교역자에 비해 자신의 생활은 덜 거룩하다는 열등감을 평신도에게 심었다. 그뿐 아니라 교역자는 설교만으로 평신도가 만족스러운 신앙생활을 할 수 있다는 은근한 자만에 젖게 되었으며 이에 따라 평신도를 좀 더 능력 있고 생산적인 사역의 동역자로 세우는 일을 등한히 하게 되었다.

우리는 지금 잃어버린 성경적 평신도상을 다시 회복해야 하는 용기와 노력이 필요한 시대에 살고 있다. 이 일을 위해 교회의 지도자는 할 수 있는 모든 노력을 다 기울여야 한다. 교회 안에서 평신도가 잠들어 있으면 그 교회는 세상을 위해 아무것도 할 수 없는 무력한 집단으로 전락하고 말 것이다. 다가오는 예측 불허의 세기를 교회가 책임지려면 평신도를 깨우는 것 외에 다른 길이 없다는 사실을 깊이 인식해야 한다.

4장
교역자와 평신도의 관계

교역 직분은 주님이 주셨다

평신도가 교회의 주체라면 교역자는 평신도와 어떤 관계를 유지해야 하는가? 이것은 아직도 만족스러운 해결을 보지 못하는 매우 어려운 문제다. 역사적으로 교회는 항상 그 둘의 관계에서 딜레마를 안고 씨름해왔다.

사실상 교역자와 평신도를 각각 별개의 존재로 인정하는 이원론에 빠지지 않으면서 교직의 중요성을 유지하는 일은 쉽지 않은 문제다. 교역자와 평신도, 이 둘은 가장 가까우면서 동시에 가장 상처를 주기 쉬운 관계였다. 그 관계가 악화하면 교권주의와 반(反) 교권주의 투쟁으로 발전하기 일쑤였다.

존 스토트가 말한 것처럼 교권주의 정신은 평신도를 무시하여 아예 그들이 존재하지 않는 것처럼 행동한다. 반면에 반 교권주의는 교직을 멸시하여 그것이 아무것도 아닌 것처럼 생각한다. 그 정도는 아니더라도 제발 없어져 버렸으면 하는 생각을 은근히 가지고 있다.[1]

냉정하게 판단한다면 반 교권주의를 불러들인 장본인은 바로 교권주의자들이었다. 교역자가 평신도를 은근히 무시하고 억누르기 때문에 상대적으로 평신도는 교역자와 자기가 하나님 앞에 무슨 차이가 있느냐면서 도전을 하게 되는 것이다.

그러나 평신도가 교역자의 이런 행동 때문에 상처를 입었다 해도 그것이 교직 제도를 거부하는 데까지 나아간다면 그들의 행동 역시 교권주의자와 조금도 다를 바가 없음을 알아야 한다. 인간적으로 보면 반 교권주의라는 원고는 교권주의라는 피고 앞에서 일말의 동정을 얻을 수도 있겠지만, 이것이 지나쳐서 성직 제도 자체를 거부한다면 최고 법정인 성경 앞에서 절대로 승소할 수 없을 것이다. 교직은 엄연히 그리스도께서 교회에 허락하신 직분이다. "그가 어떤 사람은 사도로, 어떤 사람은 선지자로, 어떤 사람은 복음 전하는 자로, 어떤 사람은 목사와 교사로 삼으셨으니 이는 성도를 온전하게 하여 봉사의 일을 하게 하며 그리스도의 몸을 세우려 하심이라"(엡 4:11~12).

칼빈은 성직의 중요성에 관해 논하면서 교역자 제도를 교회에서 교인을 하나로 규합하는 중요한 열쇠로, 교회를 보호하는 역할로, 주님 자신이 현림하시는 제도로 보았다. 그러므로 성직 자체를 반대하는 행위는 절대 용납할 수 없다고 못을 박았다. 그의 말을 직접 들어보자.

> 따라서 우리가 지금 논하고 있는 이 질서와 이런 종류의 통치(성직 제도)를 폐지하려고 애쓰거나 필요 없는 것으로 여기는 자는 누구나 교회의 분열 내지는 파멸과 멸망을 바라는 자일 것이다. 그러므로 현세의 삶을 지탱하고 더욱더 건강하게 하려면 태양의 빛과 열, 먹을 것과 마실 것이 필요하듯이, 지상의 교회를 보존하기 위해서는 사도직과 목사직이 반드시 필요하다.[2]

한편 우리가 교역자 제도를 성경에 근거한 합당한 것으로 인정하면서도 동시에 잊지 말아야 할 중요한 사실이 하나 있다. 우리는 교회에서 합법적으로 소명을 받고 그 일을 하도록 세움을 입은 교역자가 아니면 아무도 대중 설교를 맡거나 성례를 집행하지 못한다는 것을 잘 알고 있다. 그러나 이것은 질서의 문제이지 교리의 문제가 아니라는 점을 분명히 해야 한다.[3] 질서는 교리만큼 권위를 갖지 못한다. 신학 교육을 거쳐 안수를 받고 임직을 받는 것이 다 질서에 속하는 것이라면, 이런 질서를 부정하려는 무질서가 일어날 수 있음을 배제할 수 없다.

이미 우리 주변에서는 이런 오해를 품게 하는 불건전한 모임이나 단체들이 활동하고 있다. 과거 일부 복음주의 선교 기관에 속한 젊은이까지 이런 반 교직의 경향을 띠고 있었다는 점은 불행한 일이 아닐 수 없다. 심지어 어떤 그룹에서는 교역자 직을 거부하다가 제도상의 교회마저 부정하는 탈선을 조장하는 일이 있었다. 그러나 이런 잡음은 극히 일부에 해당하는 사람들에게서 볼 수 있는 현상이다.

사실은 그들보다 더 위험한 자들이 있다. 우리가 평신도의 역할을 강조하고 평신도를 사역의 동역자로 참여시켜야 한다는 말을 하면 이것을 무조건 반 교직 운동으로 색안경을 쓰고 보는 사람들이다. 절대 그렇지 않다고 말하면 일부 선교 기관이나 탈선된 그룹에서 주장하는 내용을 들고 나와 반박한다. 그리고 이런 자료를 가지고 자신의 신분과 권위를 방어하는 수단으로 이용하기까지 한다. 이런 사람들에게는 성경을 가지고 평신도의 위치와 역할을 아무리 이야기해도 잘 통하지 않는다. 정말 답답한 일이 아닐 수 없다.

그러므로 교역자 제도를 지지하지 않는 자들이 빠진 함정에 평신도의 역할을 인정하지 않으려는 교역자도 똑같이 빠질 수 있다는 사실을 명심해야 한다. 교직의 권위를 절대시하여 그 어떤 비판도 허용치 않으려는 행동은 '교역자가 무슨 필요가 있느냐' 하고 소리 치는 자들의 행동과 다를 바가 없다는 사실을 잊지 말아야 한다.

그러면 교역자에게는 평신도와 다른 권위가 전혀 없는가? 절대 그렇지 않다. 엄격하게 말해 교역자에게는 평신도에게는 없는 사역 상의 권위가 있다. 모든 평신도가 다 목사일 수는 없다. 루터가 지적 한 대로 평신도와 목사의 일에는 어떤 구별이 분명히 존재한다.

> 목사와 다른 신자 사이에 어떤 차이 특히 신분상의 차이는 존재하지 않는다 할지라도, 하나님의 특별한 명령으로 어떤 봉사가 하나의 직 분으로 바뀔 수 있다는 점에서 목사의 직분은 다른 것과 확실히 구별 된다.[4]

칼빈은 이와 같은 목사의 권위를 '불편한 권위'라는 말로 표현하 고 있다. 그것은 '높아지는' 권위라기보다 오히려 '속박당하는' 권위 이기 때문이다. 다시 말하면 목사는 하나님이 아니라는 말이다. 그 럼에도 함부로 취급하면 안 되는 신성한 권위이다. "목사는 단순히 교회에 고용된 종처럼 취급당해서는 안 된다. 하나님의 뜻을 행하는 사람으로서, 사람들의 변덕에 이리저리 끌려다니지 않는 하나님의 종으로 인정받아야 한다."[5]

안수의 의미

전통적으로 교회는 교역자의 이런 권위를 안수라는 의식을 통해 공인해왔다. 그러면 안수가 성경적으로 어떤 권위를 가지는 것일까? 성경에는 안수하는 유형 네 가지가 나온다.

첫째는 어떤 사람을 공직에 위임하면서 안수하는 경우다. 모세가 여호수아를 후계자로 임명하면서 안수했다(민 27:23). 사도들은 일곱 집사를 임명하면서 안수식을 행하였다(행 6:6). 장로회에서 디모데를 안수한 경우가 있다(딤전 4:14). 둘째는 병자를 위해 안수하는 경우이다(막 16:18). 셋째는 성령을 받기 원하는 자들의 머리에 손을 얹고 기도한 일이 있다(행 8:17). 넷째는 하나님의 은사를 다시 불일 듯하게 하려고 안수하였다(딤후 1:6).

이런 사례를 종합하여 안수식이 반드시 어떤 사람을 교직에 임명하는 데만 국한하여 사용되지 않았음을 알 수 있다. 그래서 안수 자체에는 어떤 절대적인 권위가 없는 것처럼 보인다.

그럼에도 우리가 주의하지 않으면 안 될 사실이 몇 가지 있다. 안수식은 하나님의 명령에 따른 신적 기원을 가진다는 것(민 27:18, 23)과, 비밀리에 사적으로 안수할 수는 없고 공적으로 하였다는 것(민 27:19), 그리고 안수받을 사람을 지명한 분이 바로 하나님이셨다는 사실이 그것이다.

이런 의미에서 칼빈은 안수식에는 임직받는 자를 하나님께 드리는 의미가 있다고 보았다. 그리고 사도들이 그것을 계속 사용한 것으로 보아 일종의 명령으로 간주하였다. 그는 안수식이 주는 영적 은혜를 이렇게 말하고 있다.

> 이와 같은 의식에 따라 직분의 존귀함이 사람들에게 칭송받게 되고, 임직을 받은 자는 이미 자신이 그 권한에 속한 자가 아니라 하나님과 교회를 위한 봉사자로 바쳐졌다는 사실을 엄숙히 경고받는다. 그러므로 이것은 분명히 유익한 일이라고 볼 수 있다.[6]

그러므로 안수의 권위는 그리스도께서 교회의 양무리를 돌보시고자 선택하시고 보내신 자를 공적으로 인정한다는 것에 있다. 이 방법을 통하여 전 교회는 예수 그리스도의 부르심이 안수받는 그 한 사람에게서 인격화되어 가시적으로 나타나는 것을 본다.

그렇지 않으면 교회는 누가 목사의 직분에 소명을 받았는가를 확인해서 공인할 적절한 길을 찾기가 어려울 것이다. 이렇게 보면 결국 안수는 전 교회가 목사의 영적 권위를 고백하는 믿음의 행위라고 할 수 있다.

섬김과 모범의 권위

교역자가 안수를 받아 교회 지도자가 되었다고 해도 그의 권위는 지배하는 권위가 아니라 평신도를 포함한 전체 교회에 종속된 권위다. 존 스토트는 이 사실을 서술하면서 하나님이 목사로 부르신 자리가 정말 중요한 것이 사실이지만, 그 자리는 어디까지나 하나님의 소유로 택함을 받은 성도의 공동체인 교회보다 한 단계 아래에 속한 것이라는 말로 표현하고 있다. 그래서 교역자가 교회 위에 군림할 수 없다는 것이다. 교역자는 그가 섬기기 위해 부름받은 평신도 공동체에 속한 사람이다.

> 만일 교회에서 누가 누구에게 속했다면, 그것은 평신도가 교역자에게 속한 것이 아니라 교역자가 평신도에 속했다고 말해야 한다. 우리 교역자는 그들의 것이요 예수님을 위한 그들의 종이다. 그러므로 우리가 감독에게 편지하면서 말미에 붙이는 '귀하의 순종하는 종'이라는 서명을 이제는 감독보다 평신도에게 보내는 편지에 하는 편이 더 바람직할 것이다.[7]

교역자의 권위는 평신도에게 속한 권위라는 말은 현실적으로 한국 교회의 많은 교역자에게 거치는 돌이 될지도 모른다. 그 주장이 성경적으로 잘못되어서라기보다 권위 의식에 중독된 우리의 자세 때문에 쉽게 '아멘'으로 수용하지 못하는 것이다. 우리는 바울의 고백을 새삼 마음에 담고 묵상할 필요가 있다. "우리는 우리를 전파하는 것이 아니라 오직 그리스도 예수의 주 되신 것과 또 예수를 위하여 우리가 너희의 종 된 것을 전파함이라"(고후 4:5).

이 말씀의 핵심이 무엇인가? 그리스도의 종은 곧 평신도의 종이라는 것이다. 이 진리 앞에 무릎을 꿇고 승복할 때 비로소 섬기는 자로서 목사의 권위와 교회의 주체로서 평신도의 영광이 함께 살아날 수 있다.

예수님은 우리를 섬기는 자로서 가장 완전한 모범을 보이셨다. "예수께서 이르시되 이방인의 임금들은 그들을 주관하며 그 집권자들은 은인이라 칭함을 받으나 너희는 그렇지 않을지니 너희 중에 큰 자는 젊은 자와 같고 다스리는 자는 섬기는 자와 같을지니라. 앉아서 먹는 자가 크냐 섬기는 자가 크냐 앉아서 먹는 자가 아니냐 그러나 나는 섬기는 자로 너희 중에 있노라"(눅 22:25~27).

교역자의 권위가 세상의 권위와 다른 것은 섬기는 데서 오는 권위이기 때문이다. 사도들이 자기 본연의 자리로 다시 돌아갈 것을 다짐하는 자리에서 "우리는 오로지 기도하는 일과 말씀 사역에 힘쓰리라"(행 6:4)고 하였는데 여기서 '말씀 사역'을 '디아코니아'(섬김)라는 말로 쓰고 있다.

우리가 잘 알듯이 디아코니아는 종처럼 섬기는 것을 가리키는 말이다. 사도들은 교역자의 권위를 높여주는 가장 중요한 말씀 사역마저도 평신도를 섬기는 봉사의 일에 지나지 않는 것으로 보았다. 설교와 가르침이 섬기는 일이라면 교역자가 하는 그 나머지 일은 더 말해 무엇하겠는가?

바울이 에베소 장로들과 함께 고별 예배를 드리면서 지난 3년간의 목회를 회고한 것을 보면, 그의 진정한 봉사 역시 양 떼를 섬긴 데 있었다. "곧 모든 겸손과 눈물이며 유대인의 간계로 말미암아 당한 시험을 참고 주를 섬긴 것과 유익한 것은 무엇이든지 공중 앞에서나 각 집에서나 거리낌이 없이 여러분에게 전하여 가르치고 유대인과 헬라인들에게 하나님께 대한 회개와 우리 주 예수 그리스도께 대한 믿음을 증언한 것이라"(행 20:19~21).

바울은 자신이 진 가난의 십자가로 자기를 진정한 봉사자라고 이야기하지 않았다(행 20:33~35 참고). 예수님처럼 가난을 봉사를 위한 방편으로 보았지만, 봉사 그 자체로 해석하지는 않았다. 교역자의 참 봉사는 평신도를 바른 자리에 세우고 그 역할을 다하게 하는 데 우선순위가 있어야 한다. 이것이 잘 안 되면 그가 성직자로서 가난의 십자가를 지고 고생한다고 해도 평신도를 섬기는 종이라고 불리기 부끄러울 것이다.

우리는 루터나 칼빈이 교직에 관해 많은 이야기를 하면서 교역자의 의무와 복종과 봉사와 기능은 크게 강조했지만, 그 신분과 권력과 위엄에 대해서는 강조한 일이 없다는 사실을 기억해야 한다. 오히려 종교개혁의 두 거장은 평신도의 소명 역시 교역자의 소명만큼 영적으로 깊은 것이어서 사실은 교역자의 소명과 별 다름이 없다고까지 말한 사실을 깊이 명심할 필요가 있다.[8]

교역자는 평신도에게도 있는 제사장직을 이행하는 사람이다. 그러나 평신도를 대신해서 그 직무를 이행하는 것이 아니라 그들과 나란히 서서 그 일을 하고 있다. 그러므로 교역자의 중요한 역할은 누구를 대신하거나 대표하는 데 있지 않고 평신도가 참 제사장으로서 그 특권을 행사할 수 있도록 그들을 돕고 지도하는 데 있다.

그리고 한 가지 더 알아둘 것은 교직은 본을 보이는 위치라는 사실이다. 특히 섬기는 자로서 모범을 보여야 한다. "맡은 자들에게 주장하는 자세를 하지 말고 양 무리의 본이 되라"(벧전 5:3). 주장하는 (지배하려는) 자세는 섬기는 자세와 대조된다. 교역자는 주장하는 자로서가 아니라 섬기는 자로서 본이 되어야 하는 사람이다. 이 모범을 바로 보일 때 전 교회가 그에게 순종할 것이다(벧전 5:5 참고).

그러므로 안수의 권위는 교역자가 임직받은 자로서 모범적인 섬김의 사역을 하는 자리에서만 그 영광을 찾을 수 있다. 만일 교역자로 부름받은 성직이 평신도를 억압하여 그들을 열등감과 무력감을 느낄 수밖에 없는 자리로 몰고 가는 교권주의로 타락한다면 이것이야말로 교회를 해치고 성직의 신성함을 더럽히는 악이라고 보아야 한다.

교역자와 평신도의 관계를 바로 유지하길 원한다면, 평신도는 교회요 교역자는 그 교회를 섬기고 하나님이 원하시는 대로 그들을 온전하게 하는 일에 전력을 다하는 일에 임명된 종이라는 사실을 확신해야만 한다.

현대 교회에서 교역자는 좀 더 낮은 자리로 내려앉을 필요가 있다. 그리고 평신도는 그들을 섬기는 교역자가 지닌 종의 권위에 겸손하게 복종하면서 평신도 본연의 역할을 다시 회복하지 않으면 안 된다.

2부
세상으로 보냄받은 교회

목회 철학 | 교회론
Called to Awaken the Laity

5장
목회 철학을 정립하라

목회 철학이란 무엇인가?

　　　　　　한 가지 놀라운 사실은 교회를 맡아 목회하는 지도자들이 교회가 무엇인지를 잘 생각하지 않는다는 것이다. 고작해야 신학교를 다니면서 조직신학 과목에서 배운 단편적인 지식이나 교회 헌법에 나온 내용을 답습하는 정도가 아닌가 한다. 어딘지 모르게 우리는 모두 안일한 생각에 젖어 있다.

목회 현장에서 교회가 무엇이며 어떠해야 하는가를 수시로 질문하지 않는다면 자신과 교회가 끊임없이 갱신되어야 한다는 영적인 당위성을 망각한 것이다. 이로 인해 일어나는 모순은 우리가 막연히 짐작하는 이상으로 목회 전반에 심각한 영향을 주고 있다.

> 전지하신 하나님을 마음속에 심어주려 하면서 실생활에는 전혀 관련 없는 것만 보여준다는 것은 생각조차 할 수 없는 일이다. 창조주에 대한 진리를 드러내 보여야 할 예배가 생명력 없고 지루하고 뻔하다는 소리를 듣는다. 이것은 극도의 모순이다. 사람들은 교회에 올 때보다 더 무거운 부담을 안고 교회를 나선다. 그것은 진리를 우스꽝스럽게 만드는 것이다. 그것은 이 시대의 비극이다.[1]

목회 현장에서 이와 같은 모순을 자주 발견하는 지도자는 자기도 모르게 교회가 무엇인가를 말씀 앞에서 진지하게 생각하지 않을 수 없다. 목회자는 날마다 교회가 무엇인가를 물어야 한다. 그가 교회를 어떻게 보느냐에 따라 목회 방향이 결정되기 때문이다. 가령 교회를 예배당이라는 장소 개념으로만 생각하는 사람이라면 그는 건물과 그곳에서 모이는 예배 인도에 사역의 큰 비중을 둘 것이다. 또한 교회는 상처 입은 자들이 모여 교제하고 어루만져주는 곳이라고 생각한다면 그의 목회가 어느 방향으로 갈지 물으나 마나 하다.

그러므로 우리는 모두 달려가던 발걸음을 잠깐 멈추고 교회가 무엇인지, 왜 교회가 존재하는지에 대해 스스로 대답할 수 있어야 하고, 동시에 그 대답이 과연 바른 것인가를 확인해야 한다. 이런 점에서 릭 워렌의 말은 진리다.

> 모든 교회는 뭔가에 의해 움직인다. 교회에서 일어나는 모든 일에는 인도하는 힘과 조절하는 과정 그리고 이끌어가는 확신이 작용한다. 어쩌면 많은 사람에게 알려지지 않고 논의조차 되지 않은 것인지도 모른다. 이와 관련해서 공식적으로 투표한 적은 아마 한 번도 없었을 것이다. 하지만 이것은 분명히 존재하며 교회생활의 모든 면에 영향을 끼친다. 당신의 교회를 움직이는 추진력은 무엇인가?[2]

교회를 움직이는 추진력, 이것이 목회 철학이다. 솔직하게 말하면 목회를 하면서 온갖 종류의 좌절을 맛보는 이유 중 하나는 지도자에게 한 가지의 확고한 철학, 다시 말하면 교회가 어디로 움직여야 하고 왜 움직여야 하는지에 대한 잘 정의된 개념이 없기 때문이라고 해도 과언이 아니다.

평신도를 깨운다

지도자의 목회 철학은 방법론에 가려 잘 보이지 않는다. 그래서 흔히 목회 성공을 어떤 방법론 탓으로 돌리고 그 뒤에 숨은 철학이나 원리를 무시하기 쉽다. 건강한 교회는 방법론에 의존하지 않는다. 그러므로 무엇보다 급한 것은 목회 철학을 정립하는 일이다.

우리는 평신도를 깨우기 위해 제자를 만들어야 한다는 데 큰 관심이 있다. 평신도를 제자 삼는 일은 어떤 일시적인 신학 사조나 방법이 아니다. 그것은 성경에 근거한 것이어야 하고 교회의 본질과 그 소명에 일치하는 근본적인 과제로 이해하지 않으면 안 된다.

그러므로 교회가 무엇이며 왜 존재하는가라는 질문에 우리가 어떤 해답을 하느냐에 따라 우리의 목회 철학이 달라진다. 그리고 그 목회 철학은 목회 전략과 방법을 결정하게 될 것이다. 이런 의미에서 목회 철학이란 다름 아닌 목회자 자신의 교회론에서 나온 목회 신념을 말한다.

다시 한번 강조한다. 목회 철학을 가지라. 이를 위해 교회론을 다시 연구하라. 왜 평신도를 깨워야 하는가에 대한 흔들림 없는 확신이 생길 때까지 '교회는 무엇인가?'를 반복해서 질문하라.

오랫동안 주목받지 못한 주제

교회는 우리 모두에게 매우 익숙하지만 동시에 대단히 많은 오해를 하게 하는 주제이기도 하다. 너나 할 것 없이 다 아는 것으로 간주하기 때문에 언제 진지하게 연구해보는 일이 거의 없다. 많은 목회자가 교회론을 가지고 씨름하지 않는 이유가 바로 여기에 있다. 그 결과 잘못된 시각으로 목회를 하는 일이 여기저기에서 발생한다.

교회론이 주목받지 못한 일은 비단 개인적인 차원만의 문제가 아니다. 그것은 교회사적인 문제이기도 하다. 지난 교회사의 흐름을 잠깐만 거슬러 올라가 보아도 교회론은 다른 교리에 비해 직접적이고 충분한 주목을 받은 적이 거의 없다는 사실을 금방 알 수 있다.

기독론이나 삼위일체론 같은 주제는 당시에 큰 위협으로 등장한 이단들 때문에 4, 5세기경에 이미 각별한 관심을 받았다. 그래서 교리적으로 확실한 정리를 할 수 있었다. 구원론은 종교개혁이 일어나면서 16세기에 신학의 총아가 되어 지금까지 흔들림 없는 진리의 초석으로 자리매김해왔다. 하지만 20세기에 들어설 때까지 기독교는 교회론으로 씨름해본 일이 거의 없다.

이것은 1948년에 막을 올린 WCC 첫 번째 대회에서 플오로프스키가 공개적으로 언급한 사실이다. 그는 기조연설에서 "금세기는 교회론의 시대가 될 것이다"라고 예언했는데 그 말이 적중했다. 지난 수십 년 동안 교회론에 대한 무게 있는 논문들과 저서들이 많이 나왔기 때문이다.

그러나 안타깝게도 한국 교계에서 교회론은 1980년대까지도 관심 밖의 주제였다. 우리는 교회 안에서 살고 교회 일을 하면서도 교회가 무엇인가를 시시때때로 묻는 개혁자적인 자세가 없었다. 자연히 이렇다 할 목회 철학 하나 제대로 갖지 못하고 오래된 관행에 따라 목회를 할 수밖에 없었던 것이다.

확실한 철학은 사람을 미치게 한다

목회 현장의 묵은 땅을 갈아엎고 양질의 교회로 그 체질을 바꾸려면 제자훈련으로 평신도를 깨우는 것 외에는 별다른 길이 없다는 데 의견을 크게 달리하는 지도자는 없는 것 같다. 그러나 평신도를 깨우는 일은 막연한 생각만으로 할 수 있는 일이 아니다. 남이 한다고 따라 할 수도 없다. 만일 그런 식으로 하면 얼마 못 가 힘들다고 쉬고, 금방 열매가 없다면서 포기할 것이다. 그러다가 또 새로운 프로그램을 찾아 여기 기웃 저기 기웃하는 목회의 집시가 되지 않는다고 누가 장담하겠는가?

제자훈련은 자신이 발견한 목회 철학이 하나님의 손에서 직접 받은 계시처럼 너무나 분명하고 확고해서 입 다물고 가만히 앉아 있을 수 없을 정도로 강렬한 내면의 불길이 타오르는 자라야 감당할 수 있다. 한때 예레미야는 패역한 백성들에게 하나님 말씀을 선포하기가 너무 힘들어 그만두려고 생각한 적이 있었다. 하지만 그는 자기 내면에서 일어나는 불길을 스스로 끄지 못해 가슴을 치면서 하소연한다(렘 20:9). 제자훈련하는 사람이라면 이 정도로 미쳐야 한다. 그의 말을 빌려서 우리도 이렇게 외칠 정도가 되어야 한다. "내가 다시는 제자훈련을 하지 아니하리라 하면 나의 마음이 불붙는 것 같아서 골수에 사무치니 답답하여 견딜 수 없나이다."

철학이 있고 가슴에 불이 있고 비전이 분명하면 일을 저지르지 않고는 견디지 못할 정도가 된다. 아무리 큰 희생이 따른다 해도 그만두지 못한다. 우리가 몸담고 있는 대부분의 목회 현장은 미쳤다는 소리를 들을 정도로 생명을 거는 자세로 임하지 않으면 제자훈련이 거의 불가능하다. 토양이 너무 박하다. 묘목을 심어도 금방 말라 죽는다. 말라 죽지 않으면 밟혀 죽는다. 목숨 걸고 제자훈련을 반대하는 세력이 버티고 있다. 이미 체질화된 자기 신앙생활에 어떤 변화가 일어나는 것을 끔찍하게 두려워하는 사람들이 수두룩하다.

어디 그뿐인가? 설교, 심방, 행정을 주로 하는 기존 스타일의 목회도 체력이 달리고 시간이 모자라서 교인들의 요구를 다 들어주지 못하는 상황인데, 여기에다 제자훈련을 보태서 자기를 혹사한다는 것은 생각만 해도 끔찍한 공포로 다가올 수 있다. 이런 상황에서 해도 그만, 안 해도 그만인 식으로 안일한 생각에 젖어 있는데 어떻게 제자훈련의 칼을 뺄 수 있겠는가?

다시 말한다. 평신도를 깨우고 싶은가? 당신은 미쳐야 한다. 예수님도 미쳤다는 소리를 들었고, 바울도 그랬다. 제자훈련 외에는 다른 길이 없다고 하는 막다른 골목을 만난 자의 심정으로 임해야 한다. 이것을 안 하면 목회를 그만두겠다는 결의로 임해야 한다.

그러기 위해서는 우선적으로 목회 철학을 정립해야 한다. 그 목회 철학이 교회 본질에 일치하면 할수록 우리는 바른 목회를 할 수 있다. 본질을 붙드는 곳에는 길이 열리기 때문이다. 목회 철학이 정립되면 거기에서 목회 전략이 나온다. 그리고 자연히 목회 방법이 분명해지는 것이다. 이를 위해 다시 한번 물어보자. 교회는 무엇인가? 교회는 왜 존재하는가?

평신도를 깨운다

6장

교회는 무엇인가?

교회의 정의

교회에 대한 가장 기본적인 정의는 "그리스도 안에서 부름받은 하나님의 백성"이라는 것이다(고전 1:1~2, 엡 2:19). 우리가 '교회'라고 부르는 말의 의미를 찾아보면 더 분명히 알 수 있다. 신약성경에는 교회를 가리키는 용어와 비유 그리고 상징이 100가지 이상 기록되어 있다. 그 가운데 가장 일반적으로 사용되는 용어가 '에클레시아'(*eklesia*)라는 헬라어다. 이것은 하나님의 택함을 입은 사람들의 모임 혹은 회중을 가리킨다. 더 엄격하게 말하자면, 이 용어 안에는 실제로 회중이 모이는 과정과 한자리에 모여 있는 공동체를 다 포함하는 의미가 있다.[1]

하나님은 자기 백성을 낳으신 분이다(요 1:12~13). 그분이 그들을 만드시고 부르시고 보존하시고 구원하신다. 교회는 예수님이 부활하신 후에 그를 하나님의 아들이며 그리스도로 고백하는 사람들이 나타나면서 시작되었다. 그들은 흑암의 권세에서 건짐을 받아 하나님 아들의 나라로 옮겨진 새로운 백성의 무리다(골 1:13). 이런 의미에서 교회는 택하신 족속이요 거룩한 나라로 불린다(벧전 2:9). 교회는 하나님 아버지 안에 있기에 세상의 어떤 모임과도 구별되고, 예수 그리스도 안에 있기에 유대인의 회당 모임과도 그 성격을 달리한다(살전 1:1).

한편 세상으로부터 부름받은 하나님의 백성인 교회는 예수님이 오셔서 실현하신 하나님 통치의 유기적, 제도적, 세상적인 표현이다. 하나님 나라가 포괄적인 하나님의 통치 영역을 의미한다면 교회는 그 통치권 안에 속한 과도기적 제도라고 보아야 한다. 과도기에 있는 교회는 미래에 주님이 오실 때 완성될 하나님 나라의 도래를 겸손하고 간절히 기다려야 한다. 교회는 영원한 도성을 향해 순례의 길을 걷고 있으며 아직 집에 도착하지 못했다.

그러므로 지금의 교회는 종말을 알리는 사인(sign)이며, 앞으로 무엇이 도래할 것인가를 알리는 게시판과 같다. 왕이 오실 때 교회는 왕국을 물려받을 것이고 그 왕국은 온 우주에 실현될 것이다.[2]

소명이 빠져 있다

교회를 일컬어 부름받은 하나님의 백성이라고 한 정의는 우리가 종교개혁자에게서 물려받은 값진 유산이다. 어떤 의미에서 이는 가감할 것이 없는 완전한 정의다. 그런데 아이러니하게도 이 완전한 정의가 오늘날 우리의 목회를 불구자로 만드는 데 일조하였다면 누가 쉽게 수긍하겠는가? 지금부터 이것이 사실이라는 점을 이야기하려고 한다.

'택자(擇者)의 모임'이라는 정의는 우리가 흔히 이야기하는 불가견적 교회와 가견적 교회를 다 포함하는 것이 사실이다. 그러나 그 정의를 액면 그대로 놓고 보면 눈에 보이는 지상 교회보다 보이지 않는 종말론적 교회에 훨씬 더 무게가 실려 있음을 부인할 수 없다.

이 말대로라면 지상 교회는 이미 완성된 실체처럼 보인다. 오랜

평신도를 깨운다

여정을 끝내고 고향에 돌아와 아버지의 집에서 쉬고 있는 느낌이다. 예수 그리스도 안에서 값없이 누리게 된 영광에 도취되어 이제 다른 것은 다 잊어도 될 것 같은 인상을 받는다.

그러나 이런 이미지는 지상 교회와는 어울리지 않는 어색한 것이다. 왜 그런가? 아직 세상에 남아 있는 교회에는 그 존재 이유라 할 만한 독특한 소명이 있기 때문이다. 이 소명은 세상을 구원하시려는 하나님의 뜻을 이루어 드리는 일이다. 그러므로 이 소명에 대한 암시나 언급이 없다면 그것이 천상의 교회에 대한 정의는 될 수 있어도 지상 교회를 위해서는 만족스럽다고 할 수 없다.

이 말을 들으면서 너무 비약하는 게 아닐까 하는 생각이 들 것이다. 그럴지도 모른다. 그러나 지난 수 세기 동안 지상 교회를 부름받은 하나님의 백성으로만 알고 가르친 교회들은 대개 자기도취에 빠져 있는 듯한 인상을 자주 보였다.

예리한 눈으로 주변을 한번 살펴보라. 목회를 단순히 부름받은 하나님 백성을 돌보는 것으로만 인식하고 있는 교역자가 어디 한둘인가? 구원받았으니 이제 되었다는 일종의 안도감 때문에 주님의 일에 미온적이거나 무관심으로 일관하는 평신도가 얼마나 많은가? 그들은 자신이 평신도이기 때문에 소명받은 것이 없다며 대단히 흡족해하고(?) 있다.

한편 교역자는 자기들만 소명자라는 권위를 과시하려고 평신도의 이런 안일한 생각을 알면서도 회초리를 들고 가르치지 않는다. 그 결과 한국 교회가 세상을 향해 얼마나 무력한 모습을 보이는가? 얼마나 자주 비판의 대상이 되는가? 대부분 평신도는 천당 가기 위해 예수를 믿고, 소명을 다하고자 신앙생활에 진지하게 임하려는 마음은 빠져 있다. 수는 많지만, 오합지졸이나 다름없는 형편이다.

어떻게 해서 이런 병적인 현상이 만연하게 되었는지 우리는 옷깃을 여미고 반성해야 한다. 다른 이유도 있을 것이다. 그러나 무엇보다 우리는 지상 교회를 천상의 교회로 착각하게 만든 전통적인 교회 정의에 문제가 있음을 솔직히 인정할 필요가 있다.

눈에 보이지 않게 우리의 의식 세계를 이완시키는 개념이나 사상은 비록 그 속도가 느리더라도 일단 자리를 잡으면 무서울 정도로 우리 언동에 부정적인 영향을 미친다. "교회는 부름받은 하나님의 백성이다." 우리가 앞으로도 계속 이 교회관의 주변에만 맴돌고, 달리 교회를 보게 하는 시야가 열리지 않는다고 가정하자. 우리의 목회가 어디로 갈 것 같은가? 교회는 어떻게 될 것 같은가?

어느 교단 책임자가 이런 말을 한 적이 있다. "세계를 돌아다니면서 보니 개혁 신학을 배경으로 한 교회들이 다 부흥이 안 되고 있어요. 한국 교회도 다를 바 없고요. 말만 많고 우리라는 테두리 안에서 맴돌고 있습니다. 사회적인 책임 의식도 너무 부족합니다. 도대체 왜 그런지 많이 생각해보았지만 뾰족한 답이 나오지를 않습니다." 그 말을 듣고 우리의 교회론에 문제가 있는 것 같다는 말을 했더니 주저함 없이 공감하는 것이었다.

평신도가 깨어나려면 지상 교회가 무엇인지에 관한 정의를 다시 해야 한다. 지상 교회는 세상으로부터 부름받은 특권만 가진 것이 아니다. 거기에 더해 세상으로 보냄받은 소명을 함께 가지고 있다. 천상의 교회라면 세상으로 보냄받을 필요도 없고, 세상에 나가 복음을 전할 이유도 없을 것이다.

그러나 우리가 목회하는 교회는 지상에 남아 있는 교회이다. 특권과 함께 소명을 자신의 신앙으로 고백할 수 있어야 한다. 그래서 특권만 알고 소명을 모르는 절름발이 교회를 만들지 말아야 한다.

"당신이 부름받은 특권을 누리고 있는가? 그러면 보냄받은 소명에도 순종해야 한다." 교역자는 이렇게 가르칠 수 있어야 하고, 평신도는 그렇게 믿고 고백할 수 있어야 오늘의 교회가 몽롱한 잠에서 깨어날 수 있다.

신약성경의 교회는 지역 교회다

지상 교회의 정의를 논하는 마당에 한 가지 더 생각할 문제가 있다. 그것은 지역 교회의 정체성을 확인하는 일이다. 신약성경에는 어느 교단에 소속된 개교회를 총괄해서 부르는 집합적인 의미로서의 교회는 존재하지 않는다.

예를 들어, '장로교단의 우산 아래 모인 교회'라는 의미로 부르는 교회는 없다는 것이다. 우리가 흔히 '한국 교회'라고 부르는 국가적인 개념도 찾아볼 수 없다. 심지어 '세계 교회'라는 의미를 담은 사례도 발견할 수 없다. 오직 전 우주적인 교회 아니면 고린도나 데살로니가라는 지방에 자리 잡은 지역 교회가 있을 뿐이다. 에클레시아는 '데살로니가인의 교회' 혹은 '고린도인의 교회'를 가리킨다.

그러므로 지역 교회는 전체 교회의 부분이거나 구역이 아니다. 교회는 개별적인 단체의 합자 회사 같은 게 아니다. 개별적인 지역 교회가 모여 전체 교회가 되는 것도 아니다. 전체 교회가 나뉘어 개교회가 되는 것도 아니다. 참으로 존재하는 것은 단순히 고린도에 있는 하나님의 교회다.

따라서 각 에클레시아, 각 집회, 각 공동체, 각 교회는 아무리 작고 아무리 빈약하고 아무리 보잘것없는 모임이라도 완전히 하나님의 에클레시아, 하나님의 집회, 하나님의 공동체, 하나님의 교회의 발현이요 표현이며 실현이다.[3]

지역 교회가 하나님의 교회의 한 부분이 아니라 교회 그 자체이며, 그 실체의 확실한 표현이요 어떤 의미에서는 하나님의 교회를 대표하는 것이라면 지역 교회에 몸담고 섬기는 우리는 모두 어깨를 활짝 펼 수 있어야 한다. 우리 중에는 자신도 모르게 열등감이라는 바이러스에 감염된 사람이 많다. 자기 교회를 다른 교회와 비교할 때 들어온 나쁜 균이다. 이 균에 한번 감염되면, 규모가 작고 초라해 보이는 자기 교회는 상에서 떨어져 굴러다니는 작은 빵 조각처럼 보인다.

좀 심하게 말하면 수십 명에 불과한 자기 교회는 마치 온전한 교회가 아닌 것처럼 생각하는 것이다. 얼마나 잘못된 시각인가? 교회의 머리 되신 예수님은 크기로써 자기 교회를 판단하지 않으시는데 말이다. 그의 관심은 얼마나 모이는가보다 어떤 자들이 모이느냐에 쏠려 있다는 사실을 왜 우리는 자주 잊는 것일까? 지역 교회가 지니는 참된 의미를 모르고 있기 때문이 아닌가 한다.

평신도를 깨우고 싶은가? 그렇다면 주님이 자신에게 맡기신 몇 명의 양들을 놓고 그 자체가 완전한 하나님의 에클레시아라는 사실을 확신할 수 있어야 한다. 우리가 섬기는 작은 지역 교회를 통해 하나님 나라가 가까이 임하고 있음을 세상이 보리라는 긍지를 가져야 한다. 자신의 목회 현장을 보는 패러다임이 바뀔 때 한 영혼을 붙들고 예수의 제자로 만드는 일에 미친 사람처럼 헌신할 수 있다. 날마다 큰 교회를 곁눈질하는 목회자는 절대로 제자를 만들 수 없다. 그렇다고 큰 교회를 부정한다는 말은 아니다. 하나님의 교회는 그 크기로 결정되는 것이 아니라는 의미로 하는 말이다.

어느 미국 신학교 교수가 졸업하는 학생들을 앞에 놓고 이런 말을 했다. "내가 여러분에게 한 가지 예언을 하겠습니다. 목회 현장에 나가서 여러분이 아무리 노력을 하더라도 이 가운데서 80~90퍼센트는 작은 교회를 목회하면서 평생을 보내게 될 것입니다. 나머지 10퍼센트는 좀 큰 교회를 목회하게 될지도 모르겠습니다."

그렇게 기분 좋은 이야기는 아니지만 틀린 말은 아니다. 큰 교회를 맡고 싶다고 큰 교회를 맡는 것도 아니고 작은 교회를 섬기고 싶다고 작은 교회를 섬길 수 있는 것도 아니다. 하나님의 선하신 뜻에 따라 각자는 자기에게 맡겨진 교회를 목양하는 것이다. 그러므로 아무리 작고 초라할지라도 자신이 목회하는 교회가 하나님의 교회라는 사실을 확신할 수 있어야 한다.

지금까지 우리는 전통적인 교회 정의가 어떤 점에서 취약한가를 보았다. 그리고 이 정의가 평신도를 소명자로 만드는 데 오랫동안 어떻게 역으로 작용해왔는지 간단히 이야기했다. 그러면 지상 교회의 정의를 어떻게 내리는 것이 합당할까? 다음과 같이 정의할 수 있다.

> 지상 교회는 세상으로부터 부름받은 하나님의 백성이요,
> 또한 세상으로 보냄받은 그리스도의 제자다.

우리가 이 정의에 동의하려면 지상 교회가 과연 세상으로 보냄받은 제자로서 어떤 소명을 갖고 있는가를 좀 더 구체적으로 검토할 필요가 있다. 무슨 이유로 평신도가 소명자라고 할 수 있는가? 성경적 근거는 무엇이며, 이것을 신학적으로는 어떻게 입증할 수 있는가? 이런 질문은 지금부터 우리가 다루어야 할 중요한 과제다.

7장
도전받는 전통적인 교회론

몇 가지 비판들

우리는 앞 장에서 교회에 대한 정의가 목회 현장에서 어떻게 역기능으로 작용해왔는지를 간단히 살펴보았다. 이왕 말이 나왔으니 한 가지 더 언급하고 넘어가는 것이 좋겠다. 그것은 전통적인 교회론이 선교에 대해 너무 소극적으로 다루고 있어 지상 교회의 소명 의식을 약화시켰다는 사실이다.

이로 인해 개혁주의 신학을 배경으로 하는 교회는 대부분 세상에 소극적이거나 무관심한 태도를 취하는 듯한 인상을 준다. 이 견해가 어느 정도 신빙성을 가진 것인지 한번 검토해 볼 가치가 있다. 먼저 전통적인 교회론을 비판하는 몇 가지 사례를 소개한다.

> 우리가 필요로 하는 것은 참 교회 신학이다. 우리가 지금 가진 교회론은 전부 부적당하고 낙후된 것이다. 그것은 이미 주어져 있고, 이미 존재하는 무엇을 의미하는 정적(靜的) 개념에 비추어 만들어진 것이다. 대부분 관심이 교회의 외적 표지(標識)에 집중되어 있다.[1]

이것을 다른 말로 하면 우리의 교회론은 중세의 옷을 입고 있어서 현대 사회에는 적합하지 않다는 말이다. 천하가 기독교 문화로 채색되어 있던 신성 로마 제국 시대에 살면서 교회를 보던 종교개혁자들의 시각을 오늘날 우리 시대에 그대로 수용하기에는 문제가 있다고 보는 것이다. 상황적인 요소를 염두에 두면 이 비판도 일리가 있다. 또 다른 비판을 들어보자.

> 종교개혁자들과 다수의 17세기 신학자의 생각에 대사명(마 28:18~20)은 사도들에게 국한된 것이었다. 그리고 사도들이 죽자 예수 그리스도의 명령도 함께 죽어버렸다. 그 대사명은 사도들이 세운 교회에까지 영향을 미치지 못했다.[2]

이것은 대단히 과격한 비판으로 들린다. 그러나 이 말은 종교개혁자들이 선교에 대해 가르친 것이 전혀 없었다는 뜻이 아니다. 실제로 그들은 여러 곳에서 세상 구원에 대한 필요성을 외쳤다. 그러면 왜 이런 비판을 하는가? 그들의 교회론에 지상 교회가 주님으로부터 받은 선교의 절대 소명을 충분히 반영하지 못했음을 신랄하게 지적하는 것이다. 나중에 우리는 이 비판에 어느 정도 근거가 있음을 한 가지 사례를 통해 확인하게 될 것이다. 우리가 주목할 가치가 있는 비판이 또 하나 있다.

> 이 두 세계(종교개혁 당시와 지금의 세계) 사이에는 차이가 있다. 종교개혁 당시에는 사회 구조가 대부분 정적이고 교착되어 있었다. 반면에 오늘은 그 구조가 유동적이며 동적이다. 문제는 이전 시대의 산물인 정적인 사고방식이 우리가 사는 현대에 적합하지 않다는 것이다. … 종교개혁자들의 교회 정의는 그 나름대로 잘된 것이지만, 오늘을 사

는 신자들에게는 적합하지 못하다. 그것은 선교에 대해 아무것도 말하지 않고 있기 때문이다. …

비록 종교개혁자들의 모든 정의가 성경을 그 출발점으로 한다 할지라도 그것이 꼭 '성경적'이라고는 할 수 없다. 성경적인 교회론은 선교를 전제로 한 상황에서 나온 것인데 반해 종교개혁자의 교회론은 사회의 주어진 상황에서 나온 것이기 때문이다. 신약성경이 기록될 당시에 신성 로마 제국은 성경 저자의 생각 속에 전혀 존재하지 않았다. 그 당시에는 이교적인 로마 제국의 통치가 있었다.[3]

사회 구조가 '정적이다, 동적이다' 하는 말은 교회가 처한 상황이 기독교 우호적인가 그렇지 않은가를 나타내는 표현으로 볼 수 있다. 이런 의미에서 중세기는 분명히 정적인 상황이었다. 다시 말하면 세상이 이미 복음의 지배 아래 있는 듯이 보였던 그들의 처지에서는 세상을 구원하기 위해 교회가 복음을 전해야 하는 긴박성을 자각하기가 쉽지 않았다.

반면에 신약성경에 등장하는 초대 교회는, 생명을 걸고 복음을 전해 하나님 나라를 확장하지 않으면 교회 자체의 존립마저 보장되지 않는 긴박한 상황이었다. 이것은 분명히 동적인 상황이다. 신약에서 이야기하는 교회는 바로 이와 같은 동적인 배경을 바탕에 깔고 있다.

그러므로 정적인 상황에 익숙해진 처지에서는 아무리 종교개혁자들이 영적으로 탁월한 인물이었다 할지라도 긴박한 선교적 상황에 근거하여 교회를 보는 데는 한계가 있었다.

위에서 인용한 전통적인 교회론에 도전하는 학자들은 모두 복음적일 뿐 아니라 개혁 신학을 배경으로 한 사람들이다. 그들이 지적하려는 것은 종교개혁자들이 남긴 교회론이 틀렸다는 말이 아니라 지상 교회의 선교적 사명을 고취하는 데 심각한 약점을 가지고 있다는 뜻이다. 이런 취약한 교회론으로는 현대 사회를 책임지는 교회가 될 수 없다는 우려를 표한 것이다.

이들의 비판이 어느 정도 타당성이 있는지는 루터와 칼빈이 고린도전서 12장 28절("하나님이 교회 중에 몇을 세우셨으니 첫째는 사도요 둘째는 선지자요…")을 주석한 내용을 확인해보면 무척 흥미로운 사실을 알 수 있다. 먼저 칼빈의 말을 들어보자.

> 주님께서 사도직을 제정하셨다. 그것은 전 세계에 복음을 전하기 위해서였다. 그들은 가는 곳마다 모든 족속과 방언 가운데서 대사직을 수행하지 않으면 안 되었다. 이 점에서 사도와 목사 사이에는 차이가 있다. 목사는 어느 한 지역 교회에 매여 있는 사람이다. 주님께서는 목사에게 복음을 전하라는 사명을 주시지 않고 그가 맡은 교회를 목양하게 하셨다.[4]

이 점에 대해 루터의 견해 역시 대동소이하다.

> 사도들은 낯선 집에 들어가 말씀을 전했는데, 이는 그들이 그렇게 하라는 명령을 받았고 그 목적을 위해 지명받아 부름을 입었으며 또 보냄을 받았기 때문이다. 다시 말해서 그들은 예수께서 "너희는 온 천하에 다니며 복음을 전파하라"고 명령하신 그대로 어느 곳에서나 복음을 전해야 했다. 그러나 그 후에는 아무도 다시 그와 같은 사도적인 명령을 받은 일이 없다. 감독이나 목사에게는 다 자신이 맡은 특정 교구가 있다.[5]

하나님의 손에 크게 쓰임받았던 위대한 두 종교개혁자가 사도직과 목사직이 어떤 점에서 다른가를 설명한 것은 성경적으로 옳은 해석이었지만, 사도들이 예수님으로부터 직접 받은 준엄한 명령, 즉 "모든 민족을 제자로 삼으라"는 분부가 사도 당대에만 해당하는 것처럼 말했음은 놀라운 일이 아닐 수 없다.

종교개혁자들의 의도가 어디 있었든지 간에 그들의 교회론을 계승한 후대의 목회자들이 자기도 모르게 평신도를 선교의 소명자로 무장시키는 데 소극적인 태도를 취한 것은 결코 우연한 일이 아니었다. 따라서 후대 목회자들은 자기가 맡은 교회만 잘 목양하면 목사로서 할 일을 다했다는 안일한 생각에 빠질 만한 명분을 갖게 되었다. 그러므로 종교개혁자들이 선교에 대해 아무 언급도 하지 않았다는 다소 지나친 듯한 비판을 우리는 가볍게 넘기지 말아야 한다.

그들의 관심사는 교회의 순결

종교개혁자들이 교회론을 다루면서 교회의 선교적 사명을 소홀히 취급했다 할지라도 우리가 그들을 비난할 수는 없다. 그들은 독특한 역사적 상황에서 자기 몫을 감당하였기 때문이다. 우리가 아는 바와 같이 주후 395년으로부터 시작하여 그들이 살던 시대까지, 누구든 교회를 이탈하면 체형을 가해도 될 만큼 국가와 교회는 밀착되어 있었다. 온 천하가 기독교로 채색되어 있는 것처럼 보였다. 그런 분위기에서 선교는 피부에 직접 와닿는 절박한 문제가 되지 못했다.

자연히 그들의 교회론은 당시의 역사적 상황이 만든 이미지를 벗어버릴 수 없었다. 이런 점에서 한스 큉이 "교회는 어느 시대나 그 시대의 역사적 상황이 만든 자기 이미지를 가지고 있다"고 한 말에

평신도를 깨운다

는 큰 의미가 담겨 있다. 초대 교회의 3세기 동안은 교회와 이방 국가 사이의 대립 관계에서, 그 후 오랫동안 둘 사이의 화해 관계로, 그리고 그 이후 16세기에는 그 둘의 분리 관계에서 각각 교회 이미지가 형성되었다는 것이다.[6]

칼빈이나 루터가 당시에 큰 관심을 가진 것은 '교회의 순결'이었다. 다시 말해 어떻게 하면 거짓 교회에서 참 교회를 구별해낼 수 있을까 하는 일이었다. 그 둘 사이의 차이를 성경적으로 명확하게 밝히는 것이 무엇보다 급선무였다. 그들은 말씀 선포, 성례전 집례, 권징의 집행에서 순결성을 유지하는 것이 곧 예수 그리스도의 교회라고 선언했다. 이것은 우리가 받은 대단히 귀중한 역사적 유산이다. 그 결과 그들의 교회론에서 이 3대 표지가 중요한 위치를 차지하게 되었다.

그러나 그들의 관점은 참 교회일수록 세상과 거리를 멀리 두어야 하는 것처럼 보이게 했다. 칼빈은 세상 모든 영역에 하나님의 주권이 임하게 해야 한다고 힘주어 가르쳤지만, 이 일을 위해 교회가 복음의 증인이 되어야 한다는 사실에 대해서는 목소리를 높이지 못했다. 그들의 교회론이 정적 개념에 치우쳐 있다는 비난을 듣게 된 이유이기도 하다. 그 결과 수백 년을 내려오면서 교회는 자기도 모르는 사이에 점점 자기중심적인 편협함에 빠지게 되고, 예배와 경건만 중시하는 방어적인 태도를 강하게 고집하는 모습으로 비쳤다.

우리가 칼빈이나 루터에게 물려받은 가장 위대한 유산 중 하나는 개혁의 정신이다. 그들은 자기들이 처한 시대를 개혁하기 위해 성경으로 모든 것을 시험하고 그 원리를 적용하면서 자기들이 처한 문제에 답하는 데 전력을 쏟았다. 우리 역시 이 정신을 이어받아 오늘의 교회를 새로운 눈으로 직시해야 한다. 만일 우리가 종교개혁자들의 교회론을 완전무결한 것으로 여기고 우상시한다면 이는 그들이 우리에게 가르쳐준 개혁의 정신을 포기하는 일종의 안일주의에 빠진 것이다. 우리는 그들의 교회론이 잘못되었다고 말하지 않는다. 단지 완전한 것이 아님을 지적할 뿐이다.

프란시스 쉐퍼가 경고했듯이 우리는 성경이 밝히 말씀하는 교회의 절대 표준을 성경이 침묵하는 비절대 표준과 혼돈하지 말아야 한다. 어느 시대나 교회는 성경 말씀이 허용하는 한계 조건 안에서 성령의 인도하심을 따라 그 시대의 요구에 대처할 자유가 있다. 만일 이 자유를 우리가 포기하고 눈감아 버린다면 현대 교회는 고립과 죽음을 자초하게 될지 모른다.[7]

그러므로 우리가 계승한 교회론에서 세상으로 보냄받은 소명이 충분히 반영되지 못하고 있다면 그래서 평신도를 소명자로 일깨우는 데 역부족을 느낀다면 하루빨리 그 어색한 중세의 옷을 벗기고 타락한 세속 문화가 걷잡을 수 없이 교회를 위협하는 이 세대에 꼭 필요한 새 옷으로 갈아 입혀야 한다.

이 작업을 하기 위해 전통적인 교회론에서 서자 취급을 받은 '사도성'이라는 교회 본질을 다시 검토할 필요가 있다. 개혁 신학에서 사도성을 고의로 등한시한 결과, 오늘날의 교회가 무기력하게 되었다고 보기 때문이다.

지금 우리가 처한 상황은 중세보다는 오히려 초대 교회 당시와 흡사하다. 기독교로 개종하는 수는 자연적인 인구 증가에 미치지 못하고 있다. 교회는 반기독교적 성격이 점점 짙어가는 이방 문화에 포위되어 있다. 3년 후를 내다볼 수 없을 만큼 무섭게 급변하는 현대 문명과 맞서고 있다.

오늘의 교회는 선교를 위한 가장 큰 잠재력을 지닌 평신도를 초대 교회의 제자들처럼 복음의 증인으로, 사랑의 봉사자로 무장하는 일이 무엇보다 시급하다. 이것을 위해 우리는 교회의 사도적 본질의 중요성에 눈을 뜨고, 그것을 현대 교회에 적용하지 않으면 안 된다. 교회의 사도성이 갖는 신학적인 의미를 바르게 재발견하는 일이야말로 현대 교회가 안고 있는 평신도 문제를 해결하는 지름길인 동시에 우리 교회론을 한 걸음 더 발전시키는 기틀이 된다고 보기 때문이다.

8장
교회의 사도적 본질

사도성에 대한 오해

제자훈련으로 평신도를 깨워 이 시대의 소명자로 세우기 원하는 사람이라면 확신의 근거를 교회론에서 찾으려 할 것이다. 교회의 본질에 비추어 볼 때 평신도가 사도들처럼 세상으로 보냄받은 소명자가 틀림없다는 사실이 입증되지 않고는 그들 앞에서 목소리를 높일 수 없기 때문이다. 그러나 연구를 하기 시작하면 개혁주의 신학의 교회론에서는 시원한 대답을 찾을 수 없음을 발견한다.

우리가 배울 수 있는 교회 본질은 성성(聖性), 통일성, 보편성이라는 세 가지가 고작이다. 가끔 사도성을 언급하는 경우를 보지만, 그 의미를 축소해 부분적으로 다룬다.[1] 그래서 잘못하면 평신도를 깨우자고 하는 소리는 어느 목사의 개인적인 주장이고 제자훈련은 선교 기관들이 잘하고 있으니 한번 한시적으로 도입해볼 만한 방법에 불과하다는 생각에 빠지기 쉽다. 교회 본질에 일치하는 것이 아니면 우리가 제자훈련에 대해 그렇게 나팔을 불 필요가 없다. 자기가 좋으면 한번 해볼 수 있는 선택 사항으로 볼 수 있을지는 모르지만 말이다.

저자가 유학 중에 한동안 고민에 빠졌던 것도 이런 이유 때문이었다. 그러던 어느 날 신학교 구내 서점에서 발견한 책 한 권이 눈을 활짝 열어 빛을 보게 했다. 그 책은 가톨릭 신학자이면서 개신교로부터 대단한 평가를 받고 있던 한스 큉의 《교회론》이었다.[2]

그의 교회론을 통해 지상 교회는 사도의 계승자로서 세상으로 보냄받은 소명자라는 사실을 확신할 수 있었다. 평신도를 깨우는 일을 주님으로부터 받은 명령으로 볼 수 있었다. 교회는 본질적으로 사도의 터 위에 세워졌기 때문이다. 이제부터 한스 큉의 글을 빌어 사도성에 대해 좀 더 구체적으로 설명하도록 하겠다.

교회의 사도성은 주후 325년에 만들어진 니케아 신조에서 교회의 네 가지 속성 가운데 하나로 확정되었다. 그 후 장구한 세월을 거치며 노골화된 교회의 타락과 함께 사도성은 로마 교회가 자신의 거짓된 교리를 정통으로 위장하고 교황을 사도 베드로의 법적 계승자로 정당화하는 데 필요 불가결한 버팀목으로 악용되기 시작했다.

자연히 종교개혁자들에게는 사도성이란 말 자체가 달갑잖게 보인 것이 사실이다. 그들에게 사도성은 곧 사도권을 의미하는 것으로 비쳤다. 로마교회가 '사도적'이라고 주장하는 잡다한 교리와 제도들을 비판하고 부정하는 와중에, 종교개혁자들은 본의 아니게 사도성의 개념을 건전하게 다루지 못했던 것 같다.

그래서 개신교의 학자들 가운데 상당수가 사도적 계승의 필요성마저 부인하는 입장에 서 있다. 혹 부인은 하지 않는다 해도 사도성을 겨우 "그리스도에 대해서 사실인 것이 곧 사도적이다"라고 한 루터의 견해를 수용하는 정도에 그치고 있다.[3] 즉, 사도적 본질에 대해서는 사도들이 전해 준 가르침을 교회가 계승하는 것 정도로 받아들일 뿐이다.

무엇이 사도성인가?

그러면 사도성의 바른 의미는 무엇인가? 사도성은 예수님께서 사도들을 세상에 보내시고 그들의 터 위에 당신의 몸 된 교회를 세우셨다는 데서 시작된다. "아버지께서 나를 보내신 것같이 나도 너희를 보내노라"(요 20:21). "너희는 사도들과 선지자들의 터 위에 세우심을 입은 자라. 그리스도 예수께서 친히 모퉁잇돌이 되셨느니라"(엡 2:20).

사도들은 부활하신 주님을 처음으로 목격한 증인으로서, 직접 모든 족속에 복음을 증거하기 위해 예수님에게서 보냄을 받은 사람들이었다. 교회는 이 사도들의 증거와 사역 위에 세워졌다. 이런 의미에서 사도는 교회의 시작이며 영구한 기초석이 되었다. 이 사실에 근거해서 교회가 사도적이라고 말하는 것이다. 교회가 사도적이라고 할 때는 사도성을 그 본질로 하고 있음을 말한다.

한스 큉은 사도성을 교회의 본질을 결정하는 다른 모든 속성, 즉 통일성, 보편성, 성성(聖性) 가운데서 가장 기본적인 것으로 보고 이렇게 말한다.

> 다양성 중의 통일성, 개체성 중의 보편성, 죄성 중의 성성에 관해 연구하면서 언제나 마음속에 담아 두지 않으면 안 되는 것은 표준에 관한 문제다. 어느 정도로 교회가 하나 되고 거룩하고 보편적일 수 있는가? 참된 통일성, 보편성, 성성이란 무엇인가? (그것을 판단하는) 결정적인 표준은 교회의 제4의 속성에 나타나 있다. 무엇보다 교회가 사도적일 때에 그 교회는 정말 하나 되고 거룩하며 보편적일 수 있다. 중요한 것은 그 교회가 어떤 종류의 통일성, 보편성, 성성을 가지고 있는가에 달려 있는데, 그런 의미에서 교회가 사도적인가 하는 데 있다.[4]

평신도를 깨운다

이미 잘 아는 바와 같이 교회는 세상과 구별되고 성령이 내주하시는 성전이라는 점에서 거룩하다. 시대와 족속과 국경을 초월하여 하나라는 점에서 보편성을 지닌다. 교회의 머리는 오직 예수 그리스도뿐이라는 점에서 통일성을 가지고 있다.

그러나 이 교회가 사도들이 증거한 복음의 터 위에 세워진 것이 아니면 하나님의 교회라고 할 수 없다. 사도의 터 위에 세워지지 않았다면 다른 본질마저 그 의미를 잃는다. 통일교도 자기의 모임을 교회로 부른다. 그러나 우리가 그것을 인정하지 않는 이유는 사도들의 복음이 그들의 터가 아님을 알기 때문이다.

이런 의미에서 사도성은 다른 본질보다 더욱 기본이요, 다른 본질을 평가하는 표준이다. 한스 큉이 사도성을 단순히 교회 본질 중 하나로 보는 데서 머물지 않고 한 걸음 더 나아가 모든 속성 가운데서 가장 기본적이라고 본 것은 의미 깊은 통찰이 아닐 수 없다.

물론 이와 같은 판단은 그가 사도성을 로마교회의 전통적인 입장에서 떠나 성경에 근거하여 올바르게 정의하고 있다는 사실을 전제하고 하는 말이다. 만일 그렇지 않다면 그의 사도적이라는 말 역시 재고의 가치가 별로 없는 로마교회의 거짓된 교리에 지나지 않을 것이다.

교회가 사도들의 증거와 사역에 그 기초를 두는 이상, 그 교회는 사도적임에 틀림없다. 그리고 사도적인 교회라면 그것은 성경에 일치하는 교회다. 성경을 떠나 사도적인가를 확인할 수 있는 다른 권위란 존재하지 않기 때문이다. 이런 점에서 사도적이라는 말과 성경적이라는 말은 서로 동일한 의미가 있다. 그러면 어떻게 사도성이 계승될 수 있는가? 다시 말해서 성경에 근거한 사도적 계승이란 무엇을 말하는 것인가?

사도적 계승

사실, 사도직은 독특한 것이어서 반복될 수 없다. 부활 후 예수님을 직접 목격하고 그분에게서 직접 사도로 임명을 받았다는 바울과 같은 특별한 경우를 제외하고는 아무도 열두 사도와 똑같은 영광을 누릴 수 없었다.

이제는 사도직을 어느 개인이 대신하거나 대표할 수 없다. 그러므로 로마 가톨릭이 사도직을 교황 개인이나 제도상의 교회가 계승할 수 있다고 주장하는 것은 큰 오류다. 이제 사도는 더 이상 존재하지 않는다. 지금은 사도의 교훈과 사역이 남아 있을 뿐이다. 그러면 지금은 누가 사도의 계승자가 될 수 있는가? 관련하여 한스 큉의 말을 들어보자.

오직 한 가지 기본적인 대답이 있는데, 소수의 개인이 아닌 모든 교회가 그 계승자다. 결국 우리는 사도적 교회를 고백하는 사람들이다. 전 교회는 사도들이 예수 그리스도의 복음을 선포하여 세상으로부터 불러 모은 하나님의 새 백성이다. 모든 교회는 사도들의 터 위에 세워진 성령의 전이다. 모든 교회는 사도의 사역으로 하나를 이룬 그리스도의 몸이다.

이 계승은 단지 역사적인 의미뿐만 아니라 본질적인 의미로 이해해야 한다. 그 속에는 참된 내적 연속성이 존재한다. 이 연속성은 교회가 독자적으로 만들어낼 수 있는 것이 아니다. 그것은 사도들과 사도적 증거를 충만하게 하시고, 지금도 우리에게 순종할 수 있도록 교회를 감동하시고 격려하시는 삼위 하나님의 성령께서 교회에 허락하신 것이다. 이런 의미에서 사도적 계승은 성령의 것이다. 사도성 역시 은사이며 동시에 필수 요건이다.[5]

평신도를 깨운다

이 말은 매우 중요하기 때문에 다시 한번 음미해 볼 가치가 있다. 교회는 누구나 구별 없이 하나님의 부르심을 받은 백성으로 구성되었기 때문에 어느 한 사람이나 어느 특정한 그룹이 나서서 사도의 계승자가 될 수 없다. 성직자나 평신도 가릴 것 없이 교회에 속한 모든 성도가 그 계승자로서 자격이 있다. 이런 의미에서 모든 교회가 유일한 계승자라는 말은 옳은 것이다.

그렇다면 무엇에 근거해서 계승이 된다고 보느냐의 문제가 대두된다. 교황처럼 베드로에서 이어온다는 계보로 그 정통성을 주장하는 식이라면 몰라도, 교회는 사도의 몇 대손 하는 식의 족보도 없을 뿐 아니라 그것을 중시하지도 않는다. 믿는 자는 다 성령으로 태어난 하나님의 자녀이기 때문이다.

한스 큉은 사도성의 계승을 유효하게 하는 것이 바로 성령이라고 말한다. 사도들을 감동시키고 그들을 증인 되게 하신 그 성령께서 지금은 사도가 전해준 복음을 교회 안에서 성도가 그대로 믿고 순종하도록 하시기 때문에 보이지 않는 내적인 연속성이 끊어지지 않는다는 것이다.

그러므로 사도들이 성령의 사람이었던 것처럼 우리가 성령의 사람이라면 계승자의 자격을 갖추고 있다. 이 계승에서 제외될 평신도가 어디 있는가? 아무도 없다. 그리스도의 영이 없으면 그리스도의 사람이 아니기 때문이다(롬 8:9).

사도의 교훈을 계승한다

다음으로 교회가 사도의 계승자가 되는 구체적인 방법에 대해 생각해보자. 첫째는 사도들의 교훈을 계승하는 것이다. 이것은 교회가 신약성경을 통해 전수해온 사도들의 살아 있는 증거를 그대로 받아들이는 믿음으로 가능하다. 이는 사도들의 신앙과 고백을 따르는 것을 의미한다. 모든 신자가 다 하나님의 아들을 믿는 것과 아는 일에 하나가 될 수 있는 것은 처음부터 말씀의 목격자 되고 일꾼 된 사도들이 전해준 복음을 그대로 계승하는 사도적 본질 때문이다(엡 4:13, 눅 1:2). 교회는 예수님의 영감 된 말씀을 직접 들을 수 없다. 단지 사도들의 증거를 통해 들을 뿐이다. 한스 큉의 말을 들어보자.

> 교회는 사도들에게만 귀를 기울이는 것이 아니다. 사도들의 증거를 통해 말씀하시는 주님께 그 귀를 기울이고 있는 것이다. 그러므로 교회는 사도들의 증거를 통해 주님께서 친히 교회 가운데서 말씀하시도록 해야 한다. 이런 의미에서 사도를 경청하는 자는 주님을 경청하는 자라고 할 수 있다. 그 반대의 경우도 사실이다. 사도들의 증거를 듣지 않는 자는 주님의 말씀을 듣지 않는 사람이다. 사도들을 통하지 않고 주님께 이르는 길은 없다. 그러므로 사도적 계승이란 교회와 거기에 속한 신자들이 살아 있는 사도적 증거를 계속적으로 만나느냐의 문제이다. 사도적 계승은 이 사도들의 증거를 듣고 존경하고 믿고 고백하며 따를 때 성취된다.[6]

따라서 전 세계 교회가 하나 됨을 확인하고 서로 교제할 수 있는 길은 획일적인 교회 제도나 기구적인 연합 운동이 아니라 오직 신약성경에 기록되어 전승된 사도들의 증거를 그대로 믿고 고백하는 데 있다.

교회가 사도의 계승자가 되려면 사도가 전해준 교훈을 그대로 받아 고백하고 순종해야 한다는 데 대해서는 개신교에 속한 모든 교회가 공감하고 또 실천하고 있다. 신약성경의 말씀을 가감 없이 가르치고 선포할 뿐 아니라 평신도가 그 말씀을 자기 생명의 양식으로 받도록 지도하고 있기 때문이다.

우리는 로마교회처럼 평신도가 말씀을 직접 가까이하는 것을 막지 않는다. 이런 의미에서 개신교에 속한 교회 가운데 사도적이 아닌 교회는 하나도 없다고 할 수 있다. 그러므로 우리가 사도성을 교회 본질로 인정하든 인정하지 않든 이미 사도성을 계승하고 있음을 부인할 수 없다.

사도의 사역을 계승한다

둘째로 전 교회가 사도의 사역을 계승하는 것이다. 이것은 사도들이 주님으로부터 받은 명령을 그대로 이어받아 복종하는 것을 의미한다. 이 점에 대해 한스 큉은 웅변적으로 이렇게 진술한다.

> 사도성은 교회가 마음대로 할 수 있는 자기 소유가 아니다. 지배권을 휘두르면서 명령을 할 수 있는 것도 아니다. 교회가 스스로 복종해야 할 문제다. 교회는 사도들의 예를 따름으로써 참 복종과 봉사가 무엇인가를 배운다. 사도성은 단순한 전도 행위에만 국한되는 것이 아니다. 그것은 사도들이 순종하던 형태의 모든 봉사를 다 포함한다. 교회가 하는 모든 일은 세상을 향한 사도적 사명을 완성하는 데 집중되어야 한다.
>
> 교회가 된다는 것과 선교를 한다는 것은 별개의 일이 아니다. 사도성은 세상에 보냄을 받았다는 이 사실을 교회가 복종을 통해 계속 인정하고 나타내는 데서 계승된다. 그리고 이는 실제 역사 속에서 계속

해서 일어나는 사건이 되어야 한다. 만일 교회가 현 역사 속에서 복음을 나누며 봉사하기를 게을리한다면 사도의 터 위에 세워진 것이 무엇인가를 날마다 새롭게 체험하지 못할 것이다.

사도성은 단순히 이론적으로 진술하고 입증할 수 있는 것이 아니다. 교회는 사도성이 무엇을 의미하는가를 발견하고 이해하고 체험하기 위하여 현 역사 가운데서 복음을 나누어야 한다. 사도적 공동체에 속한, 믿고 살아 있는 회원이 되어 항상 새롭게 되어가지 않으면 안 된다.[7]

한국 교회는 사도들이 주님으로부터 직접 명령받은 대사명, 즉 선교적 소명을 전 교회인 평신도가 계승하고 있다는 중요한 사실을 신학적으로 정립하지 못하고 있는 것 같다. '소명'하면 항상 특정한 사람들의 전유물인 것처럼 이야기하는 풍토가 한국 교회에 팽배해 있다. 물론 성직자나 선교사는 평신도와 다른 특별한 소명을 받은 자들임이 틀림없다.

그러나 몇 사람의 특별 소명을 내세우다가 교회의 본질인 사도성으로 전 교회를 무장하는 일을 등한히 하거나 포기하는 것은 무엇과도 비교할 수 없는 중대한 실수다. 지상 교회 자체가 그 본질상 사도적 소명을 가지고 있는데 어찌 교회의 주체인 평신도가 그 소명에서 자유하다는 말인가?

교회에서 전도하자고 독려할 때에, 금년 교회 성장 목표가 얼마니 이것을 달성해야 주님이 기뻐하실 것이라는 식의 논리로 설득한다. 이 말을 듣는 일부 비판적인 사람들은 담임목사가 굉장한 야심가라는 느낌을 받는다. 교회가 이만하면 작은 편이 아닌데 어느 정도로 수를 불려야 목사의 욕심이 채워질 것인가 하는 불순한 생각

평신도를 깨운다

을 하는 것이다.

이런 현상이 왜 생기는가? 평신도 당신이야말로 온 천하에 다니며 복음을 전하라는 명령을 받고 그대로 순종하다 순교한 베드로의 계승자라는 소명을 가르치지 못한 데 있다. 물론 민족 복음화 혹은 세계 복음화라는 목표 지향적인 구호로 평신도에게 헌신을 요구하는 일이 잘못된 것은 아니다. 그러나 평신도에게 사도의 사역을 계승하고 있다는 소명 의식을 일깨워 주지 않은 채 어떤 헌신만을 강요한다면, 마치 어떤 젊은이에게 대한민국 국민이라는 정체성을 분명히 알려주지 않으면서 국방의 의무를 행하라고 전선으로 내보내는 것과 다를 바가 없다고 본다.

하나님의 뜻

지상 교회가 사도의 사역을 계승하는 일이 얼마나 본질적인 과제인가를 한 번 더 확인하기 위해 신약성경에 나오는 하나님의 뜻이 무엇인가를 살펴보자. 쉬렌크는 신약성경에 나오는 '하나님의 뜻'(*thelema*, 텔레마)이라는 말을 세밀하게 연구한 후에 다음과 같은 의미 있는 결론을 내리고 있다.

> 신약성경에서 하나님의 뜻이라는 말에 대한 복수형은 거의 완전할 정도로 찾아볼 수 없다. 하나님의 뜻은 단수형으로만 표현되어 있다.[8]

그 이유가 어디 있을까? 이는 하나님의 뜻이라는 개념에는 전적으로 하나님의 구원 목적과 일치되는 통일성이 있기 때문이다. 다시 말하면, 뜻이라는 단어가 단수인 것은 하나님의 계획이 오직 한 가지 목적을 지향하고 있음을 의미한다. 그 목적이란 예수 그리스도를 통하여 세상을 구원하려는 자신의 구속 사역을 완성하는 일이다.

예수님이 사마리아 여인을 구원하신 다음 "나의 양식은 나를 보내신 이의 뜻을 행하며 그의 일을 온전히 이루는 이것이니라"(요 4:34)고 말씀하신 것이나, 70명이 전도 여행을 마치고 보고드릴 때 예수님께서 성령으로 기뻐하신 이유가 바로 여기에 있다(눅 10:21).

사도 바울은 교회가 하나님께 영광을 돌리는 길은 다른 데 있지 않고 온 천하에 있는 사람들이 예수 그리스도를 주님으로 시인하게 되는 것, 이것이 바로 하나님의 영광과 직결된 하나님의 유일한 뜻이라고 선언한다(빌 2:10~11).

칼 크로밍가는 하나님의 영광과 선교적 사역이 갖는 관계를 다음과 같이 잘 지적한다.

> 하나님의 영광이라는 주제가 선교적인 논의로부터 고립된다면 하나님의 구원 목적을 세계적으로 확장하는 일과 교회에 성령을 주신 의의가 정당하게 다루어지지 않는다. 만일 하나님의 영광이라는 주제가 선교적인 것으로 보완되지 않으면 그분의 은혜와 사랑으로 하나님께 돌아가야 할 더 큰 영광이 훼방을 받게 될 것이다.[9]

그러므로 모든 사람이 구원을 받으며 진리를 아는 데 이르기를 원하시는 하나님의 뜻(딤전 2:4)에 일치하는 교회가 되고자 힘쓰는 일은 교회가 하는 어떤 일보다 우선되어야 한다. "교회가 존재하는 중요한 목적 한 가지는 모든 족속에게 복음을 전하는 데 있다. 그 외에 해당하는 모든 것―봉사, 성례, 교리, 예배―은 이 목적을 위한 부수적인 것이다."[10]

어떤 의미에서 교회는 구원받기 위해 존재하는 것이 아니다. 교회는 이미 사망에서 생명으로 옮김을 받고 영생을 소유한 새로운 신분으로 존재한다(요 5:24). 그러므로 교회는 자신이 무엇이 되느냐는 것보다 무엇을 하느냐에 그 목표를 설정하지 않으면 안 된다.

예수님이 사도들을 보내면서 주신 대사명을 교회가 계승하여 완수하는 날, 이 세계는 종말을 고하고 지상의 교회는 하늘에서 내려오는 새 예루살렘으로 대치될 것이다. "이 천국 복음이 모든 민족에게 증언되기 위하여 온 세상에 전파되리니 그제야 끝이 오리라"(마 24:14). 모든 족속에게 복음이 증거되고 드디어 만왕의 왕이 오시면 물려받게 될 우주적인 왕국을 대망하는 것이 교회라면, 세상에 복음을 전하고 사람들이 성령의 인침을 받게 하는 것보다 더 중요한 일은 없다.

세상을 위한 사도적 소명을 외면하는 것은 왕의 재림과 영원한 왕국의 실현이라는 소망을 포기하는 것이나 다름없다. 복음의 증인 되기를 포기한 교회가 그 영력을 쉽게 상실하는 경우를 자주 보는데, 그 이유는 하나님의 가장 큰 뜻에 복종하지 않고 하나님 나라의 실현을 보고자 하는 소망도 잃어버렸기 때문이다.

성령과 사도성의 관계

교회가 사도의 사역을 계승하기 위해 존재한다는 것은 성령께서 하시는 일을 보아도 분명히 알 수 있다. "내가 아버지께로부터 너희에게 보낼 보혜사 곧 아버지께로부터 나오시는 진리의 성령이 오실 때에 그가 나를 증언하실 것이요 너희도 처음부터 나와 함께 있었으므로 증언하느니라"(요 15:26~27). 교회의 사도적 본질과 성령은 불가분의 관계인데, 성령은 오셔서 선택받은 자들을 하나님의 백성으로 불러 사도들의 증거를 그대로 받아, 믿고 고백하게 하신다. 그리고 구원받아야 할 다른 양들을 위해 먼저 부른 그들을 소명에 응하게 하시고 능력으로 무장시켜주신다. 이제 세상은 성령을 통해 그리스도를 옷 입고 생활하는 새로운 종류의 사람들을 만나게 된 것이다. 이들이 바로 증거하는 공동체로서, 교회의 평신도이다.

세상에서 하나님의 뜻을 이루기 위해 오셨던 예수님과 그분 위에 기름 붓듯 넘치게 임하셨던 성령의 관계는 바로 사도들과 성령, 교회와 성령의 관계를 설명하는 것과 같다.

> 예수님이 세례를 받으시면서 성령의 능력으로 기름 부음을 받았던 것같이 그의 제자들 역시 유사한 방법으로 기름 부음을 받아 주님의 일을 실천에 옮길 수 있게 되었다. 제자들이 해야 할 주님의 일은 증인이 되는 것이었다. 이것이 바로 사도행전을 통해 나타나는 사도들의 설교에서 탁월하게 돋보이는 주제였다.[11]

예수님께서 세례를 받으시고 성령으로 충만하시자마자 오랜 세월의 침묵에는 종지부가 찍혔고 드디어 하나님은 다시 말씀하시기 시작하였다. 예수님에게 임하셨던 그 성령께서 교회 안에 계시는 이상 침묵은 반드시 끝나지 않으면 안 된다. '성령행전'이라는 별명을 가진 사도행전 전체를 통해 증인 혹은 증거라는 말이 30여 차례나 나오는 것은 교회가 절대로 입을 다물 수 없었기 때문이다.

여기서 우리는 성령이 오신 가장 큰 목적이 어디에 있는가를 알게 된다. 그것은 제자들을 그리스도의 증인으로 준비시키려는 것이다. 위안을 주려고 하기보다 선교사로 만들기 위해서다. 이런 의미에서 성령은 말세 교회를 사도적 본질을 가진 실체로 만들고 계신다. 이것이 바로 신약 교회와 구약 교회가 성격상 왜 그렇게 다른가를 설명하는 열쇠가 된다.

구약 교회는 제사 중심이었다. 여기에 반해 신약 교회는 구약적인 제사를 드리지 않는다. 예수 그리스도께서 죄를 위하여 한 영원한 제사를 드리시고 그 제물로 죄인들을 영원히 온전하게 하셨으므로 교회가 다시 죄를 위하여 제사를 드릴 것이 없게 되었다(히 10:12~18).

이제 남은 것은 죄인을 위해 영원한 제사를 드리신 예수 그리스도와 그의 십자가를 자랑하는 일이다(고전 2:2). 성령은 오셔서 교회의 본질을 이 일에 알맞는 도구로 바꾸어주셨다. 그 결과 신약 교회는 세상 앞에 나타나는 첫날부터 증거하는 공동체의 성격을 띠고 있었다. 고백하는 교회, 전파하는 교회, 찬양하는 교회가 된 것이다.

사도행전 2장에 나타난 극적인 현상은 우리에게 중요한 진리를 가르쳐준다. 성령의 임재와 함께 제일 먼저 나타난 현상은 성령의 말하게 하심을 따라 새 방언을 말하는 것이었다(4절). 다시 말하면 교회의 입을 열어주셨다는 것이다. 왜 입을 열어놓으셨는가? 지상 교회는 세상에 복음을 전하기 위해 보냄을 받은 소명자이기 때문이다.

이 부분에서 성령은 사도와 그 나머지 제자들을 구별하지 않으셨다. 오순절 다락방에 모인 120여 명의 머리 위에 성령은 각각 머물러 계셨고 그들 모두가 성령에 순종하여 입을 열었기 때문이다(3~4절). 그들의 말은 방안에서 맴돌다 사라지는 신음 소리가 아니었다. 예루살렘에 있는 사람들이 들을 수 있을 정도의 큰소리였고 그들의 관심을 끌기에 충분한 소리였다. 그들이 무슨 말을 하였는지는 듣는 자들이 증언하였다. "하나님의 큰일을 말함을 듣는도다"(11절). 그러나 아직도 구체적인 내용을 짐작하기는 어렵다.

드디어 우리는 그들을 대표한 베드로가 일어나 전하는 설교를 듣는다. 설교의 요점은 예수 그리스도의 죽음과 부활이었다. 그리고 예수 그리스도가 세상의 주와 그리스도가 되셨다는 내용이었다(14~36절). 이것은 바로 케리그마, 즉 복음이었다.

> (성령이 말하게 하심을 따라 하게 된) 다른 방언은 증거하는 교회의 성격을 극적으로 나타냈고, 베드로의 첫 설교는 이 증거를 정상적이고 지속해서 표현하게 하는 어떤 패턴을 설정했다.[12]

성령은 교회의 입을 열게 하시나 사탄은 입을 닫게 한다. 입을 여는 것은 하나님께 순종하는 일이지만 입을 닫는 것은 사탄에게 순종하는 것이다(행 4:17~20). 여기서 우리는 성령이 지상 교회에 임하신 가장 큰 목적은 모든 믿는 자의 입을 열어 세상에 복음을 전하는 데 있다는 결론을 얻는다.

지금까지 우리는 왜 평신도를 이 시대의 소명자로 깨워야 하는가에 대한 신학적 근거를 정리해보았다. 성경적인 교회는 사도적이어야 한다고 했다. 사도적이기 위해서는 평신도를 포함한 전 교회가 사도의 계승자라는 사실을 믿어야 한다고도 했다. 그리고 사도의 계승자가 되려면 사도가 전해준 증거의 말씀을 그대로 받아, 믿고 고백해야 한다.

동시에 사도들이 땅끝까지 복음을 전하라는 명령을 받았던 것처럼 전 교회도 그 명령을 받은 소명자라는 사실을 고백하고 순종해야 한다고 했다. 이와 같은 교회의 사도적 본질을 부인할 수 없도록 확인해준 분이 세상에 임하신 순간부터 교회의 입을 열어 침묵을 깨뜨리신 성령이라고 했다. 그러므로 평신도를 깨운다는 것은 그들

각자가 사도의 사역을 물려받은 소명자임을 고백하고 순종하도록 가르치는 것을 말한다.

사도적 사명은 아직 끝나지 않고 있다. 그것은 세상 끝 날까지 남을 것이다. 땅끝까지 모든 사람을 다 포용하는 일이기 때문이다. 그러므로 교회는 항상 세상 안에 있어야 하고 그 가운데서 사도들처럼 그리스도를 고백하고 증거하고 봉사하지 않으면 안 된다. 이것은 교회의 존재 자체를 성경적으로 결정하는 본질적인 사명이다.

통계상 1,200만 명에 가까운 이 나라의 평신도를 세상으로 보냄받은 사도의 계승자라는 투철한 소명 의식으로 무장시키지 못한 책임을 목회자들은 뼈아프게 느껴야 한다. 오늘날 평신도를 누가 해이하게 하는지, 누가 그들에게 '나는 평신도니까 소명과는 관계가 없다'라는 식의 안도감 속에 묻혀 잠들게 하는지 함께 자성할 수 있어야 한다.

9장

교회의 존재 이유

우리는 앞에서 지상 교회에는 사도의 계승자로서 세상으로 보냄받은 소명이 있음을 살펴보았다. 하지만 잘못하면 교회가 이 땅에서 할 일이 선교뿐이라는 편협된 주장을 하는 것으로 오해받기 쉽다. 교회에는 주의 복음을 전하는 소명과 연계된 다른 사역이 있다. 그러므로 이들을 다 같이 강조하지 않으면 교회의 참모습을 바로 볼 수 없다. 이런 이유로 지금부터 지상 교회가 왜 세상에 있어야 하는가를 조금 더 구체적으로 다루려고 한다.

왜 교회가 세상에 존재하는가 하고 질문하면 우리는 일반적으로 "하나님의 영광을 위해서"라고 답한다. 아마 가장 간략하면서 정확한 대답이라고 할 수 있을 것이다. 교회가 만물 안에 충만하게 되면 모든 것이 하나님의 영광으로 귀착될 것이 틀림없기 때문이다. 그러나 이 표현은 구체성이 부족한, 다소 추상적인 대답이라는 것이 흠이다. 무엇을 가지고 어떻게 해야 교회가 하나님의 영광을 위한다고 할 수 있는지를 말하지 않는다. 그러므로 하나님의 영광을 위해 무엇을 해야 하는가를 따로 설명할 필요가 있다. 편의상 세 가지로 나누어 검토하려고 한다.

평신도를 깨운다

하나님을 예배하는 공동체

교회는 우선 하나님을 예배하기 위해 존재한다. 하나님이 세상에서 교회를 불러내신 것은 당신의 이름을 위하여 살게 하고 그 이름에 합당한 영광을 돌리도록 하기 위함이었다(행 15:14).

그러므로 교회의 첫째 의무는 하나님을 예배하는 것이다. 하나님의 백성이 가장 먼저 배워야 할 일은 자신을 성별하신 하나님을 경배하는 것이며, 그들이 가장 먼저 초대받은 영광의 자리는 하나님을 예배하는 거룩한 존전이다. 이 예배는 전 인격적인 제사다. 하나님의 백성은 다 같이 한 몸을 이루어, 머리 되신 그리스도를 통해 하나님이 기쁘게 받으실 신령한 제물로 자신을 드리는 거룩한 제사장이 되었다(롬 12:1, 벧전 2:5).

무엇보다 예배는 하나님의 인격에 근거한다. 우리는 그분이 누구신지 먼저 알고, 그에 합당한 예배를 드려야 한다(시 29:2, 계 4:8). 그리고 하나님이 교회를 위해 행하신 사역, 즉 창조와 구속에 근거를 둔 예배라야 한다. 하늘 보좌의 장로들은 하나님이 창조하신 일을 가지고 영광과 존귀와 능력을 그분께 돌리고 있다(계 4:11). 천사들은 죽임당한 어린양에게 예배하고 있다(계 5:12).

우리를 영원한 죽음에서 건져주신 구속의 은혜가 하나님을 예배하는 근거가 된다는 사실은 초대 교회의 예배에서 항상 떡을 떼는 성만찬을 통해 그리스도의 영적 임재를 감사했던 이유를 잘 설명한다. 칼빈과 루터도 교회가 이와 같은 예배의 성육신적 성격을 유지할 것을 원했다. 종교개혁자들은 하나님께서 말씀과 성례의 수단을 통해 아들의 이름으로 경배받으심을 기뻐하신다고 믿었다.[1]

그러나 우리가 예배를 논할 때 한 가지 짚고 넘어가야 할 질문이 있다. 그 형식이 어떠해야 예배인가 하는 것이다. 이 질문에 간단히 대답하기 어렵다는 것은 예배를 연구하는 많은 사람이 인정한다.

지금은 예수 안에서 새로운 시대가 도래했기 때문에 우리는 구약 시대의 예배 형식은 물론, 전통적으로 굳어진 어떤 형식에든 매일 수 없으며 거기에 만족할 수 없다.[2] 예수님은 말세 교회의 예배를 영과 진리로 드리는 예배라는 말로 요약하셨다.

그러나 영과 진리로 드리는 예배를 가능하게 하는 형식이 꼭 한두 가지밖에 없다고는 생각하지 않는다. 영과 진리라는 말은 예배가 지니는 영적인 심오함과 다양성을 암시한다고 보기 때문이다.

예배라는 주제를 염두에 두고 복음서를 읽으면 의아한 생각이 들 때가 많다. 예배에 대한 교훈이 이상할 정도로 희소하기 때문이다. 그뿐 아니라 본문에서는 실제로 예배를 드리는 현장을 찾아보기 어렵다. 예수님과 제자들이 회당과 성전에 가끔 들르셨다는 것이 고작이다.

당시 제자들은 예수님을 하나님의 아들이요 그리스도라고 고백하며 추종하고 있었다. 그렇다면 제자들이 어떤 형식을 갖춘 예배를 그에게 드린 사례가 있을 법도 한데 그런 예를 전혀 찾을 수 없다. 예수님 자신도 제자들에게 어떤 형식을 갖춘 예배를 요구한 일이 한 번도 없다.

서신서로 넘어가 살펴보더라도 어떤 틀을 갖춘 예배를 이야기하는 본문이 보이지 않는다. 단지 예배의 기본 요소인 찬양과 감사와 기도 그리고 말씀에 대해 교훈하고 있다는 것 정도다. 우리가 익히 알고 있는 어떤 형식의 예배를 강요하지 않는다. 더 나아가 우리가 드려야 할 중요한 예배는 우리 몸을 거룩한 제사로 드리는 영적 예배라야 한다고 말한다(롬 12:1).

더욱 흥미 있는 사실은 주님이 교회에 교역자를 주신 목적에는 예배 인도자로서의 책임에 관한 언급이 없다는 것이다. 성도를 온전하게 하고 봉사의 일을 하게 하며 그리스도의 몸을 세우도록 하려고 목사와 교사를 주셨다고 한다(엡 4:11~12). 겉으로 보아 교역자들이 마치 예배 인도를 하기 위해 존재하는 것처럼 비치는 현실을 감안한다면 다소 놀라운 일이 아닐 수 없다.

우리가 이와 같은 사실을 지적하는 이유는 예배가 덜 중요하다거나 형식은 필요 없다는 말을 하려는 것이 아니다. 다시 말하지만, 교회가 지상에 존재하는 이유 중 하나는 하나님을 영화롭게 하고 그분께 경배드리는 데 있다는 사실을 아무도 부인할 수 없다.

단지 염려스러운 점은 한국 교회에서는 예배의 자유함이 지나치게 위축되어 있다는 사실이다. 어떤 형식에 매여 헤어나지 못하는 듯한 인상을 주고 있다. 약간의 변화만 주어도 그 예배는 문제가 있는 것처럼 비판한다. 영과 진리로 드려져야 할 예배가 율법주의로 변질되어 가지 않나 걱정이 된다.

극단적으로 말하면 작은 모임에서 말씀을 나누는 것은 예배가 아니라고 말하는 사람도 있다. 성경공부와 예배는 다르다는 것이다. 정말 그런가?

골로새 교회를 보면, 그들이 진정 하나님께 찬송과 감사를 드렸던 자리는 평신도들이 모여 피차 하나님의 말씀을 나누며 권면할 때였다. 그들에게 예배가 따로 있고 말씀 나눔이 따로 있는 것은 아니었다. 물론 주일에 모여 성만찬을 함께 나누며 드린 공식적인 예배가 있었던 것은 사실이다. 그러나 어떤 한 가지 형식을 예배로 고집한 것 같지는 않다(골 3:16~17).

그러므로 예배에서 수직적인 차원과 수평적인 차원 사이를 이간

시키는 일은 일어나지 않아야 한다. 곁에 있는 평신도를 가르치고 세우는 것과 위에 계신 하나님을 예배하는 것은 동전의 서로 다른 면에 지나지 않는다. 평신도를 그리스도의 제자로 세우는 것 자체가 하나님께 예배하는 일이다. 그러므로 예배 따로 말씀 공부 따로라는 생각은 예배를 어떤 형식의 굴레에 묶어 놓는 일이나 다름없다.

또 한 가지 지적하고 싶은 것이 있다. 우리의 목회가 지나칠 정도로 예배 일변도로 흐르고 있다는 사실이다. 목회자는 주일 예배를 준비하고 인도하기 위해 존재하는 사람처럼 보인다. 목사와 함께 모이는 자리에서는 대개가 일정한 형식을 지닌 예배를 드리고 난 다음에야 다른 일들을 다룬다. 심방도 예배가 목적이다. 정기 예배 출석만 잘하면 믿음이 좋은 사람으로 인정받는다. 그래서 "나 예배드렸어"하면 신앙생활의 모든 요건을 다 충족한 것처럼 평신도들은 생각한다.

이런 현상이 왜 문제가 되는가? 예배 일변도의 목회가 평신도를 잠들게 하고 무력하게 만드는 데 음성적으로 큰 역할을 하고 있기 때문이다. 목회자가 평신도의 가장 중요한 역할을 예배 시간에 나와 앉아 있어 주는 것으로 보기 때문에, 결석하지 않는 한 누구나 건강한 신앙인으로 속단한다. 평신도 편에서는 예배드리는 것 외에 무엇을 교역자가 요구하거나 강요하면 그것은 항상 지나친 것으로 받아들인다. 그러므로 평신도를 철저하게 훈련하는 일이 어려울 수밖에 없다. 이런 상황이 지속할 때 어찌 평신도가 깨어 있는 교회가 되겠는가?

참 예배자는 가만히 있다고 생기는 것이 아니다. 평신도를 철저하게 훈련하여 그리스도의 제자로 만들었을 때 만들어지는 것이다. 예배 일변도의 목회는 참 예배자를 만들어내는 수고를 방해한다. 마

평신도를 깨운다

치 그렇게 할 필요가 없는 듯이 위선을 하게 한다.

세상을 구원하기 위해

다음으로 교회는 세상을 구원하기 위해 존재한다. 교회는 그리스도의 증인으로 부름을 받아 다시 세상으로 보냄을 받은 성도의 모임이다. 땅끝까지 복음을 전하는 일은 세상을 위해 교회가 해야 할 가장 중요한 의무다. 교역자나 평신도를 막론하고 전 교회가 이 일을 위해 부름을 받았다. 교회의 지체로서 교회 안에 있는 자는 누구나 그 일을 수행할 은사를 지니고 있다. 여기에는 한 사람도 예외가 없다. "평신도가 부름받은 가장 큰 봉사 사역은 복음을 전하는 전도, 즉 그리스도의 증인이 되는 것이다."[3] 이 점에 대해서는 이미 사도성을 논하면서 충분히 다루었다. 그러나 평신도를 깨우기 원하는 우리에게는 너무나 중요한 문제라 한번 더 못질을 하고자 만인 제사장직이라는 교리를 간단히 정리해보겠다.

믿는 자는 누구나 다 왕 같은 제사장이다(벧전 2:9). 제사장에게는 적어도 네 가지의 영광스러운 특권이 있다.

첫째는, 하나님께 직접 나아가는 특권이다. 자신의 희생적 죽음을 통해 그리스도는 완전한 중보의 사역을 완성하시고 하나님의 지성소로 향하는 휘장을 열어 놓으셨다(마 27:51). 그 결과 누구나 믿음으로 은혜의 보좌 앞으로 직접 나아갈 수 있게 되었다. 따라서 예수 그리스도 외에 인간 중보자를 전혀 필요로 하지 않는다.

둘째는, 영적 제사를 드리는 특권이다. 새 언약 안으로 들어온 신자는 모두 다 하나님께 거룩한 산 제사를 드릴 책임이 있다(벧전 2:5). 성경에는 신자가 하나님께 드릴 다양한 제물의 종류가 나와 있는데, 복음의 증거(롬 15:16), 찬송과 형제를 위한 봉사(히 13:15~16), 순교의 제물(딤후 4:6), 성도들의 기도(계 8:3) 등이 그것이다.

이 제사의 특징은 제사를 드리는 사람이 자기 자신을 제물로 드린다는 데 있다. 그리고 이것은 교회 안에서 드리는 예배만이 아니라 일상생활 현장에서 계속되는 삶 전체를 다 포함한다. 여기에는 성(聖)과 속(俗)의 구별이 없다.

셋째는, 말씀을 증거하는 특권이다. "만인 제사장직은 사랑으로 자신을 희생하는 일에서 가능한 한 모든 생활의 증거를 포함한다. 다시 말해서 행동의 증거만 아니라 말씀을 입으로 전하는 구체적인 증거까지 다 포함하는 것이다."[4] 말씀을 증거하는 것은 교회 안의 소수에게만 위임된 사명이 아니라 왕 같은 제사장으로 불리는 모든 신자에게 부과된 사명이다. 왜 하나님이 신자를 왕 같은 제사장으로 부르셨는가? 바로 하나님의 아름다운 덕을 선전하게 하기 위해서이다(벧전 2:9).

넷째는, 중보하는 특권이다. 신자의 제사장직은 하나님 앞으로 나가는 데서 머물지 않고, 교회 안에 있는 다른 형제들과 세상에 있는 이웃을 위해 봉사하는 데까지 발전하지 않으면 안 된다. 제사장직은 하나님과 신자 사이에 형성되는 수직적인 관계만이 아니라 영적 제사를 통해 다른 형제를 위해 자신을 헌신하고 기도하는 수평적 기능까지 다 포함한다. 신자는 누구나 믿음으로 하나님께 자유롭게 나아가 다른 형제들을 위해 간구할 수 있는 세상의 제사장이다.

> 만인 제사장직은 신자들이 세상 앞에서 하나님과 그분의 뜻을 증거하고, 세상에 봉사하는 일에 생명을 바치게 하려고 부르신 소명으로 이루어져 있다. 이 제사장직을 만들고 그것으로 신자들끼리의 교제를 창조하신 분이 하나님이시다.

평신도를 깨운다

그들은 각자가 다른 사람을 위해 하나님 앞에 나아가는 자임을 알고 있다. 각 사람이 다른 형제를 책임지고 있는 것이다. 그들은 형제들의 고통과 고난을 같이 나누고, 그들의 죄짐을 같이 지며, 매사에 같이 동거하기 위해 부름받은 사람이다. 만인 제사장직이란 신자마다 자신을 위해 살지 않고 하나님 앞에서 다른 사람을 위해 살며, 그 대신 자기는 다른 형제들의 도움을 받아 가며 사는 성도의 교제를 말한다.[5]

만인 제사장직의 특권을 검토하면서 다시 한번 확신하는 것은 평신도도 세상을 위해 무거운 책임을 지고 있다는 사실이다. 하나님 앞에 왜 직접 나아가야 하는가? 세상을 위해 중보하고자 함이다. 왜 복음을 전해야 하는가? 그것이 하나님께서 향기롭게 받으시는 영적 제사가 되기 때문이다.

교회의 교직 제도가 급속도로 발전함에 따라 제사장이라는 말을 교역자에게만 적용하는 경향이 심해지고 평신도는 그 말에서 매력을 찾지 못하는 것이 현실이다. 현대 교회는 만인 제사장직의 근본 정신을 다시 한번 회복해야 할 절실한 과제를 안고 있다.

평신도가 본연의 위치에서 그 역할을 다하는 사도적인 교회가 되려면 소수의 사람이 아닌 전 교회가 하나님께 직접 나아가 제사드리며, 복음을 증거하며, 이웃에게 봉사하는 에클레시아의 공동체가 되지 않으면 안 된다. 제사장이라는 영광스러운 명칭을 교직에 부름받은 소수에게만 돌리는 것은 하나님의 말씀이 절대 용납하지 않는 탈선이라는 사실을 명심하자. 로마 가톨릭의 비성경적인 제사장직 교리를 오른손으로 밀어내고 왼손으로는 슬그머니 받아들이는 모순을 더 이상 방임해서는 안 될 것이다.

양육하는 어머니

마지막으로 교회는 성도를 양육하고 훈련하기 위해 존재한다. 이 점은 칼빈이 정리한 교회론의 중심을 이룬다. 그는 무지와 나태가 빚을 수 있는 인간 속성의 결점을 보완하기 위해 하나님이 교회를 주셨다고 보았다. 교회의 품에 있는 하나님의 자녀들이 성숙한 신앙인이라는 목표에 이를 때까지 교회는 어머니와 같은 배려를 베풀지 않으면 안 된다. 그러므로 신자는 그의 연약함 때문에 교회라는 공동체를 평생 떠날 수 없다.[6]

예수님은 세상을 떠나시면서 자신이 분부한 말씀을 순종하는 데까지 가르치라고 명령하셨다. 그래야 제자가 만들어진다고 하셨다. 사도 바울은 감독의 자격을 논하면서 오직 한 가지 은사의 중요성을 강조했는데, 그것은 잘 가르치는 은사였다(딤전 3:2). 이 말은 교회가 성도를 양육하려면 지도자가 말씀을 잘 가르칠 수 있어야 한다는 뜻이다.

서신서를 보면 성도를 온전하게 하는 제자 삼는 사역을 위해 교회의 머리 되신 주님께서 교회에 세 가지를 주셨다. 가르치는 교사로는 교사와 목사를 주셨고(엡 4:11) 가르치는 내용으로는 성경 말씀을 주셨고(딤후 3:16~17) 또 가르치는 방법으로 탁월한 모델을 주셨다(골 1:28~29).

그러므로 우리의 목회가 평신도를 철저하게 가르쳐서 예수의 제자로 만들지 못한다면, "내 양을 치라"고 하시며 교회를 맡기신 예수님을 크게 실망하게 할 수 있다. 어떻게 보면 우리가 지금까지 해온 목회 내용 전부가 "가르쳐 지키게" 하는 사역이다. 그러나 이 일에서 만족할 만한 결과를 얻지 못하고 있음은 우리 모두 인정하는 바가 아닌가? 그 많은 예배, 그 많은 설교, 그 많은 공과 공부가 얼마나 평신도를 변화시키며 소명자로 불러 세웠는지 냉정하게 자문할 필요가 있다.

교회가 어머니로서의 역할을 다하기 위해, 타성에 젖어 있는 우리 목회의 전반을 다시 점검해서 부족한 것은 보완하고 잘못된 것은 주저 말고 시정하는 결단을 보여야 한다. 그래야 그리스도의 제자들이 벌떼처럼 일어나는 교회가 될 수 있을 것이다.

불가분의 관계

지금까지 우리는 교회의 존재 이유를 세 가지로 나누어 살펴보았다. 한 가지 명심해야 할 것은 이 세 가지가 각자 따로 노는 독립적인 것이 아니라는 사실이다. 서로가 밀접하게 연관되어 있어서 그중에 하나라도 잘못되면 전부 제구실을 할 수 없다. 그러므로 예배와 전도와 훈련 가운데 어느 하나라도 소홀하게 다룰 수 없다. 우리가 목회하면서 이 세 가지를 균형 있게 다룰 때 여기서 하나님의 영광이라는 최고의 목적을 기대할 수 있다.

역사적으로나 현실적으로 교회는 그 자체의 불완전성 때문에 세 가지 중 어느 하나를 존재 목적으로 선택하려는 약점이 있었다. 신학자 중에는 교회가 마치 하나님만을 위해 존재하는 것처럼 이야기하는 사람도 있고, 최근에는 세상만을 위해 존재한다고 주장하는 자들이 늘어가고 있다.

예를 들어 바빙크는 교회 존재 이유를 하나님의 영광에 절대 우선을 두고 이렇게 말했다. "교회는 무엇보다 말과 행동과 기도와 예배를 통해 하나님을 찬양하기 위해 존재한다. 이 찬양의 일은 너무 중요하고 지배적인 것이어서 교회 생명의 핵심을 이루는 것이 되지 않으면 안 된다."[7]

한편 크래머는 '교회는 선교다'라는 명제하에 교회가 세상을 위해 존재하는 것이지 결코 자신을 위해 존재하는 것이 아님을 교회의 기본 존재 법칙으로 내세우고 있다. 선교는 교회의 본질 그 자체이지 부분이 될 수 없다는 것이다. "교회는 그리스도를 증거하는 공동체인 동시에 또한 보냄을 받은 공동체이다. 교회는 세계를 위하여 세계 안으로 보내심을 받고 있다."[8]

우리는 이처럼 어느 한쪽으로 지나치게 기우는 것을 바람직하다고 보지 않는다. 하나님께서는 성도의 영광스러운 예배와 잃은 양들이 돌아오는 축제 그리고 당신의 자녀가 그리스도의 장성한 분량까지 자라는 성장, 이 모두를 통해 영광받길 원하신다. 그중에 어느 한 가지라도 부족한 것은 그의 뜻이 아니다.

현대 교회는 그 자체의 존재 법칙에서 균형을 잃어가는 것 같다. 전통적인 교회론은 예배를 지나치게 강조한 나머지 마치 세상을 위해서는 아무 책임이 없는 것 같은 착각을 불러일으킨다. 선교는 특정 소수만을 위한 전유물처럼 되어 있고, 평신도는 예배와 자기중심적인 요구가 있을 때만 교회를 필요로 하는 무능한 무리로 전락하는 느낌이다. 예배는 있으나 증거가 결여되고, 교육은 있으나 이 세상에서 하나님의 뜻을 이루기 위한 소명 있는 삶으로 평신도를 부르는 책임 있는 훈련은 무시되고 있다.

평신도는 주의 일과 세상일을 구별하는 이원론에 빠져 자기는 평생 세상일에 열중하다 심판대 앞에 서야 한다는 죄책감과 불안에서 벗어나지 못하고 있다. 그러므로 우리는 사도성과 교회의 존재 이유를 통해 확인한 지상 교회의 선교적 소명을 가지고 교회론을 보완해야 한다. 그래야만 잠자는 평신도를 깨우는 나팔을 힘차게 불 수 있을 것이다.

평신도를 깨운다

3부
제자도

목회 전략 | 제자도
Called to Awaken the Laity

10장
평신도 훈련의 전략적 가치

약간의 혼란

　　　　　　이제는 세상이 많이 바뀌어 교계에서 제자나 제자훈련이라는 말이 유행어처럼 사용되고 있다. 어떤 때는 식상할 정도로 남용되고 있다는 느낌마저 받는다.

이런 현상은 긍정적으로 보면 많은 목회자가 비상한 관심을 가지고 제자도를 연구하고 그것을 실제로 목회에 적용해 보려는 강한 의욕이 있음을 나타낸다. 실제로 그런 분위기가 광범위하게 확산하고 있다. 그리고 제자훈련으로 성공한 목회 현장의 사례는 한두 곳이 아니다.

그러나 무엇이 제자인가를 물으면 사람마다 다른 대답을 듣는다. 아직 개념에서 약간의 혼란을 겪는 것 같다. 어떤 사람은 단지 성경 공부 교재의 제목 정도로 알고 있다. 그런가 하면 '신자'와 '제자'라는 두 용어의 차이점에 의문을 제기하면서 제자도를 강조하는 경향을 비판적으로 보는 사람도 있다. 신학계 일각에서는 본 회퍼의 사상에 깊이 영향을 받아 제자도를 하나의 과격한 윤리적 모티브로 해석하는 경향을 보인다.[1] 그리고 일부 선교 기관에서는 제자도를 그들이 독자적으로 고안한 어떤 주형(鑄型)에 넣어서 찍어내는 일종의 제품처럼 편협하게 이해하고 있음을 본다.

이 말을 자주 쓴다고 해서 잘못은 아니다. 그러나 많이 사용하면 할수록 그 의미와 성격을 성경적으로 명확하게 정립할 필요가 있다. 중요한 개념 하나를 잘못 이해하는 데서 오는 피해를 절대 과소평가해서는 안 된다. 제자를 만들라고 명하신 이는 예수님이다. 그러므로 제자의 개념을 올바로 이해하고 있어야 한다.

그렇지 않아도 일각에서는 잘못 가르친 지도자 때문에 제자훈련을 비판적으로 보는 자들이 없지 않다. 그들은 냉소적으로 '그런 것이 제자훈련이면 집에서 낮잠이나 자겠다'는 말도 서슴지 않는다. 왜 이렇게 되었는가? 제자가 무엇인가를 지도자가 바로 이해하지 못하고 가르쳤기 때문이다.

교회는 오랫동안 제자라는 개념에 눈을 뜨지 못하고 있었다. 제자 삼으라는 말씀을 전도하라는 정도로만 이해하고 있었다. 그런데 20세기가 시작되고 얼마 지나지 않아 네비게이토선교회의 개척자 도슨 트로트맨(1906~1956)이 예수님의 대사명(마 28:18~20)을 읽다가 크게 깨달은 후에, 그를 통해 복음주의 선교 기관은 물론이고 기성 교회에까지 제자화 운동이 강한 바람을 일으키며 확산하기 시작했다. 제자를 만들라는 말씀은 단순히 '전도하라', '땅끝까지 복음을 전하라'는 의미 이상을 담고 있다는 사실에 눈을 뜬 것이다. 지난 한 세기 동안 트로트맨이 기독교의 저변에 끼친 영향은 우리가 알고 있는 것보다 훨씬 크다.

성경에는 '제자도'(Discipleship)라는 말이 없다. 그리고 '제자'라는 말을 제대로 정의하지도 않았다. 그 대신 무엇이 제자라고 불리는 사람의 인격이며, 삶인가를 이야기하는 내용은 가득 들어 있다. 그래서 제자도가 무엇인가를 설명하는 것이 어렵거나 막연하지 않다.

제자도란, 정의를 내릴 문제라기보다 실제적인 인격과 삶을 통해 이해하는 것이기 때문이다.

다시 말해 제자도는 믿는 자의 삶이요, 걸어가야 할 과정이요, 끝까지 지향해야 할 목표요, 동시에 교회의 사역 그 자체다. 평신도를 깨워 예수 그리스도의 제자로 만들어야 할 중차대한 책임을 지고 있는 목회자는 자기가 하는 일이 무엇인가를 바로 알기 위해 성경을 펴고 제자도를 정확하게 배워야 한다.

제자도는 목회 전략이다

제자도는 우리가 이미 살펴본 사도성이라는 교회 본질에 일치하면서, 평신도의 자아상을 재건하는 성경적 기본 전략이다. 세상으로 보냄받은 평신도를 어떤 목표와 표준에 따라 훈련할 것인가를 분명하게 제시하는 전략적인 가치가 담겨 있다는 말이다. '내가 원하는 평신도는 이런 사람이다'라고 예수님이 대답하신 바가 제자도이다.

자칫 잘못하면 목회자는 '자기 눈에 좋은' 제자를 만들려 할 수 있다. 아니면 아무 표준 없이 훈련할 수 있다. 이것은 크게 잘못된 것이다. 우리는 예수의 제자를 만들어야 한다. 그렇다면 예수님이 보여주신 목표와 표준을 놓고 가르쳐 지키게 하는 것이 옳다. "내가 너희에게 분부한 모든 것"(마 28:20)이 제자도에 다 들어 있다. 그러므로 우리가 평신도를 훈련하면서 향방 없는 것처럼 달음질하거나 허공을 치는 것처럼 싸워서는 안 된다(고전 9:26).

에큐메니컬 운동의 옹호자들이 평신도의 중요성에 눈을 먼저 뜬 것은 사실이지만 전략 면에서는 성경적인 원리를 따르지 못했다. 그들이 내세운 전략은 참여와 세속화였다. 교회 안에서 지도자가 평신도에게 사역의 문을 활짝 열어놓고 누구나 그 사역의 일원이 될 수 있도록 하자는 것이 참여요, 교회 밖에서는 평신도가 죄가 아닌 이상 사회 각 분야에 적극적으로 뛰어들어 그들의 목소리를 높이도록 하자는 것이 세속화였다.

한편 비슷한 시기에 미국에서 복음주의 선교 기관을 이끌던 몇몇 지도자들은, 성경에서 발견한 제자도를 그들의 전략으로 삼았다. 에큐메니컬 운동은 실천적 행동에, 선교 기관들은 인격적 형성에 전략의 우선권을 두었다는 말과 같다.

그러면 어느 편이 잘한 것인가? 예수님의 원리에 따르면 사람을 만드는 것이 먼저요, 일을 맡기는 것은 그다음 과제이다. 제자도의 기본 원리는 바로 여기에 있다. 그렇지 않고 일이 먼저요 그다음이 사람이라고 주장한다면, 다시 말해서 어떤 사람이냐를 먼저 점검하지 않고 어떤 일을 시킬 것인가를 앞세우는 전략이라면 예수님이 가르치신 전략이 될 수 없다.

결과적으로 어떻게 되었는가? 수십 년이 지난 후 에큐메니컬 측의 평신도 운동은 탁상공론으로 끝나버린 인상을 남긴 반면, 선교 기관들은 세계적으로 괄목할 만한 열매를 거두고 있다. 슈로텐보어는 이 사실을 두고 이렇게 평가한다.

> WCC는 그 성격과 전략 면에서 선교의 위기를 만나고 있다. 한편 평신도의 제자도를 큰소리로 계속 외치고 있는 복음주의 선교 기관들은 놀라운 속도로 증가하고 있다.[2]

제자화 전략은 어떤 의미에서는 평신도를 정예화하자는 운동이다. 에즈라 바운즈의 말마따나 세상은 더 좋은 방법을 찾고 있지만,

하나님은 더 좋은 사람을 찾고 계신다. 제자도에는 하나님이 찾는 사람을 만드는 중요한 원리가 다 들어 있다.

어떤 면에서는 한국을 비롯하여 자유 세계의 교회는 오랫동안 예수의 제자들을 만드는 데 태만했다. 이제 와서 우리는 평신도를 큰 소리로 깨우지 못한 값비싼 대가를 치르고 있다는 생각이 든다. 교회 안으로 거세게 흘러들어오기 시작한 세속주의, 공산주의, 이단 사상, 무속 사상, 뉴에이지 운동, 불건전한 성령 운동, 형식주의, 도덕적 불감증 등은 제자도로 훈련된 평신도의 벽이 얇어서 교회가 막아내지 못한 세상의 물결인 것이다.

그리고 지금은 인구의 자연 증가와 도시 인구의 밀집 현상으로 교회가 양적 비만증을 앓고 있으며 그것으로 평신도를 정예화하는 일은 한층 더 지장을 받는 실정이다. "가르침의 깊이가 없이 계속되는 교세의 확장은 훗날 교회를 허약하게 만든다"[3] 라고 한 따끔한 경고를 우리는 다시 한번 귀담아 들어야 할 때가 되었다고 생각한다.

우리가 잘 아는 것처럼 공산주의나 많은 이단이 사용하는 기본 전략은 소수를 먼저 핵심 요원으로 만드는 일이다. 그들은 일을 시키기 전에 사람을 만드는 데 엄청난 투자를 한다. 그들은 다수의 대중을 주목하기 전에 그 대중에게 결정적인 영향을 끼칠 수 있는 소수의 사람을 준비하는 데 전력을 다한다.

이것이 바로 예수님의 제자화 전략이 아닌가? 교회가 이것을 포기하자 그 비밀을 마귀가 빼돌려 그것으로 교회를 공격하고 파괴하는 무서운 무기를 개발한 셈이다. 그 결과 교회가 얼마나 큰 피해를 보고 있는지 한두 마디로 설명하기 어려울 지경이다.

이제 우리는 회개하는 자리로 돌아가서 주님이 왜 제자를 만들라고 교회에 명령하셨는지 배워야 할 시점에 서 있다.

11장

예수님과 그의 제자

예수님은 공생애를 시작하면서 가장 먼저 제자들을 부르셨다. 전통적인 유대 교회 지도자처럼 주님은 제자들이 찾아오기를 앉아서 기다리지 않고 자신이 주도권을 쥐고 찾아다니면서 당신께서 원하는 얼마의 사람들을 제자로 부르셨다.

그렇게 제자를 택하신 이유는 선교 활동을 계속할 사람이 필요했기 때문이다. "예수께 필요했던 것은 당신의 말씀이 그대로 인쇄되어 살아 있는 교본 역할을 할 수 있는 제자들이었다."[1]

그들은 실제적인 의미에서 예수님의 몸이 되었고, 복음 사역은 그들 안에서 그리고 그들을 통하여 계속되고 모든 사람에게 전파되어야 했다. 이런 의미에서 열두 명은 '보냄받은 사람'이라는 뜻을 가진 사도들이었다.

열두 명은 여러 명의 다른 제자 중에서 특별히 선택된 자들이었다(눅 6:13). 예수님은 그들을 신중히 가려 선택하셨다. 그 일을 위해 하룻밤을 기도로 보내지 않으면 안 되었다(눅 6:12). "이 사람들은 따로 떼어 놓을 수 없도록 예수님께 매인 바 되고, 그의 참모이자 돌격대, 오른팔이 되기 위하여 선택되었다."[2]

예수님은 열두 제자에게 항상 당신과 동거하면서 당신에게 배울 수 있는 특권을 허락하셨다(막 3:14). 그들이 예수님을 위해 무엇을 하기 전에 먼저 그분을 알고 예수님의 사람이 되지 아니하면 안 되었다.

그들은 하나님이 예수님에게 주신 자들이었기 때문에(요 17:6) 주님께서 하나님에게 받은 모든 진리의 말씀을 다 전수받지 않으면 안 되었다(요 17:14). 그 말씀을 통해 그들은 거룩하게 되었던 것이다(요 17:19). 그래서 예수님은 무리에게는 비유로 가르치신 천국 복음을 제자들과 함께 있을 때는 자세히 해석해주셨다(마 13:10 이하).

다른 이들에게는 공적으로 숨기시던 당신의 메시아직을 제자들에게는 드러내시고 그들의 신앙 고백을 요구하셨다. 그리고 그들의 고백에 만족하시면서 그 고백 위에 교회를 세우시겠다고 약속하셨다(마 16:16~20). 이 땅에서의 마지막이 가까이 오자 예수님은 자신의 남은 정성을 온통 열두 제자를 위해 쏟으셨다. 일부러 무리를 피해 다니면서 마치 위대한 예술가가 자신의 최후 작품을 출품하기 전에 치밀하게 마지막 손질을 하듯이 그렇게 제자들을 정성껏 점검하시며 기도하셨다(요 13~17장).

제자들은 대부분 갈릴리 어부 출신이며 서로 다른 배경과 경력을 지녔지만, 예수님은 그들의 평범함 속에 묻혀 있는 무한한 가능성을 꿰뚫어보는 혜안을 갖고 계셨다. 평범한 그들과 함께 하늘나라의 찬란한 꿈을 키우길 주저하지 아니하셨다. 십자가의 수난 앞에서 제자들은 불신과 배신의 오점을 남기고 말았지만, 예수님은 포기하지 않으시고 그들을 통해 건설될 위대한 왕국의 청사진을 부활하신 후에 다시 한번 그들과 나누셨다. 지금은 그들이 자기를 따라올 수 없으나 얼마 후에는 반드시 따라오리라는 것을 내다보셨던 것이다(요 13:36). 그리고 그때에는 자신이 한 일을 그들도 할 뿐 아니라 그보다 더 큰일을 할 것을 확신하셨다(요 14:12).

승천하시기 전에 제자들에게 아직 미숙함과 불신의 찌끼가 남아 있는 것을 보시면서도 예수님은 "아버지께서 나를 보내신 것같이 나도 너희를 보내노라"(요 20:21) 하고 선언하시면서 그들에게 권위를 부여하시고 파송하셨다. 그리고 모든 족속을 제자로 삼아 세례를 주고 자기의 교훈을 가르쳐 지키게 하라는 대사명을 당부하셨다(마 28:18~20).

예수님은 세상에 계실 동안 일기장 한 줄 남기지 않았고 기념 돌비 하나 세우지 아니하셨다. 주님이 남긴 유일한 유산은 당신에게서 배운 저 무식하고 평범한 제자들 몇 사람뿐이었다. 그만큼 그분에게는 소수의 제자를 만드는 작업이 전 생애를 걸고 투자할 만한 가치가 있었다.

12장
사복음서와 사도행전에
나타난 '제자'라는 개념

신약성경에서 제자라는 말이 나오는 곳은 사복음서와 사도행전뿐이다. 대략 250회가량 사용되고 있다. 각각 어떤 의미로 그 이름을 사용하는가를 살펴보면 '제자'의 개념을 바로 이해하는 데 큰 도움이 된다.

사복음서의 제자

마태는 두 경우(마 27:57, 28:19)를 제외하고, 열두 명의 제자들에게 전부 그 이름을 사용한다. 한국어 성경에는 이 두 본문에서 제자라는 말이 명사형으로 나오지만, 본래 의미는 '제자가 되다', '제자를 만들다'의 동사형이다. 어떤 사람은 이 두 단어가 제자라는 명사형이 아니라고 해서, 마태는 제자라는 이름을 오직 열두 사도 그룹에만 적용하는 협의적인 의미로 사용했다고 주장한다.

그러나 그것은 지나친 견해라고 생각한다. 비록 동사형이지만 그 속에 제자라는 명사의 어근을 다 갖고 있기 때문이다. 분명히 "제자를 삼으라"(마 28:19)고 하신 말씀은 제자라는 이름을 열두 사도뿐만 아니라 앞으로 그들을 통해 하나님 백성이 될 모든 사람에게 확대하여 적용할 것을 내다보셨음이 틀림없다.

그러므로 우리가 결론적으로 말할 수 있는 것은, 마태에 따르면 모든 신자는 교역자나 평신도를 막론하고, 항상 한 주인이신 예수 그리스도의 제자로 남아 있어야 함을 가르치고 있다는 것이다.[1]

마가는 그의 복음서에서 그 이름을 예외 없이 좁은 의미로 일관해 사용한다. 열두 명의 제자를 제외하고는 아무도 제자라고 부르지 않는다.

요한은 협의적인 의미와 광의적인 의미 모두를 사용한다. 그는 열두 명의 사도가 아닌 상당수의 사람을 제자로 부른다(요 6:66). 그리고 예수님을 믿는 유대인에게 참 제자가 되는 길을 보여주었는데, 이런 경우에는 누구나 그분의 말씀 안에 거하면 제자가 된다는 넓은 의미를 담고 있다(요 8:31).

제자의 용어를 광의적인 의미로 사용하는 데 혁신적인 역할을 한 사람은 누가였다. 특히 그는 사도행전에서 예수를 믿는 사람이면 누구에게나 주저하지 않고 그 이름으로 불렀다. 다시 말하면 새로운 믿음 공동체인 교회에 들어온 신자들을 묘사하는 데 제자라는 이름을 사용했다.

단지 두 경우만 예외로 볼 수 있다(행 19:1, 9:25). 당시 신자 중 상당수가 예수를 직접 목격한 일이 전혀 없었으나 제자로 불렀다. 사도행전 초두에는 개종한 신자들을 '믿는 자'와 '제자'라는 두 이름으로 혼용하다가 얼마 후 전자는 없어지고 후자만 남았다(행 2:44, 4:32).

그리고 조금 지나 이방 선교가 본격화하자 안디옥의 제자들이 그리스도인이라는 아름다운 별명을 얻었는데(행 11:26), 이것은 제자라는 이름 속에 살아 있는 능력을 자기 인격과 삶을 통해 구현한 사람들에게만 돌려졌던 명예로운 호칭이었다.

평신도를 깨운다

서신서의 침묵

그런데 서신서로 넘어가면 제자라는 이름이 갑자기 사라진다. 그 이유가 무엇일까? 어떤 사람들은 서신서 저자들이 이 단어의 사용을 피한 것은 헬라 문화가 지배하는 세계에서 기독교가 단지 철학적인 운동으로 오해받는 것을 원치 않았기 때문이었다고 주장한다.

또 다른 사람들은 제자라는 용어는 예수님이 지상 사역을 하실 때 적합한 용어로 주님이 승천하신 후 생겨난 믿는 자들의 공동체에는 어울리는 것이 아니었다고 본다. 그래서 다른 이름이 '제자'를 대신했다는 것이다.[2]

어느 쪽의 견해가 옳은지는 당장 확인하기 어렵다고 생각한다. 그러나 제자도의 의미를 담은 말이 비록 그 표현이 다르다 할지라도 서신서에 들어 있다고 보는 것은 성경의 교훈이 성령의 영감 아래 통일되어 있다는 사실을 고려할 때 전혀 무리가 아니다.

그중 한 예로 우리는 '온전한 자' 혹은 '완전한 자'라는 말을 주목할 필요가 있다(고전 14:20, 엡 4:12, 골 1:28, 딤후 3:17). 헬라어 원문상으로는 두서너 가지 다른 용어로 사용되지만, 의미상 큰 차이는 없다. 에베소서 4장 12~13절을 나란히 놓고 비교해보면 '온전한 자'가 제자도와 그 맥을 같이하는 것으로 보인다는 결론을 얻을 수 있다.

성도를 '온전하게 한다'(katartismos, 12절)는 것은 '준비시킨다', '갖추게 한다'는 의미로, 원래는 뼈를 제자리에 맞추어 넣는 것을 나타내는 말이다. 따라서 이것은 어떤 사람에게 적절한 조건을 갖추게 하는 동적인 행동을 나타낸다. 곧이어 '온전한 사람을 이룬다'(teleios, 13절)는 말이 뒤따라 나오는데, 이 구절의 '온전함'은 설정된 목표에 이르거나 성숙에 도달한다는 것을 의미한다.[3]

비록 그 의미상 약간의 차이가 있지만 두 용어가 동일한 내용을 전달하는 문장에서 쓰이고 있음은 그 맥이 상통하기 때문이라고 보아도 큰 잘못이 없다. 이렇게 볼 때 13절은 성도를 '온전하게 한다'는 것이 무슨 의미인지를 자세하게 설명하는 것으로 볼 수 있다.

바울은 온전한 사람이 된다는 것이 무엇인지를 설명하려고 '장성한 분량'이라는 비유를 사용하고 있다. "온전한 사람을 이루어 그리스도의 장성한 분량이 충만한 데까지 이르리니"(13절). 여기서 '장성한 분량'이란 나이가 차서 다 자란 사람을 가리키는 말이다. 따라서 '그리스도의 장성한 분량'은 예수님처럼 성인이 되는 것을 의미한다. 이것은 마치 어린아이가 아빠를 보면서 '나도 언젠가 아빠처럼 되고 싶어' 하는 바람을 말하는 것과 흡사한 뉘앙스를 풍긴다. 그러므로 온전한 자가 된다는 것은 바로 예수처럼 되고 예수처럼 살길 원하는 제자를 가리키는 말과 동일하게 받아들일 수 있다. 이런 맥락에서 복음서와 사도행전에 나오는 '제자'라는 말이 서신서에서 '온전한 자'로 대치되었다고 주장하는 것은 크게 잘못되었다고 할 수 없다.

'온전한 자'는 새 생명을 얻은 하나님의 자녀가 추구하는 두 단계의 영적 완성의 여정을 가리킨다. 하나는 현세에서 기대할 수 있는 온전함의 단계이다. 이것은 예수 그리스도를 닮아가는 신자의 성숙을 나타낸다. 성도가 매일 바라보고 달려가야 할 신앙생활의 푯대요 목표다. 이는 믿음의 발전(히 6:1~2), 인격의 성숙, 삶의 승리를 다 포함한다(딤후 3:17). 온전함의 또 다른 단계는 예수님의 재림과 함께 얻을 영화롭게 됨을 의미한다(빌 3:12~14).[4]

가끔 보면 성도가 세상에서 온전하게 된다는 것은 불가능하기 때문에 그런 문제로 교회가 부담을 주는 것은 바람직하지 않다고 말하는 사람들이 있다. 그래서 예수님처럼 되고 예수님처럼 살도록 가르치는 제자훈련을 과격한 목회 방법이라고 비판한다.

이런 태도는 교회를 세속화하는 데 촉매 역할을 한다는 사실을 잊지 말아야 한다. 평신도에게 어떤 사람이 되어야 하고 어떻게 살아야 하는가에 대한 뚜렷한 목표와 표준을 제시하지 않으면 자연히 신앙생활이 위를 향하기보다는 아래로 향하기가 쉬워진다. 우리는 이런 안이한 사상을 항상 경계해야 한다.

그리고 서신서에서 '제자를 만들라'는 교훈을 찾을 수 없다는 이유로 제자훈련은 필요 없다고 하는 사람도 똑같이 경계해야 한다. 우리는 단순히 예수님을 믿는다고 고백하면 자동적으로 제자가 되는 것으로 쉽게 생각한다. 하지만 초대 교회의 신자들을 제자로 불렀던 것은 예의상 대접이 아니었다. 처음부터 그들 모두가 예수를 철저하게 따르는 사람들이었기 때문에 그렇게 부른 것이다. 우리는 제자라는 이름을 남용하면서 그 정신을 흐리게 하는 것은 아닌지 모르겠다.

복음서를 통해 당신을 따르라고 명하신 예수님의 인격과 삶을 자세히 보라. 그다음에 사도행전에서 제자로 불리던 사람들의 변화된 모습을 주의 깊게 관찰해보라. 거기에는 분명히 현대 교회 신자에게서는 발견하기 어려운 독특한 면모들이 보일 것이다.

왜 그들이 그렇게 다르게 보이는가? 그들이야말로 제자라고 불러도 부끄럽지 않은 참 그리스도인이었기 때문이다. 예수님께서 승천하시며 모든 족속으로 '교인을 만들라'고 하지 않으시고 '제자 삼으라'고 하신 것은, 새 왕국 백성은 예외 없이 자기를 닮길 원하셨기 때문이다.

13장
믿는 자는 다 제자인가?

　　　　　지역 교회에서 제자훈련에 관한 관심이 높아지면서 누가 제자인가를 놓고 종종 오해가 생긴다. 특히 제자훈련 프로그램을 진행 중인 교회에서는 이 프로그램이 마치 흰 양과 얼룩 양을 가르는 야곱의 지팡이처럼 제자와 제자 아닌 자를 가르는 무슨 척도인 양 생각한다.

　사랑의교회에서도 "나는 아직 제자가 아니에요. 훈련을 받지 못했거든요"라고 하는 사람을 어렵지 않게 만난다. 이것이 얼마나 잘못된 시각인지를 잘 알면서도 목회자들 역시 잠재의식 중에 비슷한 생각을 한다. 그래서 자기도 모르게 어떤 사람은 제자로 대접하고 어떤 사람은 무리 중 한 명으로 대한다. 자연히 한 쪽에서는 무슨 특권층이나 되는 것처럼 우쭐거리고 다른 쪽에서는 기를 펴지 못한다.

　이런 오해는 프로그램 선택 과정에만 있는 것이 아니다. 솔직히 말해서 예수님이 제자들을 훈련하시던 내용과 방법에 비하면 우리가 하는 것은 제자훈련이라고 말하기조차 부끄러운 수준이다. 우리는 성경에 기록된 예수님의 제자훈련을 글자 그대로 따르지 못하고 있다. 본문이 전하는 원리를 추출하여 현실에 적용하는 것이 대부분이다. 잘못하면 싸구려 모방에도 미치지 못하는 질 낮은 훈련을 하

124　　　　　　　　　　　　　　　　　　　　　　　　평신도를 깨운다

는 것이 아닌가 하는 불안감을 느낀다.

그렇다고 우리 현실이 훈련생에게 좀 더 적극적이고 헌신적인 제자의 길을 살도록 요구할 만한 상황도 아니다. 자연히 우리는 "이렇게 해도 제자를 만든다고 할 수 있을까?"라는 고민을 끌어안게 된다. 이런 자책감이 작용하면 "우리 교회에는 아직 예수님의 제자라 부를 사람이 하나도 없어요"라는 말을 내뱉을 수 있다.

그러므로 누가 제자인가를 놓고, 그 오해가 프로그램으로 생겼든 목회자의 불안에서 나왔든 간에 그것을 그냥 모른 체하고 덮어두어선 안 된다. 모두 잘못된 견해이기 때문이다. 교회의 본질을 벗어나는 것이요 평신도의 주체성을 병들게 하는 것임을 명심해야 한다.

따라서 우리는 교회에서 누구를 제자라고 부를 수 있는가에 대해 처음부터 분명한 대답을 내놓고 제자훈련을 시작해야 한다. 이것은 목회자만 알고 있어도 안 되고 훈련생만 알아서도 안 된다. 모든 성도가 확실하게 알 수 있도록 교육해야 한다.

앞 장에서는 사복음서와 사도행전에서 누구를 제자로 부르는지를 살펴보았다. 거기서 이미 정확한 답을 얻은 것이나 다름없지만, 이를 조금 더 명확하게 정리를 할 필요가 있다. 제자훈련하는 교회를 기웃거리는 마귀가 제일 먼저 던지려고 하는 미끼는 "누구는 제자고 누구는 아니다"라는 차별 의식을 갖게 하는 것임을 잊지 말아야 한다. 이런 미끼로 그리스도의 몸을 찢어 놓으려고 호시탐탐 기회를 엿보고 있다.

예수의 제자란 단지 교회 안에서 제자훈련 과정을 밟고 있는 사람을 가리키는 말이 아니다. 그러면 이미 훈련을 다 받은 자들에게 붙이는 이름인가? 그것도 아니다. 남달리 헌신하는 평신도 지도자에게 붙이는 이름도 아니다. 영적으로 성숙한 단계에 접어든 자들에게 마련된 훈장도 아니다. 그렇다고 특별한 소명에 따라 성직자나 선교사가 된 자들에게만 해당하는 별칭도 아니다.

그러면 제자는 누구를 가리키는 말인가? 이 질문에 답하려면 윌킨스의 견해를 빌리는 것이 가장 바람직하다고 생각한다. 그는 심혈을 기울여 집필한 《제자도 신학》이라는 명저에서 우리가 '제자', '제자도'에 관해 오해하기 쉬운 부분을 잘 정리했다.[1]

예수님이 요구하신 제자도의 길은 모든 그리스도인에게 적용되는 교훈이다. 자신이 성숙한 신자냐 아니냐에 따라 선택할 수 있는 것이 아니다. 헌신한 자는 치러야 하지만 아직 헌신하지 않은 자는 면제받을 수 있는 것이 아니다. 비록 모든 신자에게 똑같은 대가를 요구하지는 않았다 해도, 일단 예수를 믿고 무리 중에 앞으로 나온 사람이라면 예수의 제자가 되는 길을 걸어야 한다고 말씀하신다.

사도행전으로 넘어가 보면 남녀를 가리지 않고 유대인, 사마리아인, 심지어 이방인들까지 그리고 교회에서 리더십을 행사하는 지도자든 그렇지 않은 평범한 교인 중 하나든 간에 예수를 주님으로 고백한 모든 사람이 다 제자라는 사실을 알 수 있다. 이 점은 모든 족속으로 제자를 삼으라고 하신 예수님의 대사명과도 일치한다. 그러므로 제자의 길은 예수님을 믿는 모든 사람이 걸어가는 길이요, 또한 걸어가야 하는 길이다. 무슨 프로그램이나 헌신도나 성숙도로 취사선택할 수 없다는 사실을 잊지 말아야 한다.

모든 믿는 자가 다 제자임에 틀림없지만, 제자의 삶에서 정도의 차이는 나타날 수 있다. 대사명을 보면 제자를 만들기 위해 먼저 가서 전도해야 하고, 세례를 주어 교회의 일원이 되게 해야 하고, 그다음에는 말씀으로 가르쳐 지키게 해야 한다. 그렇다면 이제 갓 믿고 돌아온 회심자도 제자요, 세례를 받고 신앙생활을 정식으로 하는 자도 제자요, 열심히 배우면서 성숙해지려고 힘쓰는 자도 제자임에 틀림없다.

그러나 그들 각자는 영적 수준에서 차이가 있는 것이 사실이다. 세례를 받고 말씀 훈련이 되어 있지 않은 사람보다, 훈련을 받은 사람이 제자의 삶에서 훨씬 앞서 있음은 부인할 수 없다. 그러므로 예수를 주님으로 고백한 사람은 새삼스럽게 제자가 되고자 하여 훈련을 받는 것이 아니고 이미 '제자이기 때문에' 훈련을 받아야 한다.

열두 제자들도 예수를 따르는 데 있어 몇 단계의 과정을 거쳤다. 믿기는 믿는데 간헐적으로 예수와 동행했던 초기 단계가 있었고(요 2:12, 3:22), 예수님과 더 깊은 교제를 나누기 위해 세속적인 직업을 포기하고 추종자로서 동거한 두 번째 단계가 있었다(마 4:18~22). 그리고 마지막으로 그들은 사도로 지명되어 특별한 훈련을 받는 단계까지 갔다.

여기서 주의할 사실은 그들이 어느 단계에 있었든지 항상 예수의 제자였다는 점이다. 교회 안에서 평신도가 어떤 믿음의 수준에 있든지 그들이 예수를 주로 고백하는 이상 누구나 예수의 제자라는 사실을 의심하지 못하게 해야 한다. 초신자도 제자요, 헌신자도 제자요, 교역자도 제자라는 사실을 열 번 백 번 못질하듯 가르쳐야 한다.

제자가 된다는 것은 세상에서 내내 '미완성'으로 남는다는 뜻이다. 완전무결하게 예수를 닮았다고 주장할 만한 사람은 없기 때문이다. 제자도의 완성 측면에서는 항상 무엇인가가 부족하다. 그리스도인은 그리스도인'이다'가 아닌 그리스도인이 '되어가는 것'이다.[2]

그러므로 우리가 교회 안에서 계속 강조해야 할 점은 제자로 부름받은 사람은 한자리에 가만히 있으면 안 되고 계속 성장하고 성숙해야 한다는 것이다. 제자도는 성장하는 삶의 방식을 가리킨다는 사실을 잊지 않도록 해야 한다. 예수라는 푯대를 향해 쉬지 않고 달려가도록 하는 것이다. 주저앉아 일어나기를 싫어하는 자는 예수의 제자 된 신분을 돼지에게 던지는 것이나 다름없음을 분명히 해야 한다.

이런 의미에서 제자훈련은 교회 안에서 무슨 '특공대'를 만드는 과정이 아니라 제자이기 때문에 예수를 닮고자 남보다 먼저 달려가기를 소원하는 자들을 위한 프로그램이어야 한다. 그리고 여기에 아직 미치지 못한 자들이 더 성숙한 제자가 되려는 소원을 품고, 자기도 어떤 모양으로든지 말씀의 훈련을 받아야 한다는 부담감을 느끼게 하는 훈련이어야 한다. 이렇게 될 때 제자훈련에 대한 부질없는 오해와 누가 제자인가라는 질문과 관련된 혼란을 어느 정도 예방할 수 있다.

평신도를 깨운다

14장
인격적 위탁자

               제자라는 개념 안에는 예수님께서 지상 사역을 하실 동안 당신의 말씀과 삶의 모범으로 보여주신 몇 가지 중요 요소가 들어 있다. 인격적 위탁자, 증인, 종이라는 세 가지이다. 제자도는 이 세 가지 기본 요소를 하나로 묶어 표현하는 말이다.

    제자도가 무엇이며 그 안에 포함된 요소가 무엇인지에 관해 예수님이 구체적으로 정의 내리거나 설명하신 예는 많지 않다. 그럼에도 그분은 제자들을 불러 자기의 제자도로 훈련을 시키셨다. 제자도란 하나의 정의라기보다 실제 생활 속에서 구현되는 산 진리인 것이다.

    제자도의 세 요소는 예수님의 인격과 절대적으로 연관되어 있어서 주님을 떼어놓고는 그 의미와 성격을 이해할 수가 없다. 이들은 개별적으로 떼어놓고 이해할 수 있는 독립 요소가 아니라 상호 연관된 복합 요소다. 인격적인 위탁 없이는 제자도가 존재할 수 없고, 증인 됨 없이는 그 궁극적인 비전을 상실하며, 종이 되지 않고서는 제자도의 맛을 잃어버리기 때문이다.

    제자도에는 예수님께 자신을 전적으로 내맡기는 인격적 위탁이 들어 있다. 신약성경에 나오는 제자의 의미를 고려할 때 우리는 위탁이 안 된 사람을 제자로 불러서는 절대 안 된다.

위탁한다는 것

마태복음과 마가복음은 예수님의 인격을 전적으로 신뢰하고 따르지 못하는 사람은 예수님에게 합당하지 않다(가치가 없다)고 하였다(마 10:37 이하, 16:24, 막 8:34 이하). 누가는 똑같은 내용을 이야기하는 본문에서 '합당하지 않다'는 말 대신 "능히 나의 제자가 되지 못하리라"라고 쓰고 있다(눅 14:26~27, 33).

복음서 저자들이 왜 서로 다른 표현을 사용했는지 우리는 잘 모른다. 그런 내용의 메시지를 예수님이 한 번만 말씀하신 건 아닐 것이다. 때에 따라 예수님은 같은 내용을 다르게 표현하셨다. 말씀 속에 담긴 의미를 더 명료하게 가르쳐주시려는 배려였다.

그래서 복음서 저자들은 각자가 더 좋다고 생각하는 표현을 선택했을 가능성이 충분히 있다. 여기에는 성령의 인도하심이 함께했을 것이라는 사실도 의심의 여지가 없다.

불트만과 같은 본문 비평가는 마태의 '합당치 않다'와 누가의 '능히 제자가 되지 못한다'를 비교하면서 어느 것이 더 순수한 예수님의 말씀이었는가를 찾고자 했다. 그는 누가복음 편이 더 순수한 하나님의 말씀이라고 결론 내린다.[1] 불트만처럼 하나님의 말씀 가운데서 어느 편이 더 순수한 주님의 메시지인가를 따지는 태도에 대해서는 조금도 동의할 수 없다.

그러나 여기서 한 가지 재확인하는 부분은 모든 것을 버리고 십자가를 지고 예수님을 따르는 전적 위탁이야말로 예수님의 제자로 살아가는 데 가장 기본적인 요소라는 사실이다.

예수님에게 전적으로 자신을 내맡기는 인격적 위탁은 "나를 따르라"는 주님의 소명에서 시작된다(마 4:19, 막 1:17, 20). 이 소명은 주님을 따르는 자는 누구든지 모든 것을 버려야 한다는 결단을 전제

평신도를 깨운다

한다. 복음서에서 예수님이 그를 따르라고 명하실 때마다 모든 것을 포기하지 않은 상태에서 따랐던 사례를 우리는 찾을 수 없다. 포기를 못하는 자는 따라가지 못했던 것이다(눅 18:18~30).

마가복음 8장 34절의 "누구든지 나를 따라'오려거든' 자기를 '부인하고' 자기 십자가를 '지고' 나를 따를 것이니라"에서 세 동사는 모든 것을 내버리는 자기 포기를 의미하는데, 이것은 단 한 번 일어난 사건을 나타낼 때 사용하는 헬라어의 단순 과거 동사이다.

예수님을 따라가길 원하는 제자는 단번에 결단하고 행동에 옮겨야 한다. 자기를 부인하고 십자가를 지고 그분에게 오는 일은 단 한 번의 결단으로 일어나는 사건이어야 한다. 그것이 되었을 때 예수님을 따라가는 지속적인 행동이 가능해진다.

본문의 '따른다'라는 말은 계속되는 행동을 나타내는 현재 시제 동사이다. 이것 또한 심오한 진리를 담고 있다. 예수님을 따르는 일은 평생 계속되어야 할 제자의 삶이라는 것을 보여주고 있기 때문이다. 일단 예수님께 자기를 맡겼으면 쟁기를 잡고 밭을 가는 농부처럼 뒤를 돌아보지 말아야 한다는 진리를 우리에게 알려준다.

그리스도의 새로운 왕국을 위해 복음의 증인으로 충성해야 할 예수님의 제자는 자신이 치를 대가를 미리 계산해야 한다(마 10:32~33, 막 8:38). 이것은 적당히 다룰 문제가 아니다. 예수님이 자신을 따르는 무리를 돌아보시면서 제자의 자격을 말씀하셨을 때, 이런 부분을 숨기지 않으셨다. 어느 때보다도 솔직한 표현을 사용하셨다(눅 14:25 이하). 망대를 세우는 자가 사전에 공사비를 계산하는 것은 당연하다. 선전 포고를 하기 전에 전비와 승산 가능성을 미리 계산하지 않으면 안 된다. 마찬가지로 제자로서 치러야 할 대가를 미리 계산하는 자라야 자신을 따를 수 있다고 말씀하셨다.

치러야 할 값

예수님의 제자가 치러야 할 대가 중 하나는 싸움이다. 때에 따라서는 가장 가까운 집안 식구와 불화하는 것도 피할 수 없다(마 10:34~36). 이것은 정상적인 가정생활을 포기하라는 의미가 아니다. 예수를 따르는 생활에서 가정이 거침돌이 되어서는 안 된다는 말이다.

> 사람의 애정이 그리스도에게 합당한 경외를 돌리는 일을 억압하지 않는다는 조건하에서 남편이 아내를, 아내가 아들을, 아들은 아버지를 사랑하게 하자. 만일 우리의 애정이 그리스도를 따르는 데 방해가 된다면 과감하게 그 사랑을 물리쳐야 한다.[2]

예수님의 제자가 치러야 할 대가는 선택의 희생이다(마 10:37). 하나님의 뜻과 환경의 요구가 항상 일치하는 것은 아니다. 예수님과 처자 가운데서 양자택일을 강요당하는 심각한 순간이 찾아올 수도 있다. 존 번연은 가족을 위해 신앙 양심을 버리든지, 예수님을 위해 형무소로 가든지 선택해야 할 기로에 섰을 때 가족을 포기하는 일이 얼마나 무서운 고통이었는지 "마치 뼈에서 살을 뜯어내는 것 같다"라고 기록했다. 한국 교회의 위대한 순교자들은 이런 경우에 모두 예수를 선택하는 희생을 치렀다.

> 이런 무서운 선택에 대한 요구는 그렇게 흔하게 찾아오지 않는다. 평범한 우리에게는 하나님이 은혜로 피하게 하실지 모른다. 그러나 우리 모두에게 여전히 남아 있는 문제는 모든 충성을 오직 하나님께만 바치지 않으면 안 된다는 것이다.[3]

예수님의 제자가 치러야 할 대가는 십자가를 지는 일이다(마 10:38). 제자는 자신이 지금까지 사랑했던 욕망, 평안, 꿈 등을 다 버려야 한다. 제자는 아무도 자기 좋아하는 대로 할 수 없다. 그는 예수님이 기뻐하시는 일을 해야 한다. 어떤 경우에는 수많은 고난을 견딜 준비가 되어 있어야 한다. "자녀이면 또한 상속자 곧 하나님의 상속자요 그리스도와 함께한 상속자니 우리가 그와 함께 영광을 받기 위하여 고난도 함께 받아야 할 것이니라"(롬 8:17).

예수님이 고난의 길, 십자가의 길을 걸어가셨는데 제자가 다른 길로 갈 수는 없다. 예수님의 고난은 제자들에게 하나의 본이다. "이를 위하여[고난을 받기 위하여] 너희가 부르심을 받았으니 그리스도도 너희를 위하여 고난을 받으사 너희에게 본을 끼쳐 그 자취를 따라오게 하려 하셨느니라"(벧전 2:21).

"기독교에는 항상 어떤 십자가가 있다. 기독교는 십자가의 종교이기 때문이다."[4] 그러나 십자가를 지는 일은 저주스러운 것이 아니다. 그러기에 우리의 위대한 선배들은 "처음에는 내가 십자가를 지고 가지만 후에는 십자가가 나를 지고 간다"는 말을 즐겨 하지 않았던가? "그러나 우리가 십자가를 지면 그리스도께서 우리와 동행자가 되신다는 이 위로를 마음에 담아두도록 하자. 이것이야말로 십자가의 고통을 덜어주는 효과를 빨리 맛보게 한다."[5]

예수님의 제자가 치러야 할 대가는 생명을 바치는 모험이다(마 10:39). 세상에서의 안전이 신앙생활의 우선순위가 될 수는 없다. 그리스도의 제자는 자신의 선생과 같이 하나님과 이웃을 섬기기 위해 부름을 받은 자다. 그 목적을 위해 기꺼이 자기 생명을 바칠 수 있어야 한다. 그는 여기에 참 행복이 있다고 믿는다. 그것이 바로 생명을 영원히 향유하는 길이기 때문이다.

"내가 달려갈 길과 주 예수께 받은 사명 곧 하나님의 은혜의 복음을 증언하는 일을 마치려 함에는 나의 생명조차 조금도 귀한 것으로 여기지 아니하노라"(행 20:24). "그가 우리를 위하여 목숨을 버리셨으니 우리가 이로써 사랑을 알고 우리도 형제들을 위하여 목숨을 버리는 것이 마땅하니라"(요일 3:16).

이처럼 예수의 제자가 된다는 것은 주님을 따르는 데 장애가 되는 일을 포기하는 전적 위탁이라고 볼 때 종종 우리는 큰 혼란을 느낀다. 더 솔직히 말하면 신앙생활의 딜레마에 직면한다. 우리 스스로 전적으로 위탁이 된 사람이라고 자신하지 못하기 때문이다. 예수님의 요구와 우리의 반응 사이에는 엄청난 괴리가 있다. 그럼에도 우리를 제자라고 할 수 있는가? 이런 혼란은 제자도의 대가를 요구하는 마태복음 10장 37절부터 39절 말씀을 주석하면서 실토한 빈센트의 말에서 잘 엿볼 수 있다.

> 사복음서에서 제자도를 나타내는 이 단어들은 언제나 교회를 매혹하든지 아니면 당혹스럽게 했다. 은둔자나 수도승, 예언자나 심지어 신비주의자에게는 이런 단어가 저항할 수 없는 매력으로 다가왔다.
>
> 그러나 일반적으로 교회에는 이 말들이 언제나 문젯거리가 되었다. 만일 이 구절들을 문자적으로 받아들인다면 제자가 될 수 있는 사람은 거의 없을 것이다. 하지만 이런 구절들을 단순히 상징적으로 혹은 영적으로만 받아들인다면 처음 제자로 부르심을 받았던 사람들에게 의도했던 것과는 분명히 다른 의미를 갖게 된다.[6]

제자도를 이야기할 때마다 혼란이나 모순이 없는 것은 아니지만 제자가 된다는 것이 예수 그리스도를 닮는 과정을 의미한다는 것은 절대 부인할 수 없다. 그 과정에서 아직 이루지 못한 것으로 인한 긴장은 늘 따라다닌다. 그리고 현재의 불완전함에 따른 고통 역시 수반한다.

이것은 조금도 이상한 일이 아니다. 본질적으로 제자 됨이란 현세의 삶에서 흠 없는 완전함을 성취하는 것이 아니기 때문이다. 불완전함에도 불구하고 계속 기쁨으로 예수를 본받기 원하는 사람이라면 그는 주님께 자기 삶을 위탁한 자다.

사도행전으로 돌아가 제자로 불렸던 초대 교회 신자들을 보면 그들은 한결같이 예수님을 따른 자들이었으나, 어떤 형식으로 모든 것을 포기하고 예수님을 따랐는지는 일률적으로 결론짓기 어렵다. 그들은 예수님의 말씀을 글자 그대로 받아들여 열두 제자처럼 가정과 직업까지 다 버린 사람들이었는가? 극소수를 제외하면 그렇게 하지 않았다. 그럼에도 그들은 주님에게 전적으로 위탁된 제자들이었다. 왜 그랬을까?

그들은 항상 주님의 뜻에 복종하는 것을 가장 중요하게 생각하고 그렇게 행한 사람이었기 때문이다. 그 복종의 형태가 구체적으로 어떻게 나타났는가는 각자의 형편에 따라 달랐다. 그것은 성령의 인도하심에 따라 결정되어야 할 문제였다. 하지만 자신이 가끔 겪는 모순이나 혼란 때문에 제자의 길을 포기하는 일은 없었다. 그들에게 주인은 오직 예수뿐이었고 그분을 향한 마음은 어린아이와 같이 단순했다.

독특한 인격적 관계

예수님과 제자들의 관계는 구약 시대에서는 그 사례를 찾아볼 수 없는 독특한 성격이 있다. 바로 인격적 위탁, 즉 인격적이라는 요소 때문이다. 가령 모세와 여호수아, 엘리야와 엘리사의 관계는 선생과 제자 사이는 아니었다. 랭스토르프는 구약에서 선생과 제자의 관계를 발견할 수 없는 이유는 구약적 계시의 영역에서는 하나님만이 선생이며 주님이었기 때문이라고 설명한다.[7] 사람 가운데서는 아무도 하나님을 대신하여 선생이 될 수 없었다. 그들은 단지 하나님이 당신의 계시를 백성에게 알리는 데 사용한 도구에 지나지 않았다.

모세와 선지자들은 자신의 인격적 권위에 근거하여 메시지를 전할 수는 없었다. 다시 말해서 그들은 스스로 하나님이 될 수 없었다. 누구를 향해 자기를 따르라고 부를 만한 자격이 없었던 것이다.

신약 시대로 내려와 예수님은 자신이 하나님이요, 말씀이라고 선포하신다(요 1:1). 그는 완전한 사람이었다. 그리고 주님의 입에서 나오는 말씀은 바로 하나님의 말씀이었다. 하나님이 그 안에, 그는 하나님 안에 계셨다.

예수님만이 자기에게 모든 것을 맡기고 나를 따르라고 명하실 수 있는 참 선생이었다. 그분만이 모든 것을 버리라고 명령할 권위를 지니고 계셨다. 참으로 그는 절대 복종을 요구할 수 있는 유일한 선생이었다. "너희가 나를 선생이라 또는 주라 하니 너희 말이 옳도다. 내가 그러하다"(요 13:13).

그러므로 신약에 나오는 제자라는 개념은 제자로 부름받은 자와 (자신의 전 생애를 결정짓는) 선생과의 인격적 연합을 그 특징으로 한다. 이와 같은 인격적 관계 없이 제자라는 말이 사용된 예가 신약성경에는 한 곳도 없다. 모든 강조점이 선생 되신 예수님의 인격 위에 놓여 있다. 제자를 부른 이도 예수님이었고 당신과 제자의 관계를 완성하는 형식과 내용도 예수님이 주셨다.

평신도를 깨운다

둘 사이의 인격적 관계가 얼마나 독특한 것인가는, 예수님이 십자가에 돌아가시자마자 주님이 평소에 남긴 교훈이나 보여주신 이적과 기사에 관한 추억이 제자들을 붙들어 맬 만한 끈이 될 수 없었던 사실을 보면 잘 알 수 있다. 예수님이 떠나자 제자들은 모든 관계가 끊어져버린 것이다. 이것은 누가복음에서 겟세마네 동산 이야기가 끝나면서 '제자'라는 용어가 사라진 것을 보아도 알 수 있다(눅 22:47 이하).

예수님이 잡혀가시자 제자들은 인격적으로 그와 단절되었다. 그들은 더 이상 제자라는 이름에 합당한 자가 되지 못했다. 그들은 예수님이 부활하신 후 한 번 더 불러모으지 않으면 안 되는 상태에 놓였다.[8]

우리가 이런 주장에 반드시 동의하지는 못한다고 할지라도 수난주간에 제자들의 인격적 위탁 관계가 위기에 빠졌음은 부인할 수 없다. 예수님에 대한 제자들의 신앙은 바닥부터 무너져 내리기 시작했기 때문이다.

평신도를 제자 삼는다는 것은 예수님께 자신의 전부를 내맡기고 복종하는 사람이 되게 한다는 의미다. 제자에게 '부분적 위탁'이란 없다. 그런 경우라면 선생과 제자의 관계는 언젠가 쉽게 끊어지고 만다(요 6:66). "우리 중에 누구든지 자기를 위하여 사는 자가 없고 자기를 위하여 죽는 자도 없도다. 우리가 살아도 주를 위하여 살고 죽어도 주를 위하여 죽나니 그러므로 사나 죽으나 우리가 주의 것이로다"(롬 14:7~8).

옛날 과부 룻이 시어머니 나오미를 따라가던 장면을 연상하면 인격적인 위탁에 관한 선명한 그림을 그릴 수 있다. 룻이 고백한 말에 '어머니'라는 말 대신에 '예수님'을 넣어 한번 읽어 보라. 그러면 더 장황한 설명이 필요 없다.

> 내게 예수님을 떠나며 예수님을 따르지 말고 돌아가라 강권하지 마옵
> 소서. 예수님께서 가시는 곳에 나도 가고 예수님께서 머무시는 곳에
> 서 나도 머물겠나이다. 예수님의 백성이 나의 백성이 되고 예수님의
> 하나님이 나의 하나님이 되시리니 예수님께서 죽으시는 곳에서 나도
> 죽어 거기 묻힐 것이라. 만일 내가 죽는 일 외에 예수님을 떠나면 여
> 호와께서 내게 벌을 내리시고 더 내리시기를 원하나이다(룻 1:16~17
> 참고).

늙은 시어머니도 그렇게 따를 수 있었다면 우리가 왜 하나님의
아들 예수님을 그 이상으로 따를 수 없다는 말인가? 불행하게도 현
대 교회 안에는 전적 위탁의 요소가 빠진 채 제자라는 이름으로 살
아가는 사람이 얼마나 많은지! 인격적인 위탁이란 특별한 소명을
가진 소수에게만 해당하며 이것을 평신도에게 강요하는 것은 과격
한 지도자들의 자기 편견이라고 비판하는 사람이 얼마나 많은지 안
타까운 일이다.

> 우리가 한 가지 더 기억해야 할 것이 있다. 예수님의 제자가 아니라는
> 것은 곧 어두움의 권세를 따르는 제자가 된다는 것을 의미한다. 그리
> 고 세상과 죄의 종이 되면 예수님의 제자로 살아가는 것에 비해 헤아
> 릴 수 없는 대가를 지불해야 한다. 그 대가란 현세에서도 최상의 행복
> 을 상실하고 내세에서는 영원토록 흑암과 고통을 당하는 것이다. 예
> 수님을 섬기기 위해 자아를 내버리는 대가는 예수님을 배척하고 치러
> 야 할 대가에 비교하면 얼마나 하찮은 것인지 모른다.[9]

가장 어려운 고비

　　　　　제자훈련을 시킨다는 것은 평신도를 전적인 위탁자로 바꾸어놓는다는 의미다. 제자훈련 중에 가장 어려운 고비가 전적 위탁을 가르칠 때이다. 성령께서 말씀으로 능력 있게 역사하는 자리에서는 이 과정에서 많은 진통과 뜨거운 눈물을 보게 하신다. 비록 더딜지라도 이 변화가 일어나는 자리에는 황홀한 세계가 열린다.

　그러나 이 고비를 제대로 넘기지 못하면 그 제자훈련은 끝까지 어려움을 겪는다. 안타까운 것은 지도자들이 제자훈련을 성경 교재 몇 권 떼는 것으로만 알지 그리스도에게 전적으로 위탁하게 하는 해산의 진통이라는 것을 모르고 있다는 사실이다. 경험에 비추어 보면 훈련을 받는 사람 열 명 중에 아홉은 전적 위탁과는 거리가 먼 신앙생활을 하고 있다.

　다시 말한다. 무엇이 제자훈련인가? 모든 것을 포기하고 예수님만 따르게 하는 제자도에 동의하고 순종하게 만드는 해산의 수고가 제자훈련이다. 비록 만족스러운 수준까지는 아니더라도 주님을 따라가는 데 필요한 대가를 치르기 위해 최선을 다하는 사람으로 다시 빚어 놓는 작업을 말한다.

15장
복음의 증인

제자의 궁극적인 사명

엄격한 의미에서 볼 때 예수님이 제자들에게 위임한 궁극적인 일은 그분을 증거하는 것이었다. 주님은 세상에서 자기를 증거할 사람들을 부르신 것이다. 그래서 누가복음과 사도행전에서는 증거 혹은 증인이라는 말이 제자를 부르는 소명과 불가분의 관계로 자주 사용된다.

누가는 이 용어를 두 가지 의미로 쓰고 있다. 하나는 예수님의 십자가와 부활 사건을 직접 목격한 사도들이 그것을 전하는 경우, 다른 하나는 사도들의 증거를 듣고 믿은 자들이 그것을 다른 사람 앞에서 고백하거나 전하는 경우다.[1]

예수님은 승천하시기 직전에 제자들에게 복음을 전할 것을 명령하시면서 당신의 이름으로 죄사함을 얻게 하는 회개가 예루살렘으로부터 시작하여 모든 족속에게 전파된다고 전제하고 제자들을 향해 "너희는 이 모든 일의 증인이라"(눅 24:48)고 선언하셨다. 그리고 "성령이 임하시면 내 증인이 되리라"(행 1:8)고 예언하셨다. 초대 교회의 제자들은 예수님이 예언한 그 증인들이 탄생하여 구성된 거룩한 무리였던 것이다(행 1:22, 2:32, 3:15, 5:31, 10:41).

평신도를 깨운다

그러나 증거 사역은 사도들에게만 국한된 일은 아니었다. 예수님이 예루살렘에서 제자들에게 "너희는 이 모든 일의 증인이라"고 하셨을 때 그 자리에 열두 사도만 있었던 것은 아니다. 그들과 함께 다른 제자들이 동석하고 있었다(눅 24:33). 주님의 명령은 그 자리에 있었던 모든 제자에게 주신 것이었다. 그리고 나중에는 마가 요한의 다락방에 모였던 120명의 제자가 다 증인이 되었다. 스데반도 예수님의 증인이었다(행 22:20).

스데반은 사도들과 같은 첫 번째 목격자는 아니었으나 증인으로 불렸다는 것에 주의해야 한다. 그는 얼마 후 순교자가 되었다. 그리고 증인이라는 말과 순교자라는 말은 같은 어원에서 나왔다. 당시에 예수님의 증인이 되는 자는 자기 생명을 잃을 각오를 해야만 했다. 스데반의 순교가 그를 증인으로 만든 것이 아니라 그의 증거가 스데반을 순교자로 만들었다.

제자와 증거가 얼마나 밀접한 관계인가를 알려면 복음서와 사도행전에서 '보내다'(apostello, pempo)라는 동사가 '제자'라는 말과 함께 얼마나 자주 사용되고 있는가를 보면 쉽게 알 수 있다. '보내다'는 말은 무려 215번이나 사용되는데 거의 다 예수님이 제자들을 증인으로 파송하는 내용과 관계되어 있다.

그리고 누가는 제자들 가운데서 열두 명을 사도라는 특별한 이름으로 부르는데, 이것 역시 '제자'는 '예수님의 증인'이라는 사실을 강력하게 지지한다. '사도'(apostolos)에는 보냄을 받은 자라는 의미가 있기 때문이다. 제자는 어디까지나 보냄을 받은 자이지 보내는 자가 아니다. 성경에서 사도라는 말이 보내는 행위를 나타내기 위해 사용된 예는 한 곳도 없다.[2]

성령의 내적 충동

초대 교회에서 제자라고 불리던 수천 명의 남녀가 얼마나 열렬한 예수님의 증인이었는가는 어렵지 않게 볼 수 있다. 그들은 어떤 강요나 명령에 구속받아 예수님을 증거한 사람들이 아니었다. 사도들이 그들에게 전도하라고 명령하는 장면을 한 번도 발견할 수 없다는 사실은 참 놀랍다. 그들은 사도들과 다름없이 "보고 들은 것을 말하지 아니할 수 없[는]"(행 4:20) 내적 충동이 있었다. 이는 초대 교회 당시 아무도 말릴 수 없는 열정과 용기로 예수 부활을 외쳤던 증인들의 행동 기준을 설명할 때 중요한 근거가 된다.

그러면 당시 제자들의 그런 동기는 어디에서 비롯된 것일까? 예수님의 대사명을 특별히 기억하고 순종하기 위해서였을까? 우리는 그들이 대사명에 순종하느라 부담스러워하며 행동한 흔적을 찾아볼 수 없다.[3]

그들의 내적 충동은 성령이 주는 것이었다. 그들은 다 성령의 사람들이었다. 성령의 사람은 교회의 사도적 본질에 일치하는 내적 증거를 자기 안에 갖고 있다. 사도들이 부활의 증인으로 살면서 위기를 맞을 때마다 그들에게 성령 충만이 반복적으로 나타났는데, 그것은 평소에 그들 속에서 증거하시는 성령의 존재를 공개적으로 분명하게 확인해주신 하나님의 비상수단이었다(행 4:8, 31, 6:8, 7:55, 13:9).

예수님을 증거하는 전도나 고백이 성령의 내적 충동으로 일어나는 것이라면, 모든 신자에게 보편적으로 기대할 수 있는 일반적인 현상으로 보아야 한다. 성령은 하나님이 얼마든지 부르시는 자들에게 주신 선물이다(행 2:39). 성령이 임하시면 누구나 권능을 받고 예수님의 증인이 된다(행 1:8). 증인이란 성령의 손에서 만들어지는 것이지 사람이 자작(自作)하는 것이 아님을 말해준다.

우리는 전도가 은사라고 하는 주장을 자주 듣는다. 이것은 타당한 견해라고 볼 수 없다. 은사는 봉사를 위해 성령께서 주권적으로 각 사람에게 알맞게 나누어 주시는 선물이다(고전 12:11). 오순절에 제자들이 성령받은 것을 놓고 우리는 은사라는 좁은 의미로 해석하지 않는다. 그 사건 속에 은사의 요소가 들어 있는 것이 사실이지만 당시의 성령 임재는 은사 이상의 큰 의미가 있었다.

만일 전도가 은사라면 전도하지 못하는 책임을 전적으로 성령에게 돌려야 한다. 그리고 전도는 은사받은 특정한 사람의 전유물이 될 것이다. 만일 우리가 전도를 은사라고 주장한다면 성령이 교회에 오신 기본 목적과 그가 결정한 교회의 사도적인 본질을 부분적으로 제한하는 과오를 범하게 된다.

전도가 마치 은사의 하나인 것처럼 이야기하는 성경 본문이 있다. 어떤 사람을 "복음 전하는 자"로 삼으셨다는 에베소서 4장 11절이다. 이 구절만 보면 누구나 다 복음을 전할 수 있는 것이 아니라 어떤 은사를 통해 자격을 갖춰야 하는 것처럼 비칠 수 있다.

그러나 이것은 전도가 은사임을 뒷받침하는 내용이라고 볼 수 없다. 바울은 지금 교회에서 봉사할 사역자들의 직분을 다루고 있다. 사도나 선지자는 소명인 동시에 직분이었다(고전 12:28). "복음 전하는 자" 역시 직분 중 하나였다. 직분에는 거기에 해당하는 은사가 따라온다. 전도자로서 특별한 직분을 받은 사람이라면 남다른 전도의 은사가 있을 수 있다.

하지만 이런 경우를 모든 신자에게 일반적으로 적용하는 것은 옳지 않다고 본다. 성령을 모신 사람이면 다 갖는 전도의 내적 충동과 직분을 수행하기 위해 특별히 받은 전도의 은사는 구별되어야 한다.

이것은 구원 얻는 믿음과 소명을 위해 은사로 받은 믿음이 서로 다른 것과 같다(고전 12:9).

전도하라는 명령은 왜 없는가?

신약성경을 보면서 우리가 신기하게 느끼는 사실이 하나 있다. 평신도에게 전도를 열심히 하라는 명령은 왜 잘 보이지 않을까? 우리가 자주 인용하는 디모데후서 4장 2절 말씀, 즉 "너는 말씀을 전파하라. 때를 얻든지 못 얻든지 항상 힘쓰라"는 명령은 엄격히 이야기하면 목회자인 디모데에게 주는 교훈이다.

이상할 정도로 신약성경은 전도에 대해 침묵을 지킨다. 이것은 교회의 집회에 관해서도 마찬가지다. 한 군데(히 10:25)를 제외하고는 평신도에게 열심히 모이라고 권면하는 곳이 하나도 없다.

사실 전도와 집회 이 두 가지는 교회의 사활이 걸린 중대한 문제다. 기독교를 공격하는 데 앞장섰던 볼테르가 국왕에게 진언하면서 "기독교를 죽여버리고 싶으면 주일을 없애버리십시오"라고 한 것은 가히 아히도벨의 모략이 아닐 수 없다. 만일 교회가 이 두 가지를 등한히 하거나 그만둔다면 기독교가 지상에서 사라지는 것은 시간문제일 수도 있다.

그럼에도 왜 성경은 "쉬지 말고 기도하라"는 말씀처럼, "열심히 전도하라", "부지런히 모이라"는 명령을 지나칠 정도로 절약하고 있는 것일까? 여기서 우리가 또 한번 놀라지 않을 수 없는 것이 있는데, 이 부분과 관련된 성경의 명령이 희소함에도 불구하고 초대 교회가 가장 열심을 쏟았던 일이 전도하는 것과 모이는 일이었다는 사실이다.

이 숙제를 푸는 열쇠는 "보고 들은 것을 말하지 아니할 수 없는"

성령의 내적 충동에 있다고 해야 한다. 성령의 사람에게 예수를 증거하는 일은 일종의 본능적 소산이다. 본능적인 것은 명령을 기다리지 않는다. 충동은 명령을 앞지르기 마련이다.

> 신약에 전도의 명령이 없는 것은 전도와 같은 행동이 갖는 자증성(自證性)과 자연성(自然性)으로 설명할 수 있다. … 오순절 이후 제자들은 그리스도와 그 안에 있는 새 생명을 자발적으로 증거하는 사람들이었기 때문에 거기에는 아무 명령도 필요가 없었다.[4]

성령께서 말세 교회를 증인 공동체로 만들기 위해 오셨고, 그 일이 일시적이 아닌 연속적인 사건이 되도록 하려고 세상 끝날까지 교회를 떠나지 아니하신다는 사실을 믿는다면, 전도의 자증성이나 자연성, 내적 충동 또는 새로운 본능이니 하는 표현이 어색하게 들리지 않을 것이다.

성령은 지금도 교회에 계시면서 자기 교회에 사도성을 부여하신다. 그럼에도 오늘의 평신도는 왜 증인으로서 내적 충동을 잘 체험하지 못하는 것일까? 교회의 본질과 일치되는 증거의 삶이 왜 흐려지는 것일까?

말의 증거

제자와 증인의 관계를 다루면서 우리가 간과할 수 없는 문제가 하나 있다. 복음서와 사도행전에 나오는 증거는 전부 다 입으로 전하는 말의 전도였다는 사실이다. 제자들의 증거는 복음을 말하는 것이었지 선한 생활이 일으키는 어떤 감동은 아니었다. 그래서 그런지 초대 교회에서는 제자도를 윤리적인 측면

에서 그리스도를 본받는 행위로 이해한 흔적이 전혀 없다고 주장하는 견해도 있다.[5]

이것은 대단히 흥미 있는 통찰이라고 생각된다. 초대 교회 성도들이 예수님을 이상적인 도덕적 모델로 보고 그분을 적극적으로 모방하는 데 관심을 두기보다 주께서 세상의 주와 그리스도가 되심을 열심히 증거하길 원했던 이유가 어디에 있었을까? 왜 그들은 가장 먼저 "또 종들로 하여금 담대히 하나님의 말씀을 전하게 하여 주시오며"(행 4:29)라고 기도하였을까?

그들의 기도를 듣자마자 주님께서는 성령을 충만하게 채워 그들이 담대하게 복음을 전하는 말의 증인이 되게 하셨다(행 4:31). 예루살렘 교회에 핍박이 일어나자 그들은 사방으로 흩어져, 가는 곳마다 복음을 전하는 말의 증거자가 되었다(행 8:4).

마치 그들은 예수님의 온전한 인격을 본받는 윤리적인 면에 관해서는 관심 없는 사람들처럼, 입으로 예수님을 이야기하는 일에만 미쳐 있었다. 그들이 핍박을 당한 것은 그들의 말 때문이지 선한 행위 때문이 아니었다. 선행은 절대로 복음의 핍박을 불러들이지 않는다. 엄밀한 의미에서 선행은 완전한 증거가 될 수 없다.

그러므로 말로 전하는 복음이 빠진 증거는 세상을 구원할 수 없다. 간혹 어떤 사람이 자기의 선한 행위를 통해 그리스도를 증거한다고 생각할지 모르나 그가 입을 열지 않으면 자기 행위 속에 계신다고 생각하는 그 예수는 십자가에서 대속의 죽음을 당하신 예수가 아닐 수 있다.

사도들과 속사도들이 다 사라진 후에도 초대 교회는 수백 년 동안 핍박을 받아 가면서 입으로 예수를 증거하는 일을 포기하지 않았다.

니케아 회의 전에는 선교 단체나 선교 기구, 조직적인 선교의 노력 같은 것이 전혀 없었다. 그럼에도 사도 요한이 세상을 떠난 지 300년이 안 되어 당시 문명 세계를 대표하던 로마 제국의 전 인구가 형식상으로 기독교 신자가 된 것이다. …

당시에는 교회 회중이 다 선교 단체였고 모든 신자가 이웃을 구원하려는 그리스도의 사랑이 가슴에서 불타오르던 선교사였다. 신자들은 누구나 이웃에게 예수를 이야기하였다. 노동자는 자기 친구에게, 노예는 자기의 가까운 동료 노예에게, 하인은 자기 주인과 여주인에게 자신이 구원받게 된 이야기를 마치 선원이 조난당했다가 구사일생으로 살아온 이야기를 하듯이 했던 것이다.[6]

우리 주변에는 입으로 예수를 전하는 것을 은근히 경멸하면서 현대 사회에는 말보다 행위로 전하는 것이 더 중요하고, 더 많은 효과를 거둘 수 있다고 주장하는 사람들이 적지 않다. 그러나 여기서 다시 한번 기억하는 것이 좋을 것이다. 말로 전하지 않는 증거는 성경이 의미하는 증거가 될 수 없다. "전파하는 자가 없이 어찌 들으리요?"(롬 10:14) 왜 들을 수 없는가? 행동이 아무리 선하고 아름답다고 할지라도 말하지 않는 증거에는 구체적인 예수의 복음이 빠져 있기 때문이다.

참 증거가 말로 전하는 데 있다고 해서 행위의 증거를 부인하는 것은 아니다. 그것 역시 말로 전하는 것만큼 중요하다. 만일 우리가 말의 전도와 행위의 전도 가운데 어느 한쪽을 부인한다면 심각한 문제가 일어날 수 있다.

그러나 초대 교회 제자들에게는 말의 전도가 압도적으로 우세했다는 사실은 "산 개가 죽은 사자보다 낫[다]"(전 9:4)는 지혜자의 말씀을 새삼 생각나게 한다. 만일 우리가 행위의 전도만 계속 강조하면 그것은 '와 보라'의 대상인 예수 그리스도 대신 선하게 보이는 자기 자신을 내세울 수 있다는 점을 명심할 필요가 있다.

교회에서 평신도를 예수님의 제자로 훈련한다는 것은 예수님을 자기 전 생활 영역에서 고백하고 증거하는 증인이 되게 함을 의미한다. 제자훈련이 건강하냐 그렇지 못하냐를 진단하는 방법 가운데 하나는 훈련을 받는 자들이 예수 그리스도를 전하고 싶어 얼마만큼 안달하는가를 살펴보는 데 있다. 건강한 제자훈련은 성령이 주시는 내적 충동을 억제하기 어려운 증인들을 만들어내기 때문이다.

제자훈련은 평신도의 마음속에 살아 계신 예수 그리스도가 충만하도록 돕는 일을 한다. 그래서 그들이 예수님을 기쁘게 자랑하고 고백하도록 할 뿐 아니라 자신의 인격과 삶에도 그리스도의 향기가 가득 묻어나게 한다.

오늘날 우리의 문제는 입을 봉하고 있어서 그 행위까지 악취가 나는 평신도를 너무 많이 거느리고 있다는 데 있다. 예수를 입으로 증거하는 사람치고 그 행위를 예수님처럼 선하게 하려고 노력하지 않는 예를 본 일이 있는가?

평신도를 깨운다

16장
섬기는 종

예수님의 모범

신약성경은 제자도가 종으로 섬기는 일과 불가분의 관계가 있음을 보여준다. '종'(*doulos*)이라는 명사와 '섬기다'(*diakoneo*)라는 동사, 이 두 단어는 한 쌍이 되어 자주 성경에 나타난다(마 20:27~28, 막 10:44~45, 눅 12:37).

종이라는 말은 신분을 나타내는 것으로 제자 된 사람이 그리스도 안에서 어떤 사람이 되어야 하는가를 이야기한다. '섬기다'라는 말은 신분보다 기능을 강조하는 것으로 그리스도를 자기의 주인으로 모신 제자의 생활이 어떠해야 하는가를 가르쳐준다.[1]

예수님의 제자는 종으로 섬기는 자가 되어야 한다. 이것은 우연한 일이 아니라 필연적인 일이다. 이는 아무도 예외가 될 수 없는 본질적인 것이다. 제자에게 주어지는 종의 직분은 예수님이 보이신 모범이므로 피할 수 없기 때문이다. 예수님은 종의 몸을 입고 세상에 오셨다(빌 2:7~8). 그리고 그는 종으로서 세상을 사셨다. "그러나 나는 섬기는 자로 너희 중에 있노라"(눅 22:27).

예수님의 전 생애는 세상을 사랑하여 자기를 아끼지 아니하고 희생하는 헌신의 과정이었다. 마지막 유월절의 성만찬 석상에서 교만으로 목이 굳어 있던 제자들의 발을 손수 씻기면서 섬김의 본을 보이신 것은, 자기를 따르는 제자는 섬기는 자가 되어야 함을 행동으로 보여주신 산 교육이었다. "내가 주와 또는 선생이 되어 너희 발을 씻었으니 너희도 서로 발을 씻어주는 것이 옳으니라. 내가 너희에게 행한 것같이 너희도 행하게 하려 하여 본을 보였노라"(요 13:14~15).

그가 십자가에서 속죄양으로 자기 생명을 버린 것은 종으로서 참 모습을 마지막으로 확증하신 것이다. "인자가 온 것은 섬김을 받으려 함이 아니라 도리어 섬기려 하고 자기 목숨을 많은 사람의 대속물로 주려 함이니라"(막 10:45).

인격적으로 온전히 위탁하고 예수님을 따르는 제자는 선생이 보여준 태도를 본받지 않을 수 없다. 만일 그가 종이 되기를 거부한다면 종이 주인보다 더 대접을 받으려는 어리석은 짓을 행하는 것이다. 예수님은 제자라는 이름을 가진 자들이 빠지기 쉬운 그런 위험을 미리 내다보시고 사전에 경고하셨다. "내가 진실로 진실로 너희에게 이르노니 종이 주인보다 크지 못하고 보냄을 받은 자가 보낸 자보다 크지 못하나니 너희가 이것을 알고 행하면 복이 있으리라"(요 13:16~17).

제자의 복은 자신이 종이며 주인보다 높지 못하다는 것을 알고 그대로 실천하는 데 있다. 아무리 섬기고 또 섬겨도 자기는 자랑할 것 없는 무익한 종이라는 사실을 항상 잊지 않는 데서 제자의 영광이 따라온다. "이와 같이 너희도 명령받은 것을 다 행한 후에 이르기를 우리는 무익한 종이라 우리가 하여야 할 일을 한 것뿐이라 할지니라"(눅 17:10).

이렇게 겸손한 종에게 주인은 드디어 칭찬과 영광을 안겨주신다. "그 주인이 이르되 잘하였도다 착하고 충성된 종아. 네가 적은 일에 충성하였으매 내가 많은 것을 네게 맡기리니 네 주인의 즐거움에 참여할지어다"(마 25:21).

제자는 고난당할 준비를 하면서 종 되신 예수님의 일에 동참할 수 있다. 종이 된다는 것과 십자가를 진다는 것이 예수님께는 서로 다르지 않았다. 제자의 사명은 생명을 잃을 각오까지 하지 않으면 절대 완수할 수 없는 일이다. 예수님이 제자들을 보내신 곳은 세상 임금이 주관하는 악한 세상이기 때문이다. 그래서 종은 주인이 마시는 잔을 함께 마셔야 하고(마 20:23) 주인과 같이 환난당할 각오가 서 있어야 한다(요 18:33). 이런 의미에서 본 회퍼가 "그리스도께서 사람을 제자로 부르신 것은 죽으라고 부르신 것이다"[2]라고 한 말은 지나친 것이 아니다. 그러므로 종 된 제자 입장에서는 생명을 내놓는 것이 사는 길이요, 반대로 생명을 아끼는 것은 죽는 길이 된다(마 16:24~25).

> 예수님과 제자들의 목적은 이 세상 나라를 세우는 데 있지 않았다. 그들의 관심은 하나님 나라와 그 영광의 시대에 있다. 그러나 이 목적을 달성하는 길은 고난과 죽음을 통과하는 데 놓여 있다. 이것은 하나님이 당신의 왕국으로 부르시는 모든 사람에게 어떤 태도를 요구하는가를 단번에 보여준다. 고난의 의미는 봉사에서 찾아야 한다. 이것이 고난을 희생이 되게 하는 것이다.[3]

다시 말해서 종과 고난 사이에는 불가분의 함수 관계가 있다는 뜻이다. 종 된 직분이야말로 예수님을 따르는 제자의 인격과 삶에 (부분적이 아니라) 완전하게 위임된 것이며, (가끔이 아니라) 계속 실천해야 할 일이다. 종으로서 받은 고난은 제자도 보증서나 다름없다(요 15:19).

고백과 증거의 필연적 요구

제자는 세상에서 전하라고 명령받은 복음의 내용 때문에라도 종직을 피할 수 없다. 제자들이 입으로 전하는 복음의 주제는 예수 그리스도다(막 1:1). 하나님의 사랑이 그분에게 집중되어 있으며 그 사랑은 주님의 희생적인 죽음을 통하여 전파되고 역사한다. 그는 십자가에서 온 세상이 다 마실 수 있는 의의 샘물을 열어놓으셨다. "하나님의 사랑이 우리에게 이렇게 나타난 바 되었으니 하나님이 자기의 독생자를 세상에 보내심은 그로 말미암아 우리를 살리려 하심이라"(요일 4:9).

예수님에게 사랑이란 의지와 행동의 문제였다. 하나님의 사랑의 법은 언제나 행동으로 표현되기 때문이다. 그 사랑은 항상 종의 헌신을 통해 사람의 눈에 보이고 마음으로 흘러들어온다. 이런 점에서 아가페 사랑을 의미하는 '아가파오'(agapao), 즉 '사랑하다'라는 용어가 거의 예수님과 관련된 본문에서만 사용되고 있다는 것은 대단히 깊은 의미가 있다. 예수님은 행동이 결여된 사랑을 입에 담으신 일도 없고 그런 위선적인 사랑을 보이신 일도 없다.

그러므로 예수님의 제자는 증인이 되기 위해 종이 되어야 한다. 그리고 사랑으로 희생하신 예수 그리스도를 증거하는 말과 함께 행동으로 보여주어야 한다. 그렇지 않으면서 예수의 증인이 된다는 것은 거의 불가능하다. 제자의 생활은 자기가 전하는 복음의 내용에 철저하게 구속받지 않으면 안 되기 때문이다.

복음을 전하려면 이웃을 자기 몸과 같이 사랑해야 한다(마 22:39). 그리고 그 사랑은 주는 것이며(마 5:42), 기꺼이 섬기는 것이어야 한다(막 10:42~45, 눅 22:24~27). 그래야 자기 모순에 빠지지 않는 예수의 증인이 될 수 있다.

예수님의 사랑에는 목적이 있었다. 그것은 잃은 양을 찾는 일이다. 그의 제자 된 우리의 사랑에도 같은 목적이 있어야 한다. 예수님이 선한 사마리아인의 비유로 제자들에게 교훈한 요점은 세 가지였다(눅 10:33 이하). 첫째, 누구에게 아가페의 사랑을 가지고 갈 것인가? 강도를 만나 빈사 상태에 빠진 여행자였다. 둘째, 그러면 그 사랑을 주는 목적이 무엇인가? 생명을 구하는 데 있었다. 셋째, 어떻게 그 사랑을 전해야 하는가? 필요하다면 자기 생명이라도 희생할 각오로 그를 위해 봉사하는 것이다.

사도 요한은 제자도에서 갖춰야 할 종의 태도를 이렇게 엄숙하게 선언한다. "그가 우리를 위하여 목숨을 버리셨으니 우리가 이로써 사랑을 알고 우리도 형제들을 위하여 목숨을 버리는 것이 마땅하니라"(요일 3:16).

> 예수님의 희생은 단지 우리 흠모의 대상이 되기 위한 사랑의 계시로 그치지 않는다. 그것은 본받아야 할 하나의 모범이다. 우리는 형제를 위하여 목숨을 버려야 한다. 그렇지 아니하면 사랑한다고 하는 우리의 고백이 텅 빈 자랑이 되고 말 것이다. 우리는 이 사랑을 분명한 그리스도인의 의무로 알고 실천해야 한다. 우리는 그리스도에게 속한 자들로서 만사에 그의 본을 따르고 그가 행하신 대로 행하지 아니하면 안 되기 때문이다.[4]

자원하는 종

여기서 한 가지 잊지 말아야 할 것은 제자도의 종직은 자원하는 일이라는 점이다. 제자는 억지로 끌려온 노예가 아니다. 그는 기쁨으로 예수의 종이 되는 사람이다. 구약을 보면 주인을 사랑해서 자원하여 평생 그를 섬기는 종들이 있었다. 그들은 송곳으로 자기 귀에 구멍을 뚫고 다녔다. 억지로 주인을 섬기는 자가 아니라 사랑하기 때문에 기쁜 마음으로 그를 섬기고 있음을 그런 식으로 나타냈다(출 21:5~6). 예수님의 제자 역시 자기 귀에 자원하여 구멍을 뚫은 종과 같다. 억지로 섬기는 자가 아니기 때문이다.

지금까지 살펴보았듯이 예수님의 제자가 된다는 것은 종이 됨을 말한다. 이것은 예수님의 모범을 따르며 주 되신 그에게 복종과 충성을 맹세하는 것을 의미한다. 뿐만 아니라 세상을 위해 생명까지 바치면서 봉사한다는 뜻이었다.

예수님의 제자에게 자신이 전하는 메시지는 타인을 향한 가르침이기보다 '나는 종이며 사랑으로 기꺼이 봉사하는 사람'임을 스스로 다짐하는 행위이며, 그것으로 자신이 예수님의 제자라는 사실을 부인할 수 없게 된다.

예수님의 제자는 입의 말로 자신을 사랑의 법에 얽어매어 놓은 사람이다. 하지만 그것을 무거운 짐이라고 생각하지 않는다. 오히려 주님을 따르는 것을 즐거움이요, 축복으로 알고 감사한다.

우리가 교회에서 제자훈련을 시킨다는 것은 그리스도를 닮은 인격과 삶을 가르치는 것이다. 종 됨을 설명만 하고 그치는 것이 아니라 종의 생활을 실천하게 만드는 것이다. 예수님은 자신의 종 되심을 말로만 설명하지 않으셨다. 그는 행함으로 보여주셨다.

예수님은 사랑의 능력을 말 속에 담아 다니지 않으시고 행동 속에 담고 계셨다. 이것이 성육신(成肉身)의 원리인 것이다. 스스로 종의 몸을 입고 낮아지지 않는 곳에서는 십자가의 승리가 따라오지 않는다. 거기에는 아무런 변화가 일어나지 않을 것이다. 아름다운 옷을 입었다고 사람이 달라지지 않듯이 아름다운 말로 꾸민다고 사랑의 종이 태어나는 것이 아니다.

여기서 우리가 배워야 할 진리가 무엇인가? 제자훈련을 시키는 목회자는 자신의 종 됨을 훈련생이 눈으로 보고 배우게 해야 한다. 이런 의미에서 바울은 항상 자기를 모범으로 내어놓고 살았다. "내가 그리스도를 본받는 자가 된 것같이 너희는 나를 본받는 자가 되라"(고전 11:1).

오늘날 우리가 밖으로는 가장 많이 선전하면서 안으로는 남몰래 짓밟는 진리가 있다면 "그리스도를 본받아 사랑의 종으로 살아가는 일"이 아닌가 한다. 교회 안에서 높아지기를 원하고 대접받기를 원하는 사람은 얼마든지 있다. 이상하게 들릴지 모르지만, 목회자가 이 점에서 더한 것 같다. 장로가 되면 갑자기 목에 힘을 주는 이유가 어디 있을까? 높아질수록 낮아져야 한다는 하나님 나라의 원리를 잘 모르는 것 같다.

교회의 권위는 대접받는 데서 생기는 것이 아니라 섬기는 데서 생긴다는 사실을 망각한 것 같다. 신앙 경력을 자랑하는 사람일수록, 믿음 좋다고 소문난 사람일수록, 새벽부터 기도 많이 한다는 사람일수록 종으로 섬기시던 예수님을 더 많이 닮아야 정상인데 실제로는 그 반대인 경우가 너무 흔하다.

이처럼 세상 나라의 원리가 하나님 나라 원리를 대신한 교회에서는 인간적인 냄새가 끊임없이 피어오른다. 자연히 전도의 문을 막고 예수의 제자 되기를 스스로 포기한 자들이 큰소리를 치는 이상한 세계가 된다. 제자훈련이 무엇인가? 이런 고질병을 치유하는 것이다. 교역자와 평신도 모두를 낮은 자리로 내려앉게 하는 성령의 사역이다.

지금까지 제자의 세 가지 요소를 검토했다. 누구든지 위탁자, 증인, 종으로서의 요소들을 인격과 삶에서 온전하게 갖출 수만 있다면 세상은 그에게서 예수님을 볼 것이다.

제자훈련의 절정은 우리를 통해 예수님이 반사되는 데 있다. 다른 말로 하면 작은 예수로서의 변화와 성숙을 세상으로 보게 하는 데 있다. 날마다 세상 속에서 수많은 불신자와 어울려 살지 않으면 안 되는 평신도를 위해 이것이야말로 얼마나 절실한 사역인가?

17장
교회의 체질이 바뀐다

교회의 사도성과 여기에 일치하는 제자도를 다시 회복하고자 하는 의지가 현대 교회 안에서 강하게 표현된다면 근본적인 체질 개선은 불가피하다. 이미 많은 교회가 안고 있는 여러 병폐는 체질을 개선하는 것이 얼마나 시급한가를 말해준다. 이것은 분명히 부흥 이전에 해결해야 할 문제다.

만일 교회의 체질을 개선하기 전에 많은 군중이 모이는 교회를 바란다면 교회의 생명과 영력은 위기를 맞게 된다. 평신도를 제자화하겠다는 목회 철학을 지역 교회에 실제로 적용한다면 어떤 면에서 교회의 체질이 개선될까? 기본적인 몇 가지 변화를 기대할 수 있다.

교회의 이미지를 새롭게 할 수 있다

앞에서는 교회를 예배와 양육과 증거를 위해 하나님으로부터 부름받은 택자의 공동체라고 했다. 하지만 오늘날 교회는 이런 정의를 다소 악용하는 것 같다. 부름받은 택자의 공동체라는 강한 특권 의식에 사로잡혀 자기만족에 빠지는 경향이 있기 때문이다. 벌써 공중으로 들림을 받은 신부로 착각하는 것 같다. 특권은 주장하나 사명을 망각하는 것은 예수님 당시 만연하던 유대

교의 고질병이었다.

지상 교회가 세상으로부터 부름받은 하나님의 백성이라면 틀림없이 세상으로 보냄받은 예수의 제자이기도 하다. 특권에는 책임이 따르기 마련이다. 이 사실을 왜 심각하게 받아들이지 않는 것일까? 예수님께서 제자들에게 "나를 따르라"고 하신 것은 "아버지께서 나를 보내신 것같이 나도 너희를 보내노라"(요 20:21)고 하신 이차적인 명령을 전제하고 있었다.

모이는 교회의 이미지는 흩어지는 교회의 이미지를 내포하고 있다. 부름받은 것과 보냄받은 것은 별도의 사건이 아니다. 그것은 한 가지 사실의 양면에 해당한다. 교회가 사도적 본질을 재발견하면 반드시 이와 같은 양면성이 뚜렷하게 나타난다.

그렇게 되면 모임 자체가 목적이 된 교회로 고착되지 않는다. 오히려 모임은 교회의 궁극적인 목적을 위한 수단으로 해석되고, 하나님은 교회라는 존재만으로도 영광을 받으신다. 당신의 피로 값 주고 사신 교회이기 때문이다.

그러나 주님은 교회가 하나님의 영광을 위해 세상에서 쓰임받는 그리스도의 몸이 될 때 더 기뻐하신다. 교회는 하나님 백성이 영적 훈련을 받을 수 있는 학교가 되어야 한다. 하나님의 일꾼들이 일하는 작업장으로, 십자가의 장병들이 전투 준비를 하는 병영으로, 곤고하고 억눌린 자들이 찾아오는 피난처로, 생의 폭풍을 만난 자들이 마지막 기대를 거는 등대로, 개인이 생명의 등불을 밝히고 우리를 통해 영적으로 사회에 전력을 공급하는 발전소로 그 기능을 다하는 곳이 되어야 한다. 제자훈련을 통해 이러한 교회 이미지가 더 분명해질 것을 우리는 기대하고 믿는다.

평신도를 깨운다

평신도의 자아상을 바로 정립할 수 있다

교회의 체질은 평신도가 자신에 대해 어떤 자아상을 갖느냐에 따라 크게 개선될 수 있다. 평신도가 자기를 누구로 알며 거기에 어떻게 반응하는가가 곧 그 교회의 체질을 결정짓는다.

만일 평신도가 자신을 교회의 객체로 생각한다면 언제나 교역자의 우산 아래 보호를 받는 것으로 만족할 것이다. 무슨 일에나 피동적으로 반응하는 무기력한 소인이 될 것이다. 이것은 승리하신 예수 그리스도의 깃발을 흔드는 교회에 어울리지 않는 모습이다. 그러나 불행하게도 많은 교회에서 이런 병적인 자아상을 정상으로 알고 있는 평신도를 양산하는 것 같다.

제자도는 평신도의 의식구조를 바꾸어 놓는 성경적인 전략이다. 만일 현대 교회 안에서 예수를 구주로 고백하는 사람들이 사도행전에 등장하는 제자의 정체성을 갖는다면 교회 밑바닥에서부터 얼마나 엄청난 변화가 일어날까? 그다지 상상하기 어려운 문제는 아니라고 본다. 그럼에도 많은 교회가 체질 개선의 방법을 전혀 다른 데서 찾는 것을 자주 보는데 이것은 정말 답답한 일이다. 새 프로그램을 도입한다고 해서 가능한 문제가 아니다. 교회 분위기를 쇄신한다고 해서 찾아오는 것도 아니다.

미국의 모 교회 담임목사는 교회 체질을 바꾸지 않으면 희망이 없다는 강박관념에 사로잡혀 있다가 어느 날 갑자기 교회의 강단을 교인석 한가운데로 옮겨 마치 권투장의 링처럼 꾸몄다. 그리고 그 강단을 중심으로 교인들이 둘러앉아 예배를 드리게 했다. 그렇게 하면 냉랭하고 소극적인 교인들의 태도에도 뭔가 변화가 일어나리라 기대했던 것이다. 그러나 한 달이 못 되어 교인의 절반 이상이 떨어져 나가고 말았다. (극단적인 예가 될지도 모르지만) 서로 사랑하지 않는 부부가 가구 위치를 바꾸었다고 해서 금실이 좋아질 것으로 기대하는 것과 같다.

우리는 이런 어리석음을 범하지 말아야 한다. 평신도의 자의식을 제자도에 입각하여 바꾸어주라. 그리하면 교회의 체질이 몰라볼 정도로 바뀔 것이다. 만일 믿어지지 않는다면 제자훈련으로 성공한 목회 현장을 자주 가보라. 확신이 생길 때까지 드나들어 보라.

보호 목회에서 훈련 목회로 전환할 수 있다

교역자는 분명히 양을 치는 목자다. 목양 또는 목회라는 말이 여기에서 나왔다. 예수님께서 "내 양을 치라"고 하셨다. 그러나 우리가 이 말씀을 너무 좁은 의미로 해석하고 있지는 않은지 살펴야 한다. 양을 친다는 것은 양에게 먹을 것을 주고 보호하는 일종의 '관리'에 불과한 것일까? 그렇지 않다고 생각한다. 양을 친다는 말에는 대단히 적극적인 의미가 있다. 이것은 "가르쳐 지키게"(마 28:20) 하는 것과 같은 말이다.

"지키게 한다"는 말에는 믿는 자가 그리스도를 닮는 인격적인 변화를 통해 생활 현장에서 하나님의 뜻을 실천에 옮길 수 있기까지 계속 끌어주라는 적극적인 의도가 담겨 있다. "가르쳐 지키게 하는 것"을 우리는 '훈련'이라는 말로 대체하여 부른다.

훈련을 전제하는 목회에는 구체적인 목표가 있다. 아무 목표 없이 훈련한다고 말한다면 어불성설이다. 그 목표는 바로 과실을 많이 맺는 것이다. 양들이 새끼를 많이 치는 것이다. 그래서 주인 되신 하나님을 기쁘게 하는 것이다.

평신도를 깨운다

그러므로 최선의 목회는 훈련을 통해 양을 강하게 만들어 스스로 생산하게 하는 데서 찾아야 한다. 보호 목회로 흐르면 평신도는 약해진다. 항상 숟가락으로 떠먹여주기를 기다릴 것이다. 어린아이처럼 자기만 아는 자들이 될 것이다. 큰일을 생각하기보다 작은 일에서 서로 충돌하고 분쟁을 일삼는 자들이 될 것이다. 그렇게 되면 시야가 넓지 못하여 '우리끼리'의 틀을 벗어나지 못한다. 이런 교회로 주님이 무슨 일을 하실 수 있겠는가?

보호하는 것으로 일관한 목회를 하면 어쩔 수 없이 이렇게 체질이 굳어진다. 제자훈련은 이런 병폐를 처리한다. 훈련을 통해 강한 평신도, 생산적인 평신도로 바꾸어 놓을 수 있다.

전 교회가 상호 사역하는
유기적 관계를 회복할 수 있다

평신도끼리 서로 봉사하는 제자훈련이 어느 단계에 오르면 영적 생명을 서로 공유하면서 사랑 안에서 하나 되는 여러 형태의 유기적 모임들이 크게 발달한다. 교인이 자기를 독립된 개체로 보지 않고 다른 지체를 돕기 위해 존재하는 몸의 한 지체로 인식하면 교회 안에서 메마른 조직체 문제로 유발되는 갖가지 병폐를 상당 부분 치료할 수 있을 것이다.

제자훈련은 평신도를 교회 안에서 몸을 위해 상호 사역할 수 있는, 꼭 필요한 지체로 만든다. 그리고 교회 안과 밖에서 이 상호 사역이 결실을 보도록 다양한 여건을 조성한다. 그 결과 신자 상호 간의 횡적 관계는 성경이 말하는 독특한 영적 교제를 통해 발전하게 될 것이다(골 3:16, 요일 1:3~4). 그것은 성령 안에서 말씀을 서로 나누며 사랑으로 봉사하는 데서 오는 코이노니아이다.

이것은 교회의 조직적 기능에 따른 교제, 즉 일하기 위해 얼마 동안 가까워지는 그런 관계와는 그 성질이 전혀 다른 교제이다. 제자 훈련을 해보라. 교회 체질이 조직적인 역기능에서 상호 사역하는 유기체의 순기능으로 바뀌는 것을 2, 3년 안에 목격할 것이다.

교역자 중심 체제에서
평신도 중심 체제로 바꿀 수 있다

루터가 만인 제사장직을 선포한 지 500여 년이 지나고 있지만, 교회는 아직도 체질적으로 이를 거부하고 있다고 탄식한 신학자를 보았다.[1] 겉으로는 교역자와 평신도의 구별이 없다고 말하면서 속으로는 교역자만 제사장인 것처럼 언동하는 것을 많은 교회에서 볼 수 있다. 교역자의 권위주의와 독점욕은 평신도가 제사장으로서 설 땅을 찾지 못하게 한다. 이런 고질화된 교회 체질을 바꾼다는 것은 중세기의 종교개혁만큼 어려운 일인지도 모른다.

그러나 무엇이 평신도 중심의 교회인가를 우리가 제대로 이해한다면 그렇게 암담한 일은 아니라고 본다. 이것은 교직 제도를 부정하는 것이 아님을 이미 앞에서 지적하였다.

평신도가 교회의 주체로서 본연의 위치를 바로 찾아 그 기능과 역할을 다 할 수 있도록 교역자가 섬기는 교회라면 그것이 바로 평신도 중심의 체제다. 그렇게 하려면 교역자가 먼저 더 낮아져야 한다. 이것을 공간적인 상하 개념으로 받아들일 필요가 없다. 평신도가 본연의 위치를 찾으면 교역자의 위치는 상대적으로 수정될 것이기 때문이다.

제자훈련은 평신도가 교역자 하나를 위해 존재하는 것처럼 보이

평신도를 깨운다

는 교회의 병적 체질을 교역자가 평신도를 위해 존재하는 건강한 체질로 바꾸어 놓을 수 있다. 이 일에 성공할 때 교역자도 살고 평신도도 살 수 있다.

사역을 분담하는 평신도 지도자를 많이 확보할 수 있다

교역자를 가장 괴롭히는 고통 중 하나는 자기가 아니면 교회 안에 일할 사람이 없다는 고독감이다. 그래서 그는 헤어나기 어려울 정도의 과중한 짐을 지고 허덕이다가 언젠가는 병적인 피로감으로 만사에 의욕을 잃어버리는 위기를 맞는다. 결국은 자기도 모르는 사이에 쉽게 목회하려는 안일주의의 희생자가 된다.

이런 현상은 조금도 이상하지 않다. 한때 모세가 백성의 소송을 혼자 재판할 수 있다고 생각하고 짐을 나눌 만한 지도자를 발굴하지 않았던 것처럼 많은 교역자가 평신도를 사역의 동역자로 발굴하여 훈련하고 짐을 나누는 수고를 하지 않는다.

여기서 말하는 사역은 안내 위원이나 전도회 회장직 같은 일이 아니다. 목회적인 사역, 다시 말하면 말씀과 기도로 형제들을 세우는 영적인 사역을 놓고 하는 말이다. 이웃에게 복음을 전하고 병들고 상처 입은 자들을 영적으로 치유하는 것을 가리킨다. 예수님이 세상에 계실 때 하시던 사역, 즉 전파하고 가르치고 치료하는 사역을 교역자가 독점하지 말고 훈련받은 평신도 지도자들과 함께 나누는 것이다.

교역자 혼자 뛰는 교회와 평신도 지도자 50명이 함께 뛰는 교회, 어느 쪽이 더 추수의 열매가 풍성하겠는가? 제자훈련 외에 평신도 지도자를 만들어내는 다른 길은 없다.

지체하지 말고 시작하라. 평신도 지도자와의 동역은 빠르면 빠를수록 좋다. "900명의 목사가 뛰는 교회." 로스엔젤레스에 있는 어느 미국 교회는 기독교 잡지에 이 타이틀로 자기 교회를 소개했다. 실제로는 담임목사가 하나인데 이런 말을 할 수 있다니 얼마나 부러운 일인가?

지속적인 교회 성장을
기대할 수 있다

제자훈련을 통해 평신도 지도자가 늘어나고 그들을 통해 교인들이 계속 양육을 받으면 거기서 생산되는 힘은 교회 부흥의 원동력이 된다. 평신도가 일주일 동안 활동하는 전 생활권이 선교지가 된다. 그들이 나누는 모든 대화는 복음으로 이어지는 통로 구실을 한다. 그들이 손대는 모든 일이 영혼을 구원하려는 직간접의 기회로 활용된다. 교회의 지속적인 전도와 부흥의 가능성을 기대할 수 있다.

교회 부흥을 어떤 행사 뒤에 따라오는 결과로만 생각하지 말아야 한다. 성장 혹은 부흥은 교회 체질의 문제로 보아야 한다. 바람직한 성장은 자연스럽게, 지속해서 자라는 것이다. 제자훈련이 정착되면 억지 수단을 동원하지 않아도 교회는 성장한다. 양들이 새끼를 계속 낳는데 어떻게 우리 안에 양들이 가득 차지 않겠는가?

교회 성장은 모든 목회자의 관심사이기 때문에 좀 더 부언하려고 한다. 이상한 일은 제자훈련으로 교회가 성장하는 일을 무리라고 생각하는 사람이 많다는 사실이다. 물론 교회를 성장시키는 방법은 다양하다. 제자훈련만이 유일한 대안이라는 주장을 한다면 성령의 지혜와 은혜의 다양성에 무지한 데서 나오는 소리이다. 하지만 제자훈 련과 교회 성장은 거리가 먼 것처럼 보는 시각 역시 뭔가 오해를 해 도 한참 하는 태도이다.

한 마디로 제자훈련으로 교회 체질이 정착되면 건강한 성장을 기 대할 수 있다. 교회는 갑자기 크기가 늘어도 좋지 않고 오래 정체되 어 있어도 좋지 않다. 아이가 건강하면 자라는 것에 특별히 신경 쓰 지 않는 것처럼, 교회도 건강하면 성장 노이로제에 시달리지 않아도 된다. 제자훈련을 해보라. 틀림없이 교회가 건강하게 자라는 체질로 돌아설 것이다.

물론 제자훈련을 성장의 수단으로만 이용하지 말아야 한다. 그렇 게 하면 제자훈련은 얼마 못 가 변질되고 만다. 성급한 교회 부흥을 바라는 목회자를 만족시킬 만한 것은 제자훈련에 없다. 그러나 자연 스럽고 지속적인 성장을 원하는 교회를 만족하게 하는 선물은 많다.

우선 교역자의 설교가 청중의 귀에 들리는 메시지가 되게 하는 것이다. 제자훈련을 하다 보면 교역자가 은혜를 받을 뿐 아니라 평 신도의 영적인 요구가 무엇이며 그들의 언어가 어떤 것인가를 배운 다. 그러니 어찌 설교가 달라지지 않겠는가?

더 나아가 제자훈련을 잘하면 목회자는 리더십에 대한 새로운 패 러다임을 세울 수 있다. 평신도를 '위해' 무엇을 할 것인가를 묻던 전통적인 리더십에서 평신도와 '함께' 무엇을 할 것인가를 묻는 리 더십으로 달라진다.

그리고 제자훈련은 평신도에게 많은 것을 요구한다. 성경을 많이 읽으라, 기도를 많이 하라, 전도를 하라, 좋은 남편이 되라, 헌신하라 등 많은 부담을 준다. 이렇게 되면 '사람들이 교회에서 떨어져 나가 지 않을까'라는 은근한 두려움이 들 수도 있다. 그러나 결과는 반대로 나타나는 경우가 대부분이다.

로저 핑크(Roger Finke)가 지난 200년 사이에 반복되었던 미국 교회의 성장과 쇠퇴를 분석하고 진단하면서 내린 결론은 퍽 고무적이다. 미국의 주류 교단들이 1960년대 후반부터 급속도로 쇠퇴한 주요 원인은 교인들의 눈치만 살피느라 너무 적은 것만 요구하는 목회를 했기 때문이라는 것이다. 그리고 눈부신 성장을 보인 복음주의 계열 교회의 성장 원인은 평신도에게 많은 것을 요구했기 때문이라고 밝힌다.

이와 같은 분석을 근거하여 그는 성장하는 교회의 세 가지 힘을 이야기한다. 첫째, 강한 교회는 엄격하다. 엄할수록 강하다. 둘째, 엄격함을 상실하는 교회는 자신의 힘도 상실한다. 셋째, 엄격함은 관대함으로 저하되는 경향이 있다. 이것을 경계해야 한다.[2]

제자훈련은 교회를 엄격하게 만드는 경향이 있다. 그리고 평신도에게 부담이 된다는 강한 인상을 준다. 이런 점들이 교회 성장에 순기능으로 작용한다는 사실은 한국에서 제자훈련을 통해 꾸준히 교회가 성장하는 여러 사례를 통해서도 이미 증명되고 있다.

다시 말한다. 자연스럽게 꾸준히 성장하는 건강한 교회 체질을 원하는가? 제자훈련을 하라. 그러면 오래지 않아 이사야가 보았던 환상이 우리 앞에 현실로 나타날 것이다. "그 작은 자가 천 명을 이루겠고 그 약한 자가 강국을 이룰 것이라. 때가 되면 나 여호와가 속히 이루리라"(사 60:22).

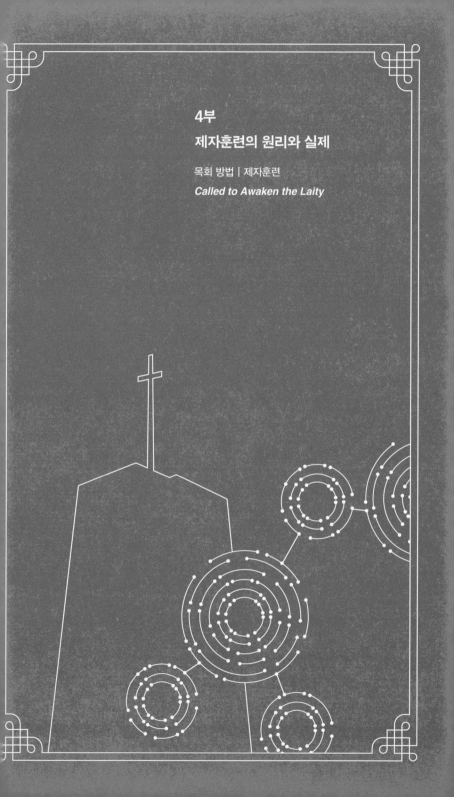

4부
제자훈련의 원리와 실제

목회 방법 | 제자훈련
Called to Awaken the Laity

18장
제자훈련의 목적

　　　　　제자도가 새로운 시대적 요구에 부응할 수 있는 성경적인 해답으로서 교회 체질을 바꾸고 그 이미지를 갱신할 수 있는 중요한 목회 전략임을 인정한다면, 그다음으로 그것을 목회 현장에 적용하는 실제적인 방법을 찾아야 한다. 어떻게 하면 평신도를 제자도에 입각한 예수의 제자로 만들 수 있을까? 제자훈련은 바로 이 질문에 대답하는 실제적인 목회 방법이다.

유감스러운 오해

　　　　　솔직히 말해 제자를 만드는 것이 무엇인지 제대로 알지 못하면서 제자훈련한다고 나팔을 불고 다닌 지도자들 때문에 사실과 전혀 무관한 오해를 많이 받았다. 이와 함께 제자훈련을 하다 실패를 맛본 사람들이 자신을 합리화하려고 비판적인 말을 흘린 것이 여러 오해를 불러일으킨 것도 사실이다. 또 한 가지 덧붙이자면 진지한 연구를 해본 일 없이 피상적인 상이나 상식으로 이런저런 말을 하는 때도 있다. 우리가 제자훈련을 바로 하려면 사방에서 종종 들려 오는 몇 가지 오해를 먼저 풀어야 한다. 그런 오해에 대해 분명한 해답이 없다면, 제자훈련을 끝까지 잘할 수 있다고 보장할 수 없기 때문이다.

첫째로, '제자훈련은 성경공부다'라는 오해다. 여기에 한술 더 떠서 제자훈련이 성경공부만 시키다 보니 한국 교회에 침체가 왔다는 말이 있다. 그들의 주장에 따르면 "그간 제자훈련은 한국 교회의 성장에 큰 몫을 했다. 그러나 최근 성장이 현 수준에서 멈추고 정체 현상을 보인 원인은 제자화 훈련에 있다고 본다. 제자훈련은 듣고 말하는 훈련으로서 문자 그대로 제자를 만드는 훈련이다. 제자훈련의 결과 한국 교회 교인들은 듣기를 매우 좋아하고 말도 잘하게 되었다. 그러나 훈련의 긍정적인 영향도 많지만, 배우는 것 자체로 만족하는 교인이 많아진 것도 부인할 수 없는 사실이다."[1]

이런 오해는 지금까지 틀에 박힌 성경공부를 제자훈련으로 잘못 알고 있던 교회들 때문에 생기는 비판이라고 생각한다. 개중에는 심하게 말해, 성경공부라고 하기조차 민망한 제자훈련도 없지 않았다. 그러므로 제자훈련을 한물간 성경공부 방법 가운데 하나일 뿐이라는 혹평을 들어도 달리 할 말이 없을 것 같다.

그러나 분명히 짚고 넘어가야 할 것은 제자훈련은 성경공부가 아니라는 사실이다. 성경공부는 제자훈련을 위한 수단에 불과하다. 그러므로 제자훈련이 한국 교회의 침체를 가져온 것도 아니다. 제자훈련과 오늘날의 침체를 연관된 것으로 보게 하는 구체적인 증거는 하나도 없다. 오히려 제자훈련에 무관심한 지도자와 부담스러운 훈련을 이리저리 피하면서 믿음 좋은 사람인 양 행세한 다수의 평신도에게 그 책임을 묻는 것이 더 설득력 있게 들릴지 모른다.

둘째로, 제자훈련을 '전도와 가르침에 유능한 평신도 기능인을 만들어내는 코스'처럼 생각하는 오해다. 전도 잘하고 말씀 잘 가르치고 열심히 봉사하는 유능한 평신도를 만드는 것이 제자훈련의 목

　　　　　　　　　　　　　　　　　　　평신도를 깨운다

적이라면 이 훈련은 얼마 안 가 변질되고 만다.

실익을 따지는 제자훈련은 그 순수성을 유지하기 어려운 법이다. 물론 제자 만드는 목적에는 세상에서 예수의 증인이 되고, 교회 안에서 다른 형제를 잘 섬기는 사람으로 성장하는 것이 들어 있다.

그러나 제자 됨이 이와 같은 기능적인 면에만 한정된 것처럼 좁게 해석하는 것은 대단히 위험하다. 제자훈련은 예수를 닮고 그를 따르는 것이 무엇인가를 배우는 데 초점을 맞춰야 한다. 우리는 평신도의 뇌리에서 온종일 다음과 같은 질문이 떠나지 않도록 해야 한다. "나의 신앙 인격은 예수님이 제시한 표준에 따라 성숙함을 지향하고 있는가? 선교적인 책임과 동시에 사회적인 책임을 나의 소명으로 받아들이는가?"

만일 우리가 믿음은 좋은데 인격이 바뀌지 않는 사람을 예수의 제자라고 인정한다면 그것은 제자 됨을 모독하는 일이다. 교회생활과 사회생활이 각각 따로 노는 이중적인 사람을 놓고 제자훈련이라는 형식적인 과정을 마쳤다는 이유로 예수의 제자가 되었다고 인정한다면 그것은 교회의 세속화를 촉진하는 화를 자초하는 일이다.

제자훈련을 받은 다음 전도에 열심을 내고 다락방은 유능하게 지도하지만, 사회 정의를 실천하는 일이나 이웃을 돌보는 일에는 꽁무니를 잘 빼는 평신도가 많다면 우리의 제자훈련이 본질에서 크게 빗나갔다는 사실을 겸허하게 받아들여야 한다.

그러므로 계산기를 두드리면서 제자훈련을 하지 않도록 하자. 어떻게 보면 정직한 제자훈련은 손익 계산을 해봐도 잘 맞아떨어지지 않을 때가 많다. 손해를 보아도 그만둘 수 없는 것이 제자훈련이다. 쓸데없는 오해를 피하려면 이 사실을 냉정하게 받아들여야 한다.

이 자리에서 특별히 지적하고 싶은 사실이 하나 있다. 지난 반세기 동안 복음주의적인 노선을 따르는 많은 교회에서는 제자훈련을 민족 복음화 혹은 세계 복음화라는 틀 속에서만 이해하려는 경향이 대단히 높았다. 그래서 제자훈련은 오로지 전도자를 양성하고 교회를 부흥시키는 수단인 것처럼 인식되어 온 것이 사실이다.

그 결과 복음을 큰소리로 외치는 많은 그리스도인이 사회적 책임에 대해서는 소극적이거나 냉소적인 태도를 보여왔다. 그래서 어떻게 되었는가? 불행하게도 한국 교회는 극단적인 보수와 극단적인 진보로 양극화되는 비극을 겪었다. 전자는 내세를 강조하는 일에 후자는 현세를 강조하는 일에 치우쳐, 결국은 양쪽 모두 다른 하나를 잃어버리는 과오를 범하고 말았다.

따라서 제자훈련의 뿌리가 보수적인 성향이 강한 복음주의에 있기 때문에 잘못하면 평신도의 사회적 책임에 대해 소극적인 입장을 취할 가능성이 충분히 있다는 것을 염두에 두어야 한다. 진정한 제자훈련은 평신도가 날마다 사회 속에서 성(聖)과 속(俗)을 따로 구별하지 않고 자신의 삶을 하나님이 기뻐하시는 산 제사로 드리는 제사장의 소명을 분명히 가르친다.

이런 의미에서 1974년 로잔 세계복음화국제대회에서는 기독교의 사회적 책임에 대해 다음과 같이 선언했다.

> 복음 전도와 정치, 사회 참여는 모든 그리스도인의 의무다. 사회 활동은 복음 전파의 결과인 동시에 복음 전파에 이르게 하는 다리로서 이 둘은 동반자 관계다. 복음은 뿌리이므로 복음 전파와 사회적 책임은 모두 그 열매이다.[2]

그러므로 제자훈련을 단순히 전도인을 양성하는 코스 혹은 다락방을 지도하는 사역으로만 보는 시각은 하나의 오해에 지나지 않는 다는 사실을 꿰뚫어 볼 수 있어야 한다.

셋째로, 제자훈련은 수준 있는 중산층 이상의 평신도에게만 가능하다는 오해다. 이상하게 이런 오해를 하는 목회자가 많다. 자신이 제자훈련을 하지 못하는 입장을 변호하는 데는 상당히 설득력 있는 구실이 될지 모르지만, 사실은 굉장히 비뚤어진 시각임을 알아야 한다. 여기서 무슨 장황한 설명을 하기보다 짤막한 에피소드를 하나 소개하는 것이 이 오해를 푸는 데 도움이 될 것 같다.

십여 년 전에 서울에 있는 모 신학교 대학원에서 특강을 할 기회가 있었다. 대상은 대학원에 적을 두고 있는 그 교단의 젊은 목사들이었다. 물론 요청받은 주제는 '제자훈련과 목회'였다. 강의를 마친 다음 질문 시간이 되었다. 삼십 대 초반으로 보이는 목사가 벌떡 일어나 이렇게 말했다.

> "목사님 강의를 들으니까 제자훈련은 서울의 강남 지역과 같은 곳에서 대학도 나오고 생활에 여유도 있는 교인들을 상대로 해야 할 수 있는 목회인 것 같습니다. 저는 인천 달동네에서 교회를 개척한 지 얼마 되지 않았습니다. 우리 교회에서는 제자훈련이 전혀 가망이 없다고 생각되는데 목사님의 견해는 어떠신지 듣고 싶습니다."

대단히 의미심장한 질문이었다. 그러나 그의 생각이 잘못되었다는 것은 부인할 수 없는 사실이었다. 예수님이 수준 있는 사람만 제자훈련하라고 말씀하신 일이 없기 때문이다. 그 젊은 목사의 질문에 답을 하기 전에 그의 문제의식과 궁금증을 되받아서 필자는 이런 질문을 던졌다.

"좋은 질문을 해주어서 고맙습니다. 그러나 대답하기 전에 거꾸로 제가 한 가지 물어봐도 될까요? 만일 목사님의 교회를 옥 목사가 맡아 시무하고 있다면 제자훈련을 할 것 같습니까? 안 할 것 같습니까?"

젊은 목사는 손을 머리로 가지고 가면서 잠깐 멋쩍어하더니 "옥 목사님 같으면 하시겠죠"라고 대답하며 앉는 것이었다. 제자훈련의 열쇠는 지도자가 어떤 사람이냐에 달린 것이지 평신도가 어떤 사람이냐에 달린 것이 아니다. 지금도 농촌 교회와 빈촌에서 창의적인 방법으로 제자훈련을 잘하는 목회자들이 더러 있다.

이상과 같은 오해 말고도 제자훈련은 광신자를 양산해 가정과 직장에 소홀하게 한다느니, 교회를 학원화시킨다느니, 또 평신도의 야성(野性)을 앗아간다느니, 기도와 영성 훈련이 약해진다느니, 목사를 골병들게 만든다느니 하는 갖가지 오해가 난무한다. 그러나 오해는 어디까지나 오해일 뿐이다. 제자훈련을 하기 원하는가? 이런 오해부터 풀고 시작하기로 하자.

왜 훈련이라고 하는가?

언제부터 제자 만드는 일을 훈련이라고 이름 붙였는지 정확히 모르지만, 훈련이라고 하는 말 속에는 의도성이 담겨 있다. 전통적인 교회에서는 훈련이라는 말보다 교육이라는 말을 사용해왔다. 그래서 그런지 한동안 훈련이라는 말 자체에 강한 거부 반응을 보이기도 했다. 지금은 그 용어가 모든 교회에서 사랑받는 말로 정착이 되고 있다. 이런 형편일수록 우리가 훈련이라는 용어를 사용하는 이유를 알아두는 것이 좋겠다.

제자훈련이라는 말에는 기성 교회의 전통적인 교육 방법을 불신

하는 색채가 다소 깔려 있다고 생각한다. 제도적이고 형식적인 교육 환경하에서 지식 전달을 하는 일에 더 이상 발전이 없어 보이고, 주일학교식 교육이 이제는 한계점에 봉착했다고 판단하면서, 대신 좀 적극적이고 구체적인 교육 방법이 필요하다는 주장이 그 말에 강하게 들어 있는 것 같다. 다시 말하면 기성 교회에서 실패한 것처럼 보이는 교육에 대한 반동으로 등장한 용어가 훈련이라는 말이 아닌가 생각한다. 이 견해에 동의하든 안 하든 큰 문제는 아니라고 생각한다.

이희승의 《국어대사전》은 '훈련'을 정의하면서 "일정한 목표나 기준에 도달하게 하기 위해 실천시키는 실제적인 활동이다. 이것은 학습 활동의 한 부분으로 고찰된다"라고 했다. 이 정의에 따른다면, 제자 만드는 일을 훈련이라고 부를 때 여기에는 몇 가지 실제적인 특징이 있어야 한다.

먼저 제자훈련에는 궁극적인 목표가 있어야 하고, 둘째는 구체적인 훈련 방법을 설정해두어야 하며, 셋째는 훈련에 합당한 선택된 대상을 가져야 한다. 마지막으로 훈련을 통해 나타날 수 있는 실제적인 결과를 확실히 기대할 수 있어야 한다.

따라서 제자훈련을 시작할 때는 목표, 훈련의 대상, 구체적인 훈련 방법, 그리고 실제적인 결과를 신중하게 고려해야 훈련다운 훈련을 할 수 있다. '훈련'(discipline)이라는 말 자체가 워낙 강성이어서 사용하기 주저할 때도 없지 않지만, 제자를 만들라는 예수님의 준엄한 명령을 실천하려면 그 이상 더 좋은 말이 없다.

> 훈련은 제자도의 다른 면이기도 하다. 훈련을 수반하지 않는 제자도는 평소에 연습을 전혀 하지 않고 마라톤에서 뛰려는 것과 같다. …

영적인 훈련은 하나님을 위하여 지속적으로 열려 있는 시간과 공간의 테두리를 만드는 것이다. 고독에도 훈련이 필요하고 예배도 훈련을 필요로 하며 남을 돌보는 것도 훈련해야 한다. 이 모든 것들은 자비로 우신 하나님의 임재를 인정하고 응답할 수 있는 시간과 장소를 준비 해놓을 것을 우리에게 요구한다.[3]

제자훈련의 목적

이미 많은 지면을 빌려 충분히 연구하고 거론한 사실이지만 제자훈련의 목적을 다시 한번 명확히 해두는 것이 좋겠다.

제자훈련의 궁극적인 목적이 무엇인가? 간단히 말해서 예수 그리스도의 인격과 삶을 본받는 신자의 자아상을 확립하는 것이다. 예수처럼 되고 예수처럼 살기를 원하는 신앙인으로 만드는 데 있다. 이것이 가장 정확한 대답이다.

우리가 만들어야 하는 제자는 예수의 제자다. 바울의 제자도 아니며 담임목사의 제자도 아니다. 예수 그리스도가 훈련의 주제며 표준이며 목표다. 이런 차원에서 볼 때 제자훈련에서 예수님을 빼 버리면 남는 것이 하나도 없다. 예수의 제자가 된다는 것은 예수님을 각자의 왕, 주인으로 모시고 그를 따르며 배우며 순종하는 사람이 된다는 것을 말한다. 여기에는 인격적인 면과 사역적인 면이 다 포함된다.

먼저 제자훈련은 평신도의 인격이 예수님을 닮도록 하는 것이어야 한다. 초대 교회 성도들이 '작은 그리스도'라는 별명을 들었던 것처럼 평신도는 '예수화'되어야 한다. 우리가 이미 살펴본 제자도의 인격적 위탁이 중요한 이유가 여기에 있다. 그래서 제자훈련은 무엇보다 사람을 바꾸는 작업이 되어야 한다. 말씀과 성령의 감화로 하나님의 사람으로 온전하게 하고 온전한 삶을 살도록 해야 한다(딤후 3:17).

물론 육신을 입고 사는 이 세상에서 우리는 아무도 완전하게 그리스도를 닮을 수 없다. 우리는 모두 똑같이 노상(路上)에 있는 자들이다. 아직 흠과 티가 없는 완전의 경지에 이르지 못하고 있다. 성령의 손에 부서지고 녹아져서 예수님의 모습으로 다시 빚어지는 과정에 있는 자들이다.

이런 의미에서 제자훈련은 지도하는 교역자나 훈련받는 평신도가 다 같이 동참하는 일종의 영적 몸부림이다. 이런 이유로 제자훈련은 그 자체가 거듭나는 진통이요, 통회하고 자복하는 골방이요, 하나님 은혜에 매달리는 겟세마네 동산인 것이다. 이 사실을 알면 제자훈련을 몇 권의 교재를 마스터하는 프로그램으로 오해하지는 못할 것이다.

다음으로 제자훈련은 예수님의 사역을 계승하는 소명자로 만드는 작업이다. 예수님은 세상에서 가르치고 전파하고 치료하셨다. 이 일을 위해 자기 삶을 철저하게 진리의 증거자, 사랑의 종으로 드리셨다.

그러므로 제자훈련은 평신도를 복음의 전파자로, 진리의 교사로, 사랑의 치료자로 헌신하게 하는 과정이어야 한다. 그리하여 예수님의 비전을 자기의 것으로 받아들이게 해야 한다.

자신의 직업이 무엇이든 간에, 자기가 사는 환경이 어떠하든 간에 머무는 그곳에서 하나님의 이름이 거룩히 여김을 받고 하나님의 뜻이 이루어질 수 있도록 최선을 다하는 소명자로 만드는 것이 제자훈련이다.

성경의 원리에 가장 근접한 목회 방법

이렇게 중요한 제자훈련을 많은 지도자가 남의 일처럼 생각하는 것을 보면 너무 답답하고 괴롭다. 주님께서 교회에 목사이면서 동시에 교사인 교역자를 주신 것은 바울이 가르쳐준 것처럼 성도를 온전하게 하고 봉사의 일을 하게 하며 그리스도의 몸 된 교회를 세우게 하기 위해서다(엡 4:11~12). 성도를 온전하게 한다는 것은 믿음이 자라고(히 6:2) 인격이 성숙하도록 하며 날마다 승리하는 삶을 살도록 세워주는 것을 말한다. 다시 말하면 그리스도로 충만할 수 있도록 가르치고 훈련하는 사역이다.

그리고 봉사의 일을 하게 하는 것은 예수님이 교회에 명령하신 사역에 직간접적으로 헌신할 수 있도록 기회를 주는 것을 말한다. 이런 훈련이 제대로 되면 교회가 질적으로 양적으로 고르게 성장하면서 하나님 나라가 임한다.

이 세 가지는 어느 하나를 빼서도 안 되고 그 순서를 바꾸어서도 안 되는 것이 목회의 절대 법칙이다. 그러나 너무나 안타까운 일은 우리가 마음대로 빼먹고 바꾸면서 목회를 한다는 것이다. 성도를 온전하게 하는 훈련이 이미 남의 일이 된 목회자가 어디 한둘인가? 먼저 사람을 만드는 데 투자하기보다 직분을 주고 일부터 시키는 일에 얼마나 익숙해 있는가?

이것은 분명히 말씀을 어기는 일이다. 온전케 하는 과정을 어느 정도 거치지 않은 사람에게 봉사의 일을 시켜서는 안 된다는 것이 주님의 명령인데 우리는 사정이 급하다는 구실로 힘이 덜 드는 지름길을 택하고 있다.

그 결과 한국 교회가 어떻게 되었는가? 누구 때문에 목회의 생명이 질식당하며 무엇 때문에 교회 안에 쓴 뿌리들이 자라게 되었는가? 성도를 온전케 하기 전에 일부터 먼저 시킨 우리 목회자들의 어리석음 때문이다. 어떻게 보면 우리 손으로 파 놓은 함정에 스스로 몸을 던진 꼴이 되었다. 하루빨리 말씀으로 돌아가야 한다. 건강한 목회는 성경 원리를 충실하게 따르는 데서 기대할 수 있다. 제자훈련을 하자고 소리 지르는 이유는 이것이 성경 원리에 가장 가까이 접근할 수 있는 목회 방법이기 때문이다.

제자훈련의 궁극적인 목적이 평신도가 예수 그리스도의 인격과 삶을 자기 것으로 만드는 데 있다고 한다면 우리가 기대할 수 있는 실질적인 유익은 한두 가지가 아니다. 그중에서 가장 중요한 것은 평신도 지도자를 많이 얻을 수 있다는 부분이다. 그리고 세상으로 보냄받은 사도의 계승자로 전 교회를 총동원할 수 있다는 사실이다.

이런 의미에서 제자훈련은 성경의 원리와 목표에 가장 근접할 수 있는 목회 방법이라고 해도 과언이 아니다. 누구든 이 사실을 과소평가한다면 그는 하나님 앞에서 큰 죄인이 될 것이다.

19장
누가 제자훈련을 시킬 것인가?

그것은 교역자의 책임이다

주변에서 제자훈련의 중요성에 관해서는 여러 차례 듣지만, 막상 발 벗고 나서야 할 교역자가 결단을 내리지 못한다면 정말 안타까운 일이 아닐 수 없다. 어떤 유형의 평신도를 만드느냐는 전적으로 지도자의 목회 철학에 달린 문제이다.

평신도의 이미지는 그 교회를 담임하는 교역자의 목회를 반영하는 거울이다. 그러므로 제자훈련은 담임목사가 해야 한다. 남에게 맡기면 안 된다. 자식은 자기가 낳아야지 남의 배를 빌리면 자기 자식이라고 말하기 어렵지 않겠는가?

교역자가 자기 발전에만 전력투구하고 평신도를 훈련하는 데는 수고하지 않는다면 다시 한번 자신이 지금 서 있는 자리가 누구를 위한 것인지 반성할 필요가 있다. 지역 교회를 담임한 교역자의 역량은 평신도의 인격과 삶을 통해 증거되는 복음의 능력으로 평가되어야 한다고 생각한다. 부모는 건강하다 해도 자녀가 늘 약하다면 여간 고민스러운 일이 아니다. 건강한 부모는 건강한 자녀를 낳는다.

교역자의 영성, 실력, 인격은 자기 안에 묻어둘 것이 아니라 평신도라는 토양에서 썩는 밀알이 되어 많은 열매로 증명되어야 한다. 이럴 때 교역자와 평신도가 다 같이 건강한 교회가 될 수 있다.

교역자는 양들을 위해 죽는 사람이다. "선한 목자는 양들을 위하여 목숨을 버리거니와"(요 10:11). 그는 자기의 살과 피를 양들이 먹을 수 있도록 내어놓은 사람이다. 등에 업은 새끼들이 자기 몸을 다 파 먹을 수 있게 하고 나중에는 빈 껍데기만 남기고 죽는 어미 거미처럼 교역자는 평신도를 봉사자와 증인으로 힘차게 뛸 수 있게 하고자 자기를 텅 비도록 내어주는 사람이다.

제자훈련은 교역자의 희생을 요구하는 면이 강하다. 그렇다고 해서 두려워하거나 피하면 안 된다. 이 일을 위해 주님이 우리에게 자기 교회를 맡기신 것이다. 다시 말하거니와 제자훈련을 남에게 맡기지 말라. 목회의 노른자위를 포기하는 것은 자기 행복을 포기하는 일과 같다.

먼저 제자가 되라

우리가 제자훈련을 시작하려고 할 때 가장 먼저 걸리는 문제가 있다. 다 아는 것 같은데 막상 시작하려면 감이 잘 안 잡힌다는 점이다. 무슨 일을 하든 지도자가 이 끝에서 저 끝까지 볼 수 있는 감각을 갖춘다면 훨씬 더 효과적으로 그 일을 다룰 수 있을 것이다. 제자훈련도 마찬가지여서 무엇인지 잘 몰라 처음부터 헤매기 시작하면 오래 가지 못할 것이 뻔하다. 그러므로 감을 잡는 것이 매우 중요하다.

사랑의교회에는 제자훈련을 책임지고 있는 남녀 교역자가 수십 명이다. 그들 입에서 자주 듣는 말이 있다. "목사님, 처음 1, 2년 동안은 뭐가 뭔지 제대로 모르고 했는데, 이제는 제자훈련이 무엇인지 조금 감을 잡을 수 있을 것 같아요."

그렇다고 그들이 처음 몇 년 동안 제자훈련을 잘못했다는 말이 아니다. 감을 잡지 못하니까 지나치게 긴장하고 자신이 하는 일에 자신감을 가질 수 없었다는 뜻으로 한 말이다. 어떻게 하면 시작부터 감을 잡고 할 수 있을까? 한두 가지 아이디어를 나누어 보면 도움이 될 것이다.

먼저 권하고 싶은 것은 목회자 자신이 제자로 세워지는 실제적인 훈련을 받아보라는 것이다. 제자는 제자가 만드는 법이다. 자신이 먼저 제자가 되는 과정을 거치지 않고 다른 사람을 제자로 만들 수 없다. "너희는 가서 모든 민족을 제자로 삼[으라]"는 예수님의 명령에 대해 칼 바르트는 핵심을 찌르는 말을 했다. "베드로야, 너는 가서 너를 닮은 사람을 만들어라."[1]

베드로는 이미 예수님의 손에서 다듬어진 그의 제자였다. 그러므로 예수님이 "너를 닮은 사람을 만들라"는 명령을 할 수 있었던 것이다. 바울 역시 똑같은 취지로 말한다. "내가 그리스도를 본받는 자가 된 것같이 너희는 나를 본받는 자가 되라"(고전 11:1).

요즘에는 마음만 먹으면 목회자가 동참할 수 있는 제자훈련 기회가 많다. 사랑의교회에 소속된 지도자 훈련원에서는 연중 몇 차례씩 지방 도시에서 목회자들을 위한 프로그램을 운영하고 있다. 12주간의 짧은 기간을 이용하는 것이어서 만족스럽지는 못하지만 호응을 얻고 있다. 어떤 목회자는 매주 비행기로 왕복하면서 열심히 참석하는 것을 보았다.

이런 방법은 어떨까? 지방 도시에서 제자훈련으로 황홀한 행복감을 만끽한 어느 목사는 이러한 경험담을 털어놓았다.

그가 세미나에 참석하여 제자훈련의 비전을 갖게 된 것은 10여 년 전이었다. 그러나 막상 시작하려고 하니 막막하기만 했다. 그래서 자기가 전도해서 교회 나온 지 얼마 되지 않은 젊은 두 부부를 데리고 시험 삼아 제자훈련을 해보았다. 교회에 소문이 나지 않도록 조심하면서 목사 사모까지 합하여 세 부부가 모였다. 상대가 이제 갓 믿은 사람이라 큰 부담 없이 지도할 수 있었다는 것이 이점이었다고 한다. 목사 자신의 은사와 영력을 점검하면서 제자훈련의 가능성을 실험할 수 있는 좋은 기회였다.

1년 후 그 목사는 정말 미친 사람이 되어 버렸다. 훈련받은 사람에게 나타난 변화와 열매가 기대 이상이어서 그 감격을 억누를 수 없었기 때문이다. 무엇보다 목사 자신이 받은 은혜가 너무나 커서 이렇게 좋은 것을 왜 진작 몰랐을까 하는 후회가 막심했다고 고백한다. 자연히 그는 할 수 있다는 확신이 섰고, 또 하지 않으면 미칠 것 같은 뜨거운 열정을 갖게 되었다. 얼마나 멋진 방법인가?

필요한 목회 철학의 점검

다음으로 생각할 문제는 교역자가 제자훈련을 일종의 모방심리로 시작해서는 안 된다는 것이다. 확신이 없는 모방은 생명 없는 조각과 같다. 모방 목회는 그 생명이 길지 못하다. 교역자는 제자훈련을 시작하면서 반드시 자신의 목회 철학과 전략을 다시 한번 점검해야 한다. 그의 교회관은 제자훈련의 풍토를 만드는 데 필수 요건이 되기 때문이다.

만일 어느 교역자가 자기만 소명을 받은 사람이라고 하는 신학적 견해를 갖고 있다고 하자. 이런 그가 제자훈련을 할 수 있겠는가? 평신도를 앞에 놓고 교회의 주체가 아닌 객체로 생각한다면 제자훈련을 시킬 필요성을 느끼겠는가? 대단히 어렵다고 생각한다. 남이 하니까 한번 해볼 수 있을지는 몰라도 평신도를 깨우는 일에 생명을 걸고 싶은 생각은 들지 않을 것이다.

제자훈련은 예배석에 나와 있는 평신도를 볼 때마다 그들이 세상으로 보냄받은 사도의 계승자라고 여기는 믿음을 가진 지도자만이 손댈 수 있는 일이다. 그들을 세상으로 보내면서 어떻게 빈손으로 보낼 수 있겠는가? 어떻게 세상과 싸울 수 있는 무장을 시키지 않고 가라고 할 수 있겠는가? 이런 점에서 목회 철학은 제자훈련의 존폐를 가늠하는 절대적인 잣대라고 해도 과언이 아니다.

가르치는 사역의 중요성

제자훈련을 시작하면서 한 가지 더 알아야 할 것은 목회자에게 가르치는 사역이 얼마나 중요한가 하는 점이다. 예수님은 무리에게는 설교를 하셨고, 제자들은 가르치셨으며, 개인과는 상담을 하셨다. 교역자들은 예수님께 고용된 종이다. 그러므로 예수님처럼 목회하는 것이 가장 이상적이다.

예수님이 설교하신 자리에는 제자들이 무리와 함께 늘 동석하고 있었다. 그러나 그는 설교 하나만으로 제자들을 훈련하지 않으시고 그들을 따로 가르치셨다. 제자들에게는 설교보다 가르치는 것이 월등히 중요했기 때문이다. 복음서는 예수님에 대해 랍비 혹은 선생이라는 칭호를 50번 이상 사용하고 있다. 그는 가르치는 일에 가장 탁월한 선생이었고 얼굴과 얼굴을 맞대고 가르치는 교육의 폭발력을 누구보다 잘 아시는 천재적인 교사였다.

교역자로 부름받은 사람에게 가장 중요한 기능은 가르치는 것이라는 주장은 백번 옳은 말이다. 하나님이 교회에 주신 직분 중에 목

평신도를 깨운다

사와 교사가 있는데, 이것은 서로 다른 두 개의 직분이 아니라 1인 2역으로 보는 것이 원문의 의미를 바로 살리는 일이다. 즉, 목사 겸 교사라는 직분이다(엡 4:11).[2]

이것은 목회자의 역할을 분명하게 밝히는 말이다. 목회자는 성도를 돌보는 목사인 동시에 성도를 훈련하는 교사인 것이다. 그래서 바울에게 감독은 가르치기를 잘하는 은사를 가져야 한다고 했다(딤전 3:2). 칼빈은 하나님이 교회를 허락하신 목적이 바로 교육에 있다고 하면서 이렇게 설명했다.

> 하나님께서 잠깐이면 그 백성을 완성에 이르게 하실 능력을 갖고 계심에도 불구하고 다만 교회의 교육 아래서만 그들을 길러내어 조금씩 성인의 단계까지 이르게 하기를 원하고 계셨음을 알 수 있다.[3]

그럼에도 우리는 현실적으로 목사가 가르치는 일에 너무 전념하지 못하고 있음을 느낀다. 설교 하나에 모든 것을 다 걸고 있는 인상이다. 설교와 가르치는 일이 어떻게 다른가 하는 문제는 아직도 연구의 여지가 남아 있다. 예수님의 경우를 보아도 어떤 경우는 확실히 그 둘이 구별되는데 어떤 때는 그렇지 않은 것을 본다. 종교개혁자들 역시 둘을 아주 별개로 다루지 않았다.

> 훌륭한 설교는 역시 훌륭한 교육이다. 그리고 훌륭한 교육은 그 안에 설교자의 선포적 특징이 들어 있다. 설교와 교육은 다 같이 하나님 말씀을 전하는 사역을 위한 것이다. 우리가 성도들에게 가르쳐야 할 분도 예수 그리스도요, 설교해야 할 분도 예수 그리스도다. 둘 다 그 내용은 똑같은 것이다.[4]

그러나 목회 경험을 통해 분명히 말할 수 있는 것은 설교가 가르침의 기능을 대신할 수 없다는 사실이다. 더욱이 오늘의 강단 설교는 종교개혁자들의 설교와 차이가 크다. 청중을 감화시키고 그들의 반응을 불러일으키는 데는 설교가 큰 역할을 하지만, 사람을 근본적으로 변화시키고 소명자로 능력을 갖추게 하는 데는 정말 역부족이다. 그럼에도 설교만 하고 가르치지 않고 있으니 어찌 교회가 병이 들지 않겠는가?

부흥이 되지 않고 계속 쇠퇴 중인 전통적인 미국 교회 목사들을 대상으로 조사한 자료가 있다. 목회에서 사역의 우선순위를 어떻게 정하고 있는가를 알아보는 것이었다. 목사가 가장 우선적으로 다루는 일이 설교였고, 가장 등한히 하는 사역이 가르치는 일로 나타났다. 우선순위별로 보면 설교, 목양(상담, 심방 등), 조직, 행정, 가르침의 순으로 되어 있고, 시간 할애순으로 보면 행정, 목양, 설교, 조직, 교육의 순으로 나타났다.[5] 이 자료는 목사들이 오늘날 가르치는 사역을 얼마나 등한시하는가를 단적으로 말해준다.

한국 교회 경우는 정확한 자료가 없어 유감이지만 대체로 미국과 크게 다르지 않다고 본다. 전 인격을 다루는 실제적인 성인 교육의 부재 현상은 교회 안에서 하루 빨리 시정되어야 한다. 제자훈련은 이 병폐를 치료하는 데 혁신적인 목회 방법이다. 가르치는 일을 가장 최우선에 두는 목사만이 제자를 만들 수 있기 때문이다.

평신도를 깨운다

20장
어떻게 시작할 것인가?

        교역자 스스로 어느 정도 준비되었다고 판단이 서면 이제부터 교회의 토양에 제자훈련이라는 까다로운 씨를 뿌릴 작업을 구체적으로 시작해야 한다. 봄이 되면 농부가 씨를 뿌리기 전에 들에 나가 얼마나 정성을 쏟아 밭을 갈고 고르고 골을 치는지 우리는 잘 안다. 아무리 품종이 우수한 씨앗이라도 돌밭이나 가시덤불에 뿌려지면 열매를 맺을 수 없기 때문이다.

    제자훈련도 좋은 결실을 얻으려면 정지작업(整地作業)을 지혜롭게 잘해야 한다. 가끔 보면 이 일을 소홀히 하다 중도에 하차하고 다시는 말을 꺼내지 못하는 지도자들이 있다. 불행한 일이 아닐 수 없다. 그러면 어떻게 이것을 잘할 수 있는지 기본적으로 꼭 필요하다고 생각하는 몇 가지를 생각해보자.

자신의 철학을 나누라

        제자훈련을 하려는 목회자는 이것을 왜 해야 하는지에 관해 확실한 답을 갖고 있다. 그는 사역이 어디로 가야 하는지에 대한 뚜렷한 목표가 있다. 이 사역이 성공하면 무엇을 얻을 수 있는지에 대한 선명한 비전도 있다.

투철한 철학은 눈에 보이는 비전으로 이어진다. 그래서 어떤 경우에는 철학이 비전이요 비전이 철학이다. 이것은 밤에 본 비전이 아니라, 낮에 본 비전이다. 밤에 꿈꾸면서 본 것은 깨는 순간 다 사라지지만 밝은 낮에 본 것은 없어지지 않는다.

눈을 똑바로 뜨고 하나님에게서 받은 것이기에 언젠가는 반드시 성취된다고 믿는다. 이처럼 명확하고 잘 정리된 철학 없이 제자훈련을 시도하는 것은 어떤 점에서는 사산(死産)을 준비하는 것과 다름없다.

지도자는 자기가 확신하는 것, 자기가 본 것을 사람들에게 나누어야 한다. 이 세상에서 인간이 행하는 것 중 가장 위대한 것은 무엇인가를 보고 다른 사람에게 자신이 분명하게 본 것을 말하는 일이다.[1]

목회 철학은 지도자가 손으로 잡은 것이요 눈으로 본 것이다. 그러므로 침묵을 지키고 있을 수 없다. 자기 마음에 가득한 것은 입으로 말하게 되어 있는 것이 인간의 자연스러운 모습이다. 그래서 사람들이 목사를 생각하거나 볼 때마다 밤낮 제자훈련에 미친 사람이라는 강렬한 인상을 받을 수 있도록 해야 한다. 이런 인상은 교회가 지도자로부터 거부할 수 없는 강렬한 도전을 지속해서 받고 있다는 의미다. 이런 도전이 약하거나 멈추면 그때부터 비전이나 꿈은 사라진다.

지도자가 제자훈련의 꿈을 사람들과 효과적으로 나누려면 사용하는 용어와 내용이 명료하고 미래 지향적이고 시각적이고 도전적이고 그러면서 현실적인 것이어야 한다. 말이 복잡하면 전달의 힘이 떨어진다. 항상 기대를 가질 수 있도록 표현해야 한다. 제자훈련을 잘하면 자신이 정말 행복하고 유능한 그리스도인이 될 수 있을 것

평신도를 깨운다

이라는 기대감을 심어줄 수 있어야 한다. 그리고 교회의 내일을 눈으로 볼 수 있도록 아름다운 그림을 그려 주어야 한다.

40년 동안 황량한 광야를 여행하는 자기 백성에게 모세가 밤낮없이 보여준 그림은 "젖과 꿀이 흐르는 약속의 땅"이었다. 이 말은 듣는 자에게 황홀한 파라다이스를 떠올리게 하는 시각적인 효과가 있었다.

제자훈련을 이야기하는 목사도 이런 그림을 그려주어야 한다. 그렇다고 구름 잡는 소리처럼 들리게 하면 안 된다. 얼마든지 가능하고 반드시 성공할 수 있다는 확신을 심어줄 만큼 현실성이 돋보여야 한다. 이렇게 말하면 제자훈련의 꿈을 나눈다는 것이 매우 어려운 일처럼 느껴질지 모른다. 그러나 무릎 꿇고 성령의 지혜를 구하는 자에게는 항상 문이 열린다는 사실을 명심하길 바란다.

철학을 공유하고 비전을 함께 나누어야 하는 기간에 목회자가 가장 많이 이용할 수 있는 수단은 두말 할 것 없이 설교와 기도이다. 설교를 최대한 활용하라. 신약성경에는 제자훈련의 철학을 나눌 본문이 얼마든지 있다. 한 가지 주의할 것은 청중이 기분 좋게 긍정적으로 받아들이도록 설교해야 한다는 것이다.

제자훈련 하면 그 인상이 상당히 강성(强性)이어서 듣는 사람 편에서 경직되기 쉽다는 것을 기억해두자. 날카로운 칼일수록 단단한 칼집에 깊이 꽂아 두어야 한다. 함부로 빼서 흔들면 백해무익이다. 복음과 은혜의 칼집에 싸서 제자훈련의 축복을 이야기하는 것은 조금도 어려운 일이 아니다.

교인이 목사의 이야기를 들으면서 기대감으로 흥분한다면 그 설교는 성공적이다. 그리고 기도의 무기를 최대한 활용하도록 여러 아이디어를 개발할 필요가 있다. 제자훈련의 비전을 기도 일순위로 정하고 공적 모임에서 빼지 말고 기도하라. 목사의 눈물로 흠뻑 젖게 하라. 그리고 성도가 모이는 자리마다 이 기도를 부탁하라. 누구든지 쉬지 않고 구하는 기도 제목은 마음을 사로잡으며 그의 소원으로 자리매김한다.

이렇게 정지 작업을 진행하면 목회자의 철학과 비전에 동의하는 사람들이 생기기 시작한다. 처음에는 소수일지 모르나 이 그룹의 존재는 지도자에게 큰 의미를 지닌다. 그들은 목회자의 방어벽이 될 수 있다. 여기에 힘입어 비전을 알리는 나팔 소리를 더 크게 불 수 있다. 교회의 분위기를 바꾸는 속도가 점점 빨라진다. 제자훈련을 위해 헌신하는 자들을 확보할 수 있다. 그러므로 목회자는 이런 팀이 생기면 그들과 더 자주 모여 자신의 생각과 꿈을 나누고 함께 기도하면서 제자훈련이라는 옷에 그들의 손때가 잔뜩 묻어나게 할 필요가 있다.

목회자는 제자훈련을 시작할 적기가 언제인가를 잘 살펴야 한다. 덜 익은 과일을 따거나 철이 지나 못쓰게 된 과일을 따는 실기(失期)를 하지 않도록 주의해야 한다. 언제가 가장 좋은지를 분별할 수 있는 영안과 감각을 달라고 기도하자.

대상의 선택

분위기가 무르익어 제자훈련을 시작해도 좋다는 판단이 서면 목회자는 가장 먼저 훈련의 대상을 선택해야 한다. 특히 처음 시작하는 제자훈련에 어떤 자들을 받느냐에 따라 앞으로의 제자훈련이 흥할 수도 있고 쇠할 수도 있음을 염두에 두는 것이 좋다. 그러므로 선택은 대단히 신중하게 해야 한다.

우리가 먼저 할 일은 예수님의 원리를 따르는 것이다. 예수님께서 제자를 훈련하시며 가장 먼저 다루었던 원리는 '선택'이었다. 로버트 콜먼은 이 원리에 대해 매우 명료하게 설명한다.

> 예수님은 그의 사역을 얼마간의 사람을 그의 제자로 부르는 데서부터 시작하셨다(요 1:35~51). 그의 관심은 군중을 이끌 프로그램에 있지 않았다. 오히려 군중이 따를 몇 명의 제자들에게 쏠려 있었다. 그가 부르신 사람들은 모두가 평범한 사회인으로 각자 다양한 배경을 가지고 있었다.
>
> 그러나 예수님은 단순한 그들 안에서 하나님 나라를 위해 세상을 이끌 수 있는 지도자로서의 잠재력을 보셨다. 그들은 배우기를 원하는 자들이었고 메시아와 그의 왕국을 기다리는 소박한 믿음의 사람들이었다. 그들은 주님의 손에 쓰임받기를 원했다. 예수님은 그런 소원을 가진 사람이면 누구나 자신의 장중에 넣어 세계를 움직일 만한 거인으로 만드실 수 있었던 것이다.[2]

우선 기성 교회를 생각해보자. 역사가 수십 년이 되고 그동안 여러 명의 목회자가 사역을 해온 현장이다. 교인 수가 백 명을 웃돌 정도면 여러 명의 장로가 봉사하고 권사들 수도 만만치 않은 것이 일반적이다. 이런 교회는 평신도의 평균 연령이 비교적 높은 편이다. 한국 교회의 절반 이상이 여기 속한다.

제자훈련을 심기에는 기성 교회의 토양이 적합하지 않은 경우가 대부분이다. 지금까지의 사례를 보면 기성 교회 제자훈련은 죽기 아니면 살기라는 극단적인 양상을 띠는 것 같다. 성공하면 교회가 엄청난 축복을 누리고 실패하면 비참한 종말을 맞는 것을 본다. 그만큼 상황이 복잡하고 까다롭다.

앞에서 목회자가 자기 철학과 비전을 미리 나누는 작업이 꼭 필요하다고 설명한 바 있다. 하지만 정말 중요한 사안이어서 다시 한번 강조하려고 한다. 기성 교회에서는 제자훈련을 성급하게 서둘지 않도록 주의해야 한다. 분위기가 무르익기 전에 명령조로 밀어붙이는 것은 무모한 행동이다. 기성 교회에서 제자훈련을 시작한다는 것은 전통적인 목회 방향을 180도로 트는 것과 같기 때문이다.

이렇게 단정하는 데는 여러 이유가 있다. 제자훈련을 시작한 다음에 교역자가 소수의 사람에게 대부분의 시간을 바치면 나머지 다수의 교인이 불평하고 때에 따라서는 교역자가 편애한다는 비난까지 감수해야 한다.

그리고 지금까지 많은 시간을 할애하여 중요하게 처리하던 목회 행정은 물론 심방마저 점차 차선으로 밀려난다. 그렇게 되면 이런 변화를 불쾌하게 생각하는 당회원이나 제직들이 얼마든지 나올 수 있다. 더욱이 제자훈련을 통해 변화받은 사람들이 조금씩 나타나면 그들과 일반 교인들 사이에 본의 아닌 갈등이 생겨 교역자의 고심거리가 될 수도 있다.

이와 같은 몇 가지 사실만 미루어 보더라도 기성 교회에서 제자훈련을 시도한다는 것은 결코 단순한 일이 아니며 교역자 자신에게도 큰 부담이 될 수 있다. 그러므로 처음부터 매우 신중하게 다루는 것이 필요하다.

기성 교회에서는 처음 시작하는 제자훈련에 누구를 받을 것인가 하는 문제로 고심할 필요가 없다. 무조건 장로들과 권사들을 택해야 한다. 그들이 얼마나 젊었느냐 늙었느냐를 따질 필요가 없다. 고학력이냐 저학력이냐 하는 것도 문제되지 않는다. 그들이 제일 먼저 목회자와 철학을 공유하고 꿈을 함께 나누면서 제자로 만들어지지 않으면 제자훈련은 한 발자국도 전진할 수 없다.

이들 중진 그룹을 제자훈련에 끌어들이는 데 실패하면 목회자는 그들이 설득될 때까지 기다리든지 아니면 포기하든지 어느 하나를 택할 수밖에 없다고 생각한다. 교회 안에서 서로 분쟁하고 싸우다가 결국은 주님의 몸 된 교회를 쪼개는 일에 제자훈련이 악용되어서는 절대로 안 되기 때문이다.

기성 교회에서 지도자 역할을 하는 사람들을 갑자기 제자훈련에 끌어들이는 일은 그렇게 쉬운 것이 아니다. 교회의 전통과 오랜 관습에 사고방식이 이미 고착되어 버린 사람일수록 더 어렵다. 그러므로 기도원이나 수양관을 이용하여 당회원들과 인간관계를 사적으로 부드럽게 하여 목회 철학을 자연스럽게 나눌 기회를 자주 만드는 것이 큰 도움이 된다.

목회도 따지고 보면 인간관계에 바탕을 두고 하는 사역이다. 기도원 같은 한적한 분위기에서는 대화를 자연스럽게 나눌 기회를 쉽게 만들 수 있다. 그리고 말씀과 기도를 통해 서로 깊은 영적 교제를 나누는 일이 그다지 어렵지 않다. 이런 기회를 이용하여 목사가 자기 생각을 조금씩 전달하면 듣는 사람들의 거부 반응이나 이해 부족에서 생기는 소극적인 반응을 많이 줄일 수 있다.

우리 주변에는 당회원의 제자훈련이 성공하여 교회가 놀라울 정도로 체질이 개선되고 부흥하게 된 사례를 여러 곳에서 찾아볼 수 있다. 그런 현장에 가면 많은 것을 배울 수 있을 것이다.

당회원이 제자훈련을 통해 변화되고 그 여파가 교회 전반에 미치면 제자훈련을 사모하는 자들이 많이 일어난다. 이때부터 대상의 선택은 매우 신중하고 냉정해야 한다. 할 수 있는 한 쭉정이를 줄이는 것이 훈련의 효과를 극대화시킬 수 있다.

신중해야 한다고 해서 밀실 선택을 하라는 말이 아니다. 원하면 누구든지 지원할 수 있는 공식적인 창구를 열어 놓아야 한다. 그러나 지원 자격을 조금 까다롭게 제시하는 것이 나중에 탈락자 때문에 발생할지 모르는 후유증을 최소화할 수 있다.

가능성을 가진 사람을 선발하는 묘안은 여러 가지다. 어떻게 하는 것이 가장 효과적인 방법인지 지금 제자훈련으로 신바람이 나 있는 교회에 가서 문의해보기 바란다. 꼭 이렇게 해야 한다는 무슨 공식이 있지 않기 때문에 여러 사례를 검토하는 것이 좋다고 생각한다.

선택에 관해 한 마디를 사족으로 더 달고 싶다. 우리 생각에는 제자훈련에 들어오는 자들이 다 믿음 좋고 순종 잘하고 성격이 부드러우면 좋을 것 같지만, 사실 이런 사람들을 놓고 훈련해보면 극적인 변화를 체험하기가 어렵다. 변화가 일어나는 진동폭이 너무 좁아별로 체감이 되지 않기 때문이다.

그러므로 삭개오가 새사람이 되는 것 같은 큰 지진을 기대한다면 한두 명은 영적으로 형편없다고 생각되는 사람을 끼워 넣는 것이 좋다. 하나님의 은혜로 그들이 꺼꾸러지는 사건이 일어나면 제자반의 분위기가 금방 달라진다.

은혜는 전염병이다. 가장 고약한 사람이 먼저 은혜받으면 그 전염 속도는 엄청나게 빠르다. 이러한 문제아들을 받아들이는 일은 지도자에게 큰 모험이 될 수도 있고, 더 많이 하나님께 매달리게 하는 촉매가 될 수도 있다. 한번 도전해보라고 권한다. 정말 신바람 나는 제자훈련을 하고 싶으면 두려워하지 말고 도전해보라.

개척한 지 오래 되지 않아 인적 자원이 넉넉하지 못한 교회에서는 따로 누구를 선택할까 하는 문제를 고려할 여지가 거의 없을 것

평신도를 깨운다

이다. 몇 사람 안 되는 개척 멤버가 고작이기 때문이다. 그러나 교역자는 이런 기회를 놓치지 말아야 한다. 교회가 좀 더 커진 다음에 시작하겠다는 생각은 금물이다. 처음에 출석하는 성인 교인을 다 훈련 대상으로 놓고 계획을 세우는 것이 바람직하다. 남제자반과 여제자반 가운데 어느 쪽을 먼저 시작하느냐는 자유다. 다만 한 그룹의 수가 5~12명 내외 규모라야 한다.

개척 교회에서 시작하는 처음 제자훈련은 몇 사람의 평신도 지도자를 키우는 데 목적이 있지만 그보다 목회자가 제자훈련을 그 교회의 기본적인 목회 방법으로 결정했다는 데 그 의의가 더 크다. 그것이 앞으로 계속될 사역의 골격을 형성하게 할 뿐 아니라 교회의 체질을 결정하는 중요한 요인으로 작용한다.

사실 이렇게 해서 시작한 제자반은 대부분 그 성과를 크게 기대할 수 없는 취약점이 있다. 평신도가 다 훈련받는다는 사실이 겉으로 보기에는 이상적이지만 그 가운데는 훈련에 적합하지 못한 자도 있고 억지로 끌려온 사람도 있어서 강도 높은 훈련을 시도하기에는 많은 문제를 안고 있기 때문이다.

사랑의교회에서 처음 시작했던 여제자반을 보면 6명 중에 마지막까지 남아 평신도 지도자로 봉사한 사람은 단 한 명뿐이다. 그 나머지는 얼마 안 가서 포기하거나 다른 교회로 빠져 나가기도 했다. 결국 훈련 대상이 자주 교체되고 심지어는 새로 시작하지 않으면 안 되는 제자리걸음을 할 수밖에 없었다.

그러나 초창기의 훈련이 아무리 우여곡절이 많아 힘들다고 해도 교역자는 절대로 중단하거나 포기하지 말아야 한다. 3년 정도 끈기 있게 밀고 나가면 자신감도 생기고, 그동안 고생 끝에 얻은 몇 사람의 제자들을 보는 기쁨도 누릴 수 있고, 더 좋은 자격을 가진 사람들을 훈련 대상으로 선택할 수 있는 인적 자원도 확보할 수 있다.

집중의 원리

대상이 선택되고 본격적으로 훈련이 시작되면 예수님이 친히 모범을 보이신 '집중' 원리를 철저하게 따를 각오를 하지 않으면 절대로 성공할 수 없다. 집중의 원리가 무엇인가를 알려면 우선 왜 예수님이 열두 명 혹은 세 명을 데리고 특별히 가르치셨는지를 주목해야 한다.

예수님께서는 그의 공생애가 약 2년 반 정도 접어들었을 때 주변에 있는 제자들 가운데서 열두 명을 따로 세우셨다. 예수님의 모습을 그대로 반사하고 그의 교훈을 마음판에 정확하게 새겨야 할 작은 예수가 되기 위해 이 열두 명은 스승 곁에 가까이 머물면서 배우고 감동을 받을 기회가 더 많이 필요했다(막 3:13~15). 뿐만 아니라 그들에게 좀 더 강도 높은 훈련을 집중적으로 시키기 위해 예수님도 적절한 수를 제한할 수밖에 없었던 것이다.

교역자들에게 가장 안 되는 부분이 바로 이것이 아닌가 한다. 우리는 가능하면 한 번에 많은 사람을 가르치려는 유혹을 자주 받는다. 이유는 간단하다. 한 사람이라도 더 가르치면 그만큼 더 많은 결실을 얻을 수 있다는 논리 때문이다. 이것은 수학적, 경제적인 논리는 될 수 있어도 사람을 다루는 인격 교육에서는 통하지 않는 것이다.

하나님이 아담과 하와에게 생육하고 번성하여 땅에 충만하라고 축복하셨음에도 다른 동물처럼 한 번에 다산하는 것을 허락하지 아니하셨다. 자녀를 양육한다는 것은 사람다운 인격을 만드는 것이므로 한 배에 7, 8명씩 낳아서는 절대로 사람답게 키울 수 없기

평신도를 깨운다

때문이다.

우리가 자주 경험하는 대로 한꺼번에 많은 사람을 붙들려고 하면 결국은 나중에 다 놓쳐버리고 만다. 숫자에 욕심을 내면 낼수록 집중 강도는 떨어지게 되어 있다. 예수님도 그렇게 하지 않으셨는데 우리가 무슨 능력이 있다고 한꺼번에 몇십, 몇백 명을 모아 놓고 예수의 제자를 만든다는 말인가?

그동안 제자훈련을 시작했다가 중도에 손을 드는 교역자들을 보면 집중의 원리를 무시하고 변칙적으로 해보려다 실패하는 경우가 대부분이다. 아직도 제자훈련이 무엇인지를 모르는 우매함에서 비롯된 불행이다.

제자를 만드는 일은 교역자가 소수에게 자기 시간과 정력을 다 쏟는 봉사가 보장될 때만 성공할 수 있다. 이것이 바로 예수님이 우리에게 가르쳐주신 위대한 원리다. 우리가 예수님보다 더 지혜로울 수 있는가? 그렇게 생각하는 사람은 이 원리를 무시해도 괜찮다.

우리가 집중하기 위해 또 한 가지 명심할 것이 있다. 이것은 교역자와 훈련자에게 다 해당하는 사안이다. 먼저 교역자는 집중을 방해하는 것이면 무엇이나 단호하게 제거할 수 있어야 한다. 매주 화요일 오전을 훈련 시간으로 결정했으면 하늘이 무너져도 그 시간을 지켜야 한다. 결혼식이 있다느니 아들 돌이니 노회니 하면서 시간을 바꾸거나 안 모이면 이것은 집중이 되지 않는다. 이런 일이 두서너 번만 반복되면 훈련생의 긴장은 풀어지고 지도자에 대한 신뢰감이 떨어진다.

그러므로 지도자는 처음부터 죽으면 죽으리라는 각오로 임하겠다는 맹세를 하나님과 훈련생 앞에서 해야 한다. 기성 교회에서 제자훈련의 가능성을 보여준 어느 목사는 간에 이상이 생겨 병원에

입원했지만 링거를 꽂은 채 병실에서 제자훈련을 계속했다는 감동적인 간증을 들은 일이 있다. 이렇게 그들을 위해 죽을 각오를 하고 시작하는 지도자의 손에서 어찌 위대한 소명자가 나오지 않겠는가?

한편 훈련생도 집중할 수 있도록 단단한 준비를 시켜야 한다. 어느 교회에서는 훈련생을 뽑아 놓고 엄숙한 서약식을 했다고 한다. 제자훈련을 받을 동안은 아프지도 않을 것이요 죽지도 않을 것이라는 웃지 못할 서약문에 서명하게 했던 것이다. 그리고 임신할 가능성이 있는 부인은 처음부터 그만두게 했다. 그렇게 하였더니 1년이 넘도록 아파서 결석하는 사람이 하나도 생기지 않았다. 이런 사례는 집중의 중요성을 정확하게 꿰뚫어보는 눈을 가진 지도자가 있을 때 기대할 수 있다.

첫 제자반의 중요성

기성 교회든지 개척 교회든지 첫 제자반은 여러 면에서 매우 중요한 의미가 있다. 개척 교회에서는 첫 제자반이 꼭 성공한다는 보장이 없기 때문에 몇 번의 시행착오를 각오해야 하지만, 기성 교회에서 첫 제자반이 실패하면 큰 낭패를 볼 수 있다. 지도자가 받을 수 있는 충격도 충격이거니와 제자훈련에 대한 기대감에 찬물을 끼얹는 일이 되기 때문이다.

그러므로 첫 제자반은 절대 실패하지 않도록 정성을 쏟아야 한다. 첫 제자반이 잘되면 교회 안에 금방 좋은 소문이 돌기 시작한다. 그것이 장로들이 모인 반이라고 하자. 그들이 변화를 받으면 가족들이 흥분하기 시작한다. 주일 예배에서 장로의 기도가 달라진다. 어느 교회처럼 장로들이 토요일마다 모여 화장실을 청소하기 시작한다. 두 편으로 갈려 늘 알력이 심하다는 소문이 자자한 당회가 사랑으로 하나 되고 정말 교회를 섬기는 종으로 모범을 보이기 시작한다.

이렇게 되면 교인들이 제자훈련을 어떤 눈으로 보게 되겠는가? 자기도 훈련을 꼭 받아야 하겠다는 생각이 들지 않겠는가? "다음에 우리 남편을 꼭 넣어주세요"라는 요구가 나오지 않겠는가? 교인들은 목사가 하는 일을 신뢰하고 그들의 눈은 제자훈련에 대한 기대감으로 반짝거리지 않겠는가? 그러므로 첫 제자반은 그다음으로 이어질 훈련 사역에 결정적인 영향을 미칠 수 있는 열쇠를 쥐고 있음을 잊지 말아야 한다.

21장
무엇으로 가르칠 것인가?

예수님의 세 가지 훈련 내용

제자훈련은 무엇으로 시켜야 하는가? 그 구체적인 내용은 무엇인가? 예수님이 제자들을 가르치시면서 사용한 기본적인 훈련 내용은 세 가지로 요약할 수 있다. 하나님 말씀과 자신의 모범, 그리고 제자들의 경험이었다. 하나님 말씀은 구체적인 교육 내용이 되었다. 예수님은 살아 계신 진리의 실체로서 제자들이 따라갈 모범이 되었다. 경험은 제자들이 배운 것을 실제적으로 적용하는 실습이었다.

우리가 바라는 제자상은 예수 그리스도를 닮아가는 성숙한 인격이다. 그리고 예수 그리스도의 뜻을 현실에서 재현하는, 세상과 완전히 구별되는 새로운 삶이다. 이것을 위해서는 무엇보다 훈련 내용이 인격적인 요소를 갖추도록 하지 않을 수 없다. 예수님이 사용하신 세 가지 훈련 내용은 인격적인 진리, 인격적인 모범, 인격적인 경험이었다는 데서 당시 유대교 랍비들이 방안에서 죽은 지식으로만 가르치던 율법과는 근본적으로 달랐다.

그러므로 제자훈련에서 성경을 사용할 때 말씀은 언제나 살아 계신 예수 그리스도를 직접 만나는 산 진리로 다루어져야 한다. 그리고 지도자는 훈련생이 눈으로 보면서 진리를 객관적으로 확인할 수 있는 하나의 모범으로서 자기를 개방할 수 있어야 한다. 그리고 배우고 본 그 진리가 각자의 생활 현장에서 순종을 통해 개인적으로 체험되는 삶이 되어야 한다.

하나님의 말씀

하나님의 말씀은 예수님께서 가장 중요하게 다루신 훈련 내용이었다. 그가 가르치신 하나님 말씀의 근원은 두 가지, 즉 말씀 자체이신 자신의 교훈과 기록된 구약성경이었다. 예수님은 하나님의 최종적인 계시였다(히 1:2). 그분에게만 영생의 말씀이 있었다(요 6:68).

그래서 누구든지 참 제자가 되려면 그의 말씀 안에 거하지 아니하면 안 되었다(요 8:31). 동시에 그분은 선지자들의 모든 예언이 일점일획이라도 땅에 떨어지지 않게 하려고 오신 기록된 말씀의 완성자이셨다(마 5:17~18). 부활 후에 여러 번 그분은 모든 선지자의 글로 제자들을 불신앙과 좌절에서 벗어나게 해주셨다(눅 24:27, 44~47).

주님께는 성경이야말로 사적으로나 공적으로나 하나님의 영원한 진리를 가르치는 교과서였다. 사복음서에서는 제자들과 나눈 대화에서 최소한 66회 이상 구약 인용을 하셨고, 다른 사람과의 대화에서도 90여 회나 구약을 암시적으로 사용하신 것을 볼 수 있다. 예수님이 세상에 계시면서 제자들에게 최우선적으로 하신 일은 하나님으로부터 받은 말씀을 가르쳐 전하는 것이었다(요 17:8).

그 말씀은 영생을 얻게 하고(요 20:31) 새 생명을 나누는 영적 교제를 통해 풍성한 기쁨을 누리게 하며(요일 1:4) 구원의 확신을 갖게 해준다(요일 5:13). 그리고 예수의 제자로서 온전한 인격과 삶을 형성하게 한다(딤후 3:16~17).

그러므로 교회에서 제자훈련을 담당한 지도자는 먼저 그리스도의 말씀이 자기 마음에 풍성히 거하도록 준비해야 한다(골 3:16). 여기에는 어떤 교재 하나를 잘 가르치는 이상의 의미가 있다. 우리가 정말 준비해야 할 자료는 주야로 묵상한 말씀이며 마음에 풍성하게 거하는 말씀이다.

다시 말해 바울이 그랬던 것처럼 우리 자신이 붙잡혀 있는 말씀이라야 한다(행 18:5). 그래야 남을 가르치기 전에 하나님으로부터 들은 음성을 간직한 지도자가 될 수 있다. 이럴 때 성경은 살아 계신 하나님의 음성이요 영혼의 양식으로 전달된다. 그리고 훈련을 받는 형제들이 살아 계신 주님을 만나는 채널이 될 수 있다.

지도자의 모범

예수님이 사용한 훈련의 두 번째 내용은 모범이었다. 예수님은 제자들에게 진리를 이론으로만 던져주는 선생이 아니셨다. 그분은 자신이 가르치는 대로 사셨다. 스스로 완전한 본이요 실물 교육이었다. 그래서 제자들은 궁극적으로 선생을 배워야 했다. 예수님의 가르침에 능력이 있었던 것은 그분의 교훈이 생활과 일치했기 때문이었다.

여기에서 예수님의 방법은 계속되는 설교 이상의 것이었다. 그것은 실물 교육이기도 하였다. 이것이 그의 영향력 있는 가르침의 비결이었다. 그분은 먼저 자신의 생활에서 모범을 보이지 않은 것은 어떤 것이라도 시키지 않았으며 그렇게 함으로써 그것의 실행가능성뿐만 아

평신도를 깨운다

나라 일생 사명과의 연관성도 입증하셨다. … 그분의 모든 말씀과 행위는 실제로 개인적인 교훈이었으며 또한 제자들이 함께 있으면서 주목했기 때문에 그들이 눈을 뜨고 있는 한 순간마다 현실감 있게 배울 수 있었다.[1]

예수님은 자신의 모범으로 훈련하시기 위해 제자들과 함께 생활하셨다. 동거하는 일은 주님의 훈련 프로그램 중 가히 백미(白眉)라 할 수 있었다. 예수님과 일상생활을 같이하면서 제자들은 자기가 배운 모든 진리의 실체를 선생의 생생한 인격 안에서 보고 확증할 수 있었던 것이다.

이런 의미에서 예수님은 개방된 훈련 내용으로 자신을 전부 공개하셨다. 어떤 격식이나 방법을 떠나서 동거함으로써 알아가고 배울 수 있게 하셨다. 그는 항상 제자들에게 주목의 대상이었다. 그래서 그들을 위해 더 많은 시간을 같이 있어 주지 않으면 안 되었다.

이러한 이야기를 들으면 제자훈련을 하는 우리는 숨이 콱 막히는 충격과 도전을 받는다. 지금 당장 그만두겠다는 생각을 뿌리칠 수 없을 정도로 좌절감에 시달린다. 예수님처럼 완전한 모범으로 자기를 개방할 수 있는 지도자가 세상에 몇이나 되겠는가? 그러나 지도자가 모범이 되어야 한다는 것은 피할 수 없는 십자가다. 지도자가 훈련생의 눈에 걸어 다니는 산 진리가 되지 않는 한 제자를 만드는 일은 기대할 수 없기 때문이다.

단도직입적으로 말하면, 사람을 훈련하려면 우리가 그리스도를 따르는 것처럼(고전 11:1) 그들이 우리를 따를 수 있도록 준비가 되어 있어야 한다. 우리는 진열품이다(빌 3:17이하, 살전 2:8, 딤후 1:13). 그들은 우리에게서 듣고 본 바를 행할 것이다(빌 4:9). 기회가 주어지면 이러한 지도력으로 함께하는 자들에게 우리의 생활 방식을 나누어 줄 수 있다.

우리는 진리를 생활 안으로 받아들여야 한다. 훈련하는 사람들에게 그 길을 보여주어야 하는 우리에게 인격적 책임 회피란 있을 수 없으며, 이러한 계시는 성령과 깊이 동행하는 생활에서 실제적으로 성취되어야 한다. 이것이 주님의 방법이며 결단코 다른 어떤 방법도 사람들을 훈련시키기에는 충분하지 않다.[2]

제자훈련을 하면서 예수님이 하신 것처럼 동거하는 훈련을 그대로 모방할 수는 없다 할지라도 그것이 보여주는 원리는 반드시 따라야 한다. 완전하지 못한 우리로서는 불완전한 모습 그대로 지도자로서 예수님을 따라가기 위해 얼마나 눈물과 땀을 흘리고 있는가를 볼 수 있도록 해야 한다.

훈련생도 완전한 모범을 요구하지 않는다. 우리 모두가 인간임을 다 알고 있기 때문이다. 그들은 있는 그대로 볼 수 있게 문을 열어 놓은 지도자를 원할 뿐이다. 자신을 전혀 공개하지 않으며 도대체 속으로 무슨 생각을 하는 사람인지, 가정에서 어떻게 생활하는지 들여다볼 틈을 전혀 주지 않는 지도자라면, 그들은 마음으로 등을 돌리고 만다. 이런 지도자 밑에서는 절대로 예수의 제자가 만들어질 수 없다는 것을 명심하자.

그러므로 우리의 생활을 공개해야 한다. 히브리서 저자는 가르치는 자가 입으로만 할 것이 아니라 그의 행위로 해야 함을 경고한다. 행위로 보증이 안 된다면 그들이 가르치는 믿음 자체도 배울 가치가 없다는 강력한 암시를 하는 것이다. "하나님의 말씀을 너희에게 일러 주고 너희를 인도하던 자들을 생각하며 그들의 행실의 결말을 주의하여 보고 그들의 믿음을 본받으라"(히 13:7).

모범, 이것이야말로 제자훈련의 승패를 결정하는 열쇠다.

제자들의 경험

예수님에게는 또 한 가지 빼놓을 수 없는 훈련이 있었다. 바로 제자들에게 사역 현장을 생생하게 경험할 기회를 제공하셨다는 사실이다. "눈을 들어 밭을 보라"(요 4:35). 그의 손가락은 항상 이 세상 일터를 가리키고 있었다. 거기에는 목자 없는 양처럼 고생하면서 유리하는 많은 사람이 있었다. 거기에는 생수를 갈망하는 수가성 여인이 있었다. 거기에는 다락에서 죽어가는 야이로의 딸이 있었다.

경험적인 지식은 생활 현장을 가까이 접하고 직접 보고 귀를 기울이는 데서 얻을 수 있다. 예수님은 제자들이 현실을 잘 알고, 그 안에서 고생하는 인생을 바로 이해하기를 원하셨다. 여러 가지 비유로 무리들에게 설교하신 다음 그것을 제자들에게 풀어주셨는데, 그 비유의 소재가 흔히 보는 일상생활에서 많이 나왔다는 것은 무엇을 의미하는가? 제자들이 지혜로운 눈으로 자세히 살피면 진리는 다른 데 있지 않고 바로 삶의 현장 가까운 곳에 있음을 가르치신 것이다. 이런 이유로 예수님은 가는 곳 어디든지 제자들을 동반하셨다.

이것은 전혀 이상한 일이 아니었다. 그들은 세상을 좀 더 두루 다녀보아야 했다. 실제 문제와 씨름해봐야 했다. 많은 사람의 이야기를 들어야 했다. 세상과 인간을 잘 이해한다는 것은 훈련 내용이 그만큼 실제적이고 풍성해진다는 것을 의미했다.

"[예수께서] 무리를 보시고 불쌍히 여기시니…"(마 9:36). 예수님은 어떻게 이런 목자 심정을 가지셨을까? 그는 세상을 너무나 깊이 알고 계셨던 것이다. 예수님을 따르는 제자들은 똑같은 심정을 가져야 하고 그렇게 하려면 현실 속에서 많은 사람을 접촉하면서 그들의 어깨에 있는 십자가가 얼마나 무거운지를 직접 보고 듣지 않으면 안 되었던 것이다.

> 때때로 우리의 제자도 프로그램은 진정한 제자도를 방해한다. 우리가 프로그램에 너무나 빠져서 자신을 실생활에서 고립시킬 수 있다는 것이다. 예수님께서 제자들을 자신에게로 부르신 것은 그들을 실생활에서 떠나도록 하심이 아니라 오히려 실생활에서 당신과 동행하는 법을 가르치시기 위해서였다. 그렇다. 진정한 제자도는 그리스도와 동행하는 것이다.[3]

다음으로 제자들은 실습을 통해 복음의 능력을 직접 체험할 필요가 있었다. "제자들이 나가서 회개하라 전파하고 많은 귀신을 쫓아내며 많은 병자에게 기름을 발라 고치더라"(막 6:12~13). 그들은 실습하고 돌아와서 자기들이 행한 것을 예수님께 낱낱이 보고했다(막 6:30).

그 가운데 그들이 실습을 통해 배우고 경험한 여러 가지 산지식이 많이 들어 있었음은 의심할 여지가 없다. 주님은 그들의 보고를 들으시며 큰 기쁨을 감추지 못하셨다(눅 10:21).

제자훈련은 방안에서만 하는 것이 아니다. 실습을 통해 실제 생활에 적용할 수 있는 현장 훈련이어야 한다. 문제 많은 이웃이라도 우리에게는 대단히 가치 있는 훈련 교재가 될 수 있다.

그들에게 복음을 전하고 간절하게 기도하는 일은 마음에 가득히 쌓아 놓은 진리의 숯덩이를 피어오르게 하는 것과 같다. 세상에서

평신도를 깨운다

보고 들은 것을 모두 다 성경 말씀 앞으로 가져오게 하며 거기서 발견한 해답으로 다시 현장으로 돌아가 적용하는 영적 실험은 훈련의 질을 높여주는 교육 내용이다.

제자훈련이 중반기에 접어들면 가능한 한 실습을 자주 시키는 것이 좋다. 훈련의 내용 중에 현장 적용이 필요 없는 것은 없다. 전도, 기도 생활, 봉사 등 모든 것이 세상 속에서 다시 실험되고 재음미되어야만 산 진리가 된다. 세상과 격리된 제자훈련, 그것은 예수님이 보여주신 훈련이 아니라는 점을 절대로 잊지 않도록 해야 한다.

지도자는 제자훈련의 내용을 다루면서 예수님이 사용하셨던 이 세 가지의 교과 내용을 골고루 잘 갖추고 있는지를 수시로 점검할 필요가 있다. 만일 그중 어느 하나가 소홀히 다루어지거나 빠져 있으면 지체하지 말고 보완해야 한다. 이런 세심한 자세를 끝까지 잘 견지하는 지도자가 제자훈련을 할 자격이 있다.

22장

훈련 교재는 이런 것이 좋다

성경책만 들고 가르치면 바람직한 성과를 거두기 어렵다는 것은 이미 많은 시도를 통해 입증되었다. 아무리 하나님의 말씀이 살아 있다고 해도 적절한 교재가 없으면 효과적으로 가르칠 수 없다. 그러므로 제자훈련을 제대로 하려면 체계적이고 균형 잡힌 교재가 꼭 필요하다.

시중에는 제자훈련 교재라는 제목을 달고 나온 자료가 적지 않다. 그 가운데는 영감이 넘치는 훌륭한 교재도 많다. 특히 복음주의적인 선교 기관에서 번역하여 내놓은 것들은 각기 특징과 장점을 가진 우수한 교재다.

그러나 교회에서 이것으로 평신도를 훈련하려면 어쩔 수 없는 한계가 있다는 사실이 많은 경험을 통해 입증되었다. 선교 기관과 교회는 서로 다른 것들을 요구하기 때문이다. 교회는 생활 수준과 학력과 연령이 다양한 복합적인 청중을 대상으로 사역하고 있다. 그리고 교회가 소속한 교파에 따라 조금씩 다른 신학적 배경을 가지고 있다. 더 중요한 것은 지역 교회를 담임하는 지도자들은 자기 나름대로 확신하는 목회 철학과 비전을 따라 평신도를 훈련하고 싶어한다. 이와 같은 부분을 어느 정도 반영하는 교재가 있다면 우리에게는 틀림없이 큰 도움이 된다.

교회에서 사용할 수 있는 제자훈련 교재는 적어도 다음과 같은 몇 가지 요소를 균형 있고 체계적으로 갖춘 것이라야 기대하는 결실을 거둘 수 있다. 물론 이것은 다분히 저자의 주관적인 판단이지만 나름대로 근거를 가진 견해로 보더라도 큰 잘못은 없을 줄로 믿는다.

복음이 살아 있는가?

첫째는 복음이 살아 있어야 한다. 이 점에 대해서는 복음주의 선교 기관으로부터 많은 빚을 지고 있다. 그들이 만든 교재에서 가장 큰 강점은 복음에 강하다는 것이다. 그렇기 때문에 그들은 새생명이 태어나는 축제가 끊임없이 이어지고 구원의 감격이 잘 식지 않는 축복을 누리고 있다.

전통적인 교회에서 그동안 사용해온 많은 교재를 보면 대개가 복음이 살아 있지 못한 것을 본다. 복음의 뼈대라고 할 수 있는 교리면에서는 탁월하지만 복음이 주는 생명과 감격을 충분히 체험하게 하는 데는 적당하지 못한 경우가 많았다. 그래서 그런지 평신도의 대부분이 복음을 잘 모르고 있다. 구원의 감격과 확신이 주는 행복과는 거리가 먼 사람이 너무 많다.

이것보다 더 통탄할 일은 많은 목회자가 복음을 전하지 않고 있다는 사실이다. 이상하게 들릴지 모르지만 그들은 복음 설교를 가장 힘들어한다. 뭔가 어색하게 느껴진다고 실토하는 목사를 여러 명 보았다. '복음' 하면 '다 아는 것', '또 그 이야기'라고 하면서 교인들이 잘 듣지 않을 것이라는 막연한 불안이 많은 목회자의 의식에 깔려 있는 것이 사실이다.

하지만 제자훈련 교재는 우선적으로 복음을 가르쳐야 한다. 신앙 경력이 길든 짧든 상관없이 누구나 십자가 앞에 나아와 구원을 주신 하나님을 찬양할 수 있도록 영감을 주는 내용이라야 한다. 교회 안에는 중생을 받아야 할 자들이 생각보다 많다. 복음의 능력에 접촉되기만 하면 완전히 변화된 신앙생활을 할 사람들이 그런 기회를 갖지 못해 무기력한 나날을 보내고 있다. 평신도의 가슴에 복음의 불길이 타오르기만 하면 금방 부흥할 수 있는 교회가 그 불길을 지피지 못해 수년 동안 침체를 면치 못하는 것을 보면 참으로 안타까운 일이다.

그러나 한숨만 쉬고 앉아 있으면 안 된다. 지금부터 복음의 능력을 담은 교재로 평신도를 깨운다면 머지않아 놀라운 축복을 경험하게 될 것이다.

내용이 균형 잡힌 체계를 가지고 있는가?

둘째는 교재의 전체 내용이 체계적으로 잘 갖추어져 있어야 한다. 체계적인 내용을 문제 삼는 것은, 잘못하면 교재가 어느 한쪽으로 편중된 내용만 가르치게 될 수 있기 때문이다. 제자는 단지 전도에만 열을 올리는 사람이 아니다. 전도의 사명에만 지나치게 많은 비중을 두고 있다면 그것은 좋은 교재라 할 수 없다. 주로 개인적인 경건의 시간을 갖는 일에만 관심을 보이는 것도 바람직하지 않다. 또한 순종이나 헌신은 많이 가르치면서 성숙한 신앙 인격은 등한히 다룬다면, 그것은 분명히 잘못된 체계를 가지고 있다고 봐야 한다.

성경에서는 예수의 제자를 두고 '완전한 자'라는 극단적인 표현을 사용하고 있다는 사실을 명심할 필요가 있다. 완전이란 무엇인가? 빠진 것이 없는 상태를 의미한다. 그러므로 제자를 만들려면 이것도 가르치고 저것도 가르칠 수 있는 균형을 갖춘 교재를 사용해야 한다.

말씀의 적용이 강조되고 있는가?

                    셋째는 말씀의 적용이 강조된 것이라야 한다. 성경을 공부하고 적용을 하지 않는 것은 유산(流産)과 같다는 말을 들은 일이 있다. 적절한 표현인 것 같다.

교회는 수십 년 동안 성경을 나름대로 열심히 가르쳤지만, 대부분 지식 전달에 머물렀으며 가정에서나 사회에서 그 말씀을 어떻게 적용해야 하는가를 바로 가르치지 못했다. 예수님은 "가르쳐 지키게 하라. 그래야 제자를 만들 수 있다"고 하셨지만 우리는 '지키게 하는 것'이 무엇을 의미하는지 심각하게 생각하지 않고 가르친 것이 사실이다.

최근에 와서는 점차 달라지고 있지만 그래도 전통적인 교회의 성경공부 교재를 보면 말씀 적용이 약하다는 인상을 많이 받는다. 반면에 선교 기관의 교재들은 적용이 대단히 강하다는 장점이 있다.

교회의 평신도를 예수의 제자로 세우려면 배운 대로 산다는 신앙생활의 확실한 원칙을 강하게 심어 주는 교재를 사용해야 한다. 배우는 것만큼 부담을 갖게 하는 내용이 필요하다. 그리고 자신의 삶을 말씀으로 낱낱이 조명하는 능력이 있어야 한다.

지도자나 훈련생이 다 같이 골수를 찔러 쪼개는 말씀 앞에서 자신의 위선과 거짓을 숨기지 못하고 드러내는 그런 힘을 가진 것이라야 한다. 그리고 순종하는 데서 오는 새생명의 환희를 함께 나눌 기회를 자주 마련해야 한다. 적용이 강한 교재는 훈련생이 변화되고 성숙해가는 모습을 좀 더 가까이서 볼 수 있도록 우리에게 유리한 고지를 제공한다.

교리적인 중요성을 고려하는가?

넷째는 교리적인 뼈대를 어느 정도 유지하는 것이어야 한다. 선교 기관들은 그들의 교재에서 할 수 있는 한 교리적으로 예민한 내용은 다루지 않으려는 경향이 있다. 초교파적으로 사역해야 하는 그들의 처지를 생각하면 이상한 일은 아니다.

그러나 우리가 한 번쯤 고려해야 하는 다른 측면이 있다. 왜 선교 기관들이 탈(脫) 교리화 경향을 띠는 것일까? 이것은 기성 교회가 교리적으로, 의식적으로 너무 경직되어 있는 것에 대한 일종의 반발이라고 보아도 크게 지나치지 않다고 생각한다.

역사적으로 보면 복음주의 선교 기관들은 17세기의 경건주의 운동을 그 뿌리로 한다.[1] 당시의 독일 교회가 죽은 교리에만 집착하여 그 생명을 잃어가자, 경건주의자들은 중생과 영적 체험을 강조하는 복음을 다시 찾아야 한다고 부르짖었는데 그때 그들은 탈 교리화 경향을 짙게 가지고 있었다.

> (루터파 교회는) 교리적 순수성을 지키고 교회로부터 신자들이 이탈하는 것을 막는 데만 주력하고 있었다. 감정의 호소가 전혀 없었다. 결단을 위한 초청이나 봉사, 경건한 생활을 전혀 가르치지 않았다. 교인들에게 원한 것은 교리를 아는 것, 예배에 출석하여 교리적인 설교를 듣는 것, 성례에 참석하는 것뿐이었다. … 신자의 내적 생명과 뜨거운 신앙 체험에 대해서는 아무것도 가르치지 않았다.[2]

그러나 교회는 선교 기관이 아니다. 교회는 대개가 어느 교파에 소속되어 있기 때문에 그 교파의 신학적 배경에 일치하는 교리를 갖기 마련이다. 교리라고 해서 교파마다 모두 다른 것도 아니다. 모든 교회가 고백하는 공통적인 교리가 있다. 그리고 약간의 견해 차이가 있지만 보완 차원에서 서로 인정하는 것도 있다. 그러므로 제자훈련 교재로써 논쟁이나 충돌을 일으킬 소지가 있는 교리는 피하더라도 기독교의 근간을 이루는 중요한 교리들이 적절하게 반영되어 있어야 훨씬 유익하다.

예를 들어, 칼빈의 신학을 따르는 교회와 알미니안 신학을 지지하는 교회 사이에서 선택 교리는 상당한 견해 차이를 보인다. 그렇다고 하나님이 우리를 세상에서 불러내신 은혜를 공부하면서 이것도 저것도 아닌 애매모호한 설명을 하거나 침묵을 지킬 수는 없다.

그러므로 두 견해 가운데 어느 한 쪽으로 틀을 세워주는 내용이 좋다. 그렇게 되면 그 교재를 사용하는 지도자는 자기 입장에 따라 수정 보완하면서 가르칠 수 있다. 교회 안에서 하는 제자훈련이라면 지도자가 확신하는 교리적인 내용을 주저하지 말고 가르칠 필요가 있다. 그렇게 할 여지를 남겨 놓은 교재라면 그렇지 못한 교재보다 훨씬 유용하게 사용될 수 있다.

목회 철학이 반영되어야 한다

다섯째는 지도자의 목회 철학이 반영되어 있어야 한다. 이미 많은 지면을 할애하여 목회 철학이 무엇이며 왜 중요한가를 검토했다. 이것을 목회자 혼자 알고 있으면 족한 것인가? 그렇지 않다.

제자훈련은 지역 교회에서 목회자와 함께 한 배를 타고 갈 평신도 사역자를 세우는 것을 중요한 목표로 삼고 있다. 그렇기에 목회자는 자신의 철학을 철저하게 가르치고 주입시킬 의무가 있다. 생각이 같고 목표가 같아야 함께 일할 수 있다.

교회가 무엇인가를 보는 시각이 일치하지 않는 사람들을 데리고 무슨 일을 할 수 있겠는가? 평신도의 정체성을 올바로 갖고 있지 않은 자들에게 무엇을 시킬 수 있겠는가? 목회 철학이 교회론에서 나온 목회자의 신념이라고 한다면 필히 평신도 지도자들도 이것을 함께 알아야 하고 확신할 수 있어야 한다. 투철한 교회관을 심어 주는 일은 선교 기관에서 할 수 없는, 교회만의 중요한 특권이기 때문이다.

솔직히 말해 사랑의교회에서는 초창기에 목회자의 철학을 제자훈련에 제대로 반영하지 못했다. 단지 간접적인 방법으로 교인들의 의식 속에 지도자의 생각이 조금씩 스며드는 정도였다. 당시에는 네비게이토에서 나온 교재를 사용하고 있었는데, 그 안에는 교회관에 대해 가르칠 수 있는 내용이 전혀 들어 있지 않았다. 그러나 지금은 사역훈련 과정을 두어 철저하게 가르치고 있다. 목회자의 철학을 가지고 평신도를 무장시키는 것이 얼마나 중요한가를 시간이 흐를수록 더 강하게 확신하게 되었다.

귀납적인 방법인가?

여섯째는 귀납적인 접근법을 따르는 것이어야 한다. 무엇이 귀납적 방법이냐 하는 문제는 다음에 다시 논할 기회를 갖겠다. 제자훈련을 하는 교육 환경이 소그룹이라는 개방적인 성격을 가진 것이므로 교재도 그런 환경에 어울리는 것이 아니면 바람직한 결과를 기대할 수 없다. 소그룹에서는 모든 사람이 가

평신도를 깨운다

진 사상, 관념, 느낌, 태도, 가치 등을 공유하여 보다 큰 자유를 향유할 수 있다.

성령께서는 지도자를 통해 진리를 깨닫게 하시는 동시에 훈련받는 각자를 통해서도 깨닫게 하신다. 귀납적인 방법을 따를 때 이런 인격적인 깨달음은 말씀을 해석하고 적용하는 데 가장 효과적이라는 사실은 이미 많은 연구와 경험을 통해 입증되었다. 적절한 질문을 이용하여 관찰하고 해석하고 반응하면서 마지막으로 적용할 수 있도록 이끌어주는 방식이기 때문이다. 그러므로 이 방법을 충실히 따르는 교재가 그렇지 않은 것보다 더 추천할 만하다는 것은 두말할 나위가 없다.

언젠가 대학생을 대상으로 설문 조사를 했는데, 귀납적인 방식대로 집필된 교재에 대해 592명 중 77.3퍼센트가 '아주 좋다'라고 응답했다. 이런 반응은 전통적인 성경 교재가 알려진 것 이상으로 심각한 취약점을 안고 있음을 반영한다.

귀납적인 성경공부를 주목하게 된 신학적인 배경을 조금 더 생각해볼 필요가 있다. 먼저 이 방법은 평신도 신학의 정신과 일맥상통하는 데가 있다. 성경을 가르치는 일은 전문 교육을 받은 교역자만 할 수 있는 일이 아니라 평신도 역시 스스로 말씀을 깨달을 수 있고 그것을 다른 형제들과 나눌 수 있음을 높이 평가하는 것이 평신도 신학이기 때문이다.

그래서 귀납적 교재는 페이지마다 절반을 빈 여백으로 남겨 놓고 있다. 이것은 누구나 성령으로 기름 부음을 받으면 진리를 스스로 깨달을 수 있다는 평신도 정신을 선언하는 것이나 다름없다(요일 2:20, 27).

성경 말씀 앞에서 귀납적인 접근을 유도하는 여러 가지 형태의 질문으로 훈련생이 직접 답을 찾는 일은 개인에게는 큰 도전이 된다. 그 의미를 바로 깨달아야 하고 옳은 답을 써야 하기 때문이다. 그래서 자연히 성경을 인격적으로 대면하지 않으면 안 된다. 자신이 직접 성경의 문을 두드려야 하는 것이다.

훈련생은 남의 해석을 듣고 앵무새처럼 답하는 사람이 아니라 귀납적인 성경공부를 통해서 직접 진리를 발견하려고 노력하게 된다. 그다음에 그것을 나눌 기회가 주어질 때 자기를 통해 다른 형제들이 은혜받는 것을 보면서 또 한번 은혜의 단비에 젖는다. 드디어 그는 '너도 훌륭한 성경 선생이 될 수 있단다' 하는 내면의 음성을 들으면서 흥분을 감추지 못하게 된다.

또 다른 신학적 배경이 있다. 20세기에 들어 신학계에 많은 영향을 끼친 신정통주의 신학은 성경을 통한 하나님과의 만남이라는 개인적 체험을 많이 강조해왔다. 이 자리에서 우리가 그 신학 자체를 논하자는 것이 아니다. 성경 말씀을 계시 자체로 보지 않는다거나 인격적인 만남을 실존적인 의미로 이해한다거나 하는 것 등은 여기서 새삼 이야기할 필요는 없을 것이다. 단지 그 신학이 강조한 '만남의 체험'이라는 것이 그동안 성경을 교리적으로 무미건조하게 가르치던 전통적인 교회에 새로운 눈을 열어주는 데 일조했다는 사실을 말하는 것뿐이다.

> 오늘날 교회 안의 교육은 하나님과 즉석에서 만나는 일에는 중점을 두지 않고 있다. 수강자들이 스스로 직접 하나님과 만나도록 하는 교육에 집중하는 것보다는 오히려 교훈이나 어떤 제3자가 하나님과 만났던 경험을 가르치는 데 더 치중하는 실정이다.[3]

이와 같은 비판은 지금까지 성경을 보면서 일종의 의식적인 문자주의에 본의 아니게 젖어 있었던 많은 교회 지도자를 흔들어 깨우는 경종이 되었다.

사실 말씀을 통한 하나님과의 만남 없이는 인격의 변화를 기대할 수 없다. 신정통주의의 신학적 사상은 우리가 동의할 수 없지만, 그들이 강조한 '성경적으로 바로 이해하고 적용하는 것'은 매우 중요한 일이라고 생각한다. 우리 주변에서 인기를 끌고 있는 귀납적인 교재들은 그런 노력의 일환으로 개발된 것이다.

지금까지 교회에서 교역자는 말하는 자로, 평신도는 듣는 자로 그 이미지가 굳어 왔다. 이러다 보니 교회가 말씀의 생명을 질식시키고 있지 않나 하는 우려를 할 지경까지 이르렀다. 우리가 귀납적인 교재를 가지고 제자훈련을 하면 바로 이런 교회의 병폐를 치유하는 데 큰 기여를 하게 될 것이다.

"평신도를 깨운다" 제자훈련 교재

사랑의교회에서는 10여 년이 넘는 긴 실험 기간을 거친 후에야 오늘날 사용하는 교재를 완성할 수 있었다. 이 교재는 선교 기관에서 출간된 교재가 지닌 약점을 보완할 뿐 아니라 교회 안에서 평신도를 훈련하기에 적합하도록 주안점을 두고 있다.

다시 말하면 복음과 교리와 생활이 삼위일체로 균형을 이루고, 목회자의 철학을 공유할 수 있도록 한다. 그래서 선택된 일정한 사람들을 정예화하여 목회자와 함께 분담 사역을 할 수 있는 평신도를 세우는 데 목적이 있다.

그리고 소그룹 환경에서 사용하기에 알맞도록 귀납적 접근 방법을 채택하고 있다. 이 교재는 제자훈련과 사역훈련으로 나누어져 있다. 2년 동안 수료할 수 있도록 편집되어 있는데, 사용자에 따라 3년까지 연장할 수 있다.

제자훈련 과정은 구원의 진리에 대한 터를 다시 한번 확고히 닦아주고 거기서 얻은 구원의 감격으로 그리스도가 원하는 성숙한 신앙 인격과 거룩한 삶을 지향할 수 있도록 《제자훈련 터다지기》, 《아무도 흔들 수 없는 나의 구원》, 《작은 예수가 되라》 이상 세 권의 책으로 구성되어 있다.

사역훈련은 제자훈련을 통해 평신도 지도자로 동역할 수 있다고 판단된 자들을 위한 과정이다. 따라서 훈련생의 의식을 바꾸고 지도자로서 필요한 이론 공부와 실습을 하게 하는 데 초점을 맞추고 있다.

이 과정을 공부하면서 훈련생은 목회자의 철학이 무엇이며 평신도 자신의 신분과 역할이 어떠한 것인가를 분명하게 배울 수 있다. 그 결과 교회를 보는 목회자의 패러다임을 자기 것으로 수용할 수 있다. 이를 위해 《성령, 새 생활의 열쇠》, 《교회와 평신도의 자아상》, 《소그룹 환경과 리더십》 이상 세 권을 공부하게 되어 있다.

여기에 첨가하여 지도자를 위한 가이드북이 마련되어 있다. 만족스러운 것은 아니지만 이 교재를 처음 사용하면서 느낄 수 있는 고충을 조금이라도 덜어 주기 위해 준비한 것이다. 지도자가 이용하기에 따라 유용한 도구가 될 수 있다.

교재는 하나의 길잡이에 지나지 않는다. 모든 요소를 완벽하게 갖추거나 자세한 내용을 다 담을 수 없기 때문이다. 지도자가 어떻게 활용하느냐에 따라서 기대 이상의 성과를 거두기도 하고 그렇지 못하기도 한다는 사실을 항상 염두에 둘 필요가 있다. 사랑의교회에서는 이 교재를 통해 자기 생애에 코페르니쿠스적인 대지진을 맛본 사람들이 헤아릴 수 없을 정도로 많다. 똑같은 사건이 모든 교회에서 일어나기를 바라는 마음 간절하다.

23장
소그룹 환경

　　시카고에 자리 잡은 윌로우크릭 교회는 개척한 지 거의 15년이 지나 교회가 마치 뒤뚱거리는 거대한 공룡처럼 커 버렸을 때, 비로소 소그룹을 본격적으로 도입해 교회의 하부 구조를 세우기 시작했다. 그러면서 그 교회를 처음부터 이끌어온 하이벨스 목사는 진작에 이런 유형의 소그룹 접근 방법으로 교회를 끌고 가지 못한 것을 가장 크게 후회한다고 말했다.[1]

　사실 아직도 많은 교회 지도자가 소그룹의 필요성과 그 독특하고 놀라운 기능에 대해 잘 이해하지 못하고 있는 실정이다. 지금까지 우리는 신앙 교육을 하려면 교사와 학생과 교재만 있으면 된다는 고정 관념에 오래 젖어 있었다. 이런 생각은 단순히 지식을 전달하는 것을 목적으로 하는 교육에는 크게 틀리지 않는다.

　그러나 제자훈련처럼 인격 교육에 초점을 맞추어야 하는 교육에서는 얼마나 모순이 많은 생각인지 이미 많은 사례를 통해 충분히 파악이 되었다.

　소그룹이란 그 자리에 모인 사람들 사이에 인격적인 상호 작용이 일어날 수 있는 교육 환경을 말한다. 그러기 위해서는 개인이 실종되지 않는 범위 내에서 모일 수 있어야 한다.

교회가 원래 모습으로
돌아가는 방법

예수님은 이와 같은 소그룹을 애용하신 점에서 선구자적인 위치에 계신다. 제자들과 함께 보낸 3년 동안의 경험과 그에 따른 결과로 주님은 소그룹의 성격과 기능에 대해 웅변적으로 증명하셨다.

왜 소그룹 형식을 선택하셨는지 주님이 직접 설명하지는 않으셨다. 그리고 교회는 반드시 소그룹으로 조직하라는 명령을 하신 일도 없다. 그럼에도 초대 교회는 예수님의 전례를 따라 수많은 작은 모임들로 구성된 독특한 성격의 공동체를 이루어가고 있었다.

처음 생긴 예루살렘 교회는 가장 좋은 사례다. 그들은 다 함께 성전에 모이기도 했지만, 실제적인 성도의 교제와 새 생명의 기쁨을 맛볼 수 있었던 곳은 가정에서 모인 소수의 그룹에서였다(행 2:42, 46). 예루살렘 안에 몇 개의 소그룹이 산재해 있었는지는 정확히 알 수 없지만 그것이 갖는 역할이 얼마나 중요하였을까는 짐작이 어렵지 않다.

고린도 교회도 오늘날처럼 한 건물에 모이는 교회가 아니었다. 20~30개의 가정 교회로 구성된 공동체였다는 것은 잘 알려져 있는 사실이다.[2] 신약 시대 이후의 교회들도 똑같은 유형을 따라 누룩과 같이 사방으로 퍼져 나갔다.

오히려 그들은 가정 교회와 활동 센터와 같은 매우 기동성이 높은 형식을 통하여 교제의 단위를 이루고 있었다. 그들은 사적으로 만나기도 하였고 공적으로 모이기도 했다. 그들은 이 작은 교제 단위를 사회의 각 계층 안에 만들어두었고, 그들과 접촉하는 모든 계층의 사람은 죄에서 자유하게 하는 해방의 메시지를 들으며 그 메시지가 주는 영향을 목격할 수 있었다. 그들에게는 대단한 신축성이 있었으나 무질서는 존재하지 않았다.[3]

20세기에 들어와 소그룹 운동은 일종의 유행병처럼 퍼지기 시작하였으나 실은 교회 안에서보다 일반 사회에서 더 큰 관심의 대상이었다. 정신병원, 형무소, 사회단체, 교육계 등에서 정신 질환을 치료하고 상담하며 사회 활동이나 연구 활동을 하는 데 소그룹 단위의 형식을 이용하는 일이 점점 증가했다.

폴 해어의 조사에 따르면 1899~1958년 사이만 해도 소그룹에 관한 연구 논문이 매년 수백 종씩 쏟아져 나왔다.[4] 특히 제2차 세계대전을 전후하여 소그룹 형식이 생산성에 효율을 높인다는 것을 알고 시험관 그룹(The Test Tube Group)이라는 연구팀을 장려하기 시작하였다. 그리고 소그룹이 단순히 생산성만 높이는 데 유용한 것이 아니라 인간관계에 새로운 의미를 부여하고, 결과적으로 개인의 인격에 변화를 일으킨다는 사실에도 눈을 뜨게 되었다.

한편 일각에서는 소그룹이 지닌 실리적인 이유보다는 현대인이 내면에 숨기고 있는 강한 정서적 허기를 이것이 어느 정도 만족시킬 수 있을 것이라는 믿음 때문에 더 큰 관심을 끌게 되었다고 말한다.

사람들은 어디서나 깊은 인간관계에 굶주리고 있다. 그들은 급변하고 비대해가는 세상에서 안정감과 소속감을 주는 관계를 필요로 한다. 소그룹은 수백, 수천의 군중 가운데서 얻기 불가능한 사랑과 인정을 갈구하는 인간의 깊은 요구를 채워줄 수 있다.[5]

평신도를 깨운다

고독을 이기지 못한 현대인이 어디서든지 안정된 소속감을 얻어 보려고 하는 노력이 소그룹에 지대한 관심을 갖게 한 동기라고 본 것은 현실적으로 공감이 될 만한 견해이다. 현대를 사는 교회가 자연히 이런 추세에 다소 영향을 받았음은 부인할 수 없는 일이다.

그러나 교회가 소그룹의 중요성에 다시 눈뜨게 된 것이 전적으로 외부에서 온 환경적인 자극 때문이라고 단정하는 것은 좀 어리석은 판단이다. 그런 영향을 전혀 배제하지는 못하겠지만 더 직접적인 원인은 그것이 성경적이라는 데서 찾을 수 있다. 비대한 조직체로 석화(石化)되어 가는 교회 현실을 앞에 놓고 걱정하는 많은 사람이 성경에 가득한 소그룹 정신을 외면할 수 없었다는 것은 너무나 당연한 일이다.

"오늘날 교회는 신약 시대의 교회처럼 '가정 교회'를 필요로 한다. 우리에게는 소그룹이 필요하다."[6] 교회가 그리스도의 몸이 발휘하는 기능을 다시 회복하려면 초대 교회의 체질로 다시 돌아가지 않으면 안 된다.

제자훈련은 평신도 지도자를 길러내는 일뿐만 아니라 교회 체질을 인격적인 관계 형성에 더 큰 강조점을 두는 유기적인 성격으로 다시 바꾸어 놓는 데 목적이 있다. 그렇기 때문에 소그룹은 대단히 중요한 가치를 지닌다.

놀라운 치료 요소들

소그룹은 사람들의 태도와 가치관 및 성격에 새로운 변화를 일으키는 데 중요한 역할을 한다. 이것은 일종의 치료 요소로 작용하는데, 하나님의 자녀들이 소그룹에서 말씀을 중심으로 영적으로 깊은 교제를 나누면 성령께서 그들을 치료하는 일을 직접 하신다. 치료 사역은 전적으로 말씀과 성령의 손에 달려 있는 것이지만 성령께서는 그 일을 순전히 초자연적인 방법으로 하지는 않으신다.

소그룹은 성령이 사용하시는 자연스러운 채널이다. 대형 집회에서 기대할 수 없는 일이 소그룹에서 일어나는 것은 소그룹이 지닌 치료 요소에 원인이 있다. 우리가 소그룹을 강조하는 것은 성령의 역사를 보조하는 요소가 다른 형식에 비해 훨씬 더 많이 작용하기 때문이다.

얄롬은 비기독교적인 치료 그룹에서 발견한 치료 요소를 열한 가지로 들었다.[7] 그가 연구 대상으로 삼은 치료 그룹의 회원이 비정상적인 환자였다는 점에서 그가 말하는 치료 요소를 일반적인 것으로 모두 수용하기는 어려울 것이다.

그러나 경험적으로 미루어 보면 제자훈련을 하는 소그룹이나 다른 비슷한 모임에서 나타나는 영적인 변화는 치료 그룹에서 발견할 수 있는 것과 상통하는 부분이 많은 게 사실이다. 여기서 얄롬이 발견한 치료 요소 가운데 몇 가지 중요한 것을 소개하겠다. 제자훈련에서 소그룹이라는 교육 환경이 차지하는 비중을 이해하는 데 도움이 될 것이다.

"우리는 다 한 배를 탔어"

우선 먼저 일반화(Universality) 요소를 들 수 있다. 소그룹 참석자에게는 각자 자기만 아는 문제가 있다. 아무에게나 함부로 털어놓을 수 없는 비밀이 있을 수도 있다. 자연히 그들은 자기에게만 그런 문제가 있다고 생각한다. 어떤 경우에는 자기 잘못은 용서받기 힘들다는 깊은 죄 의식까지 갖고 있다. 제자훈련을 받는 성도들 거의 이와 같은 문제를 안고 불안과 콤플렉스에 시달리는 것을 보았다.

소그룹에서는 다른 형태의 모임에서보다 쉽게 자기를 개방한다. 처음 얼마 동안은 참석자가 거의 다 자기 방어에 신경을 집중한다. 그러나 두서너 달만 지나면 그룹 안에서 안정감을 누리고, 늘 만나는 형제들을 신뢰하게 된다. 그다음부터 그들은 서슴없이 자기를 개방하기 시작한다.

제자훈련 그룹에서는 이런 현상이 일어나기 전에 2, 3개월이 가장 어려운 고비다. 시간이 상당히 흘렀는데도 마음의 개방이 안 되고 있다면 그 그룹은 병들었다고 진단해야 한다. 자기를 개방하는 사람은 자기의 숨은 문제나 고민거리를 공개하는 것이 보통이다. 그러면 그의 이야기를 듣는 자들은 자기가 숨겨 놓고 있는 문제가 자기만의 것이 아니라는 사실을 안다. "알고 보니 나만 안고 있는 고민이 아니구나." 이와 같은 공감대는 그룹의 분위기를 바꾸어 놓을 뿐 아니라 상호 인간관계를 깊은 동정과 사랑으로 묶어 놓는다.

물론 자기 개방을 한다고 해서 무엇이나 털어놓는 것은 아니다. 하나님 말씀에 각자가 자신을 비추어 보면 성령이 고백하게 하고 간증하게 할 것이 있음을 발견한다. 이때에 성령께서는 마음을 여는 열쇠로 말씀을 사용하신다. 그러므로 각자의 말에는 진실과 간절함이 들어 있다. 다른 사람을 끌어들이는 힘이 있다. 이런 점에서 제자훈련 그룹은 다른 치료 그룹과 그 성격을 달리한다.

이와 같이 모든 사람이 말씀을 깨닫고 느낀 바에 따라 자기 이야기를 하는 분위기에서는 하나님 말씀 앞에 완전한 자가 하나도 없으며 모두가 멀리 보이는 목표를 향해 꾸준히 함께 걷는 보행자임을 안다. 그러면 한결 가벼운 마음으로 말씀에 접근하며 형제를 이해하고 사랑하게 된다. 우리는 다 한 배를 타고 있다.

"당신들 모두는 나의 선생이오"

두 번째 중요한 치료 요소로 인격 상호간의 학습(Interpersonal Learning)을 들 수 있다. 치료 그룹에서는 이것을 가장 중요한 것으로 꼽는다. 제자훈련 그룹에서도 이것이 훈련생의 인격을 새롭게 다듬는 데 큰 비중을 차지하고 있음을 발견했다. 개성이란 다른 사람과 맺는 인격적 관계에서 얻어지는 산물이라는 견해가 있다. 이 요소를 볼 때 이런 견해가 상당히 신빙성이 크다는 사실이 입증된다.

그룹 안에서 자기 개방이 가능해지면 그 모임은 각자가 자신을 재발견하고 재형성하는 작은 사회가 된다. 다른 사람을 통해 자기를 더 정확히 볼 수 있다. 자기 말과 행동이 다른 사람에게 어떤 의미인지를 평가할 수 있다. 자기에게 무엇이 부족한가를 다른 사람과 비교하면서 배운다. 동시에 자기의 장점도 쉽게 발견한다. 영적으로 자신에게 어떤 은사가 있는지를 서로의 관계를 통해 확인한다.

그리고 그 은사를 함께 나누는 데서 자기 역할의 비중을 알게 된다. 자신이 남에게 매우 중요한 존재임을 발견하는 것만큼 한 사람의 태도와 성격에 큰 변화를 일으키는 일도 드물다. 성령께서 우리 인격을 그분께서 원하시는 방향으로 다듬으실 때 다른 사람을 사용하신다는 것이 얼마나 놀라운 진리인가? 사람은 사람을 통해 배우는 것이다.

인격의 완성을 위해서는 인격적 상호 관계를 통한 학습의 도움도 필요하다는 것을 소그룹은 잘 말해준다. 그러나 인격의 변화나 형성이 반드시 소그룹에서만 일어나는 것은 아니다. 교회생활 전체를 통해서도 계속 체험할 수 있다. 단지 소그룹 안에서는 그 가능성이 훨씬 더 높다는 것을 말하고 싶다.

"나도 해봐야지"

세 번째로 모방(Imitation)이라는 요소를 소그룹에서 빼놓을 수 없다. 이미 우리가 앞 장에서 이야기했듯이 제자훈련에서는 본보기가 중요한 훈련 내용이 된다. 이것은 통상적으로 지도자를 닮는 것을 말하지만, 소그룹 안에서는 지도자에게만 국한해서 말하지 않는다. 제자훈련을 하면서 놀라는 것은 지도자 못지않게 그룹 안에 있는 다른 형제들을 닮으려 하는 경우가 많았다는 것이다.

평신도는 목사가 신앙생활이나 성경 지식에서 앞서는 것을 대단하게 생각하지 않는다. 무엇이나 당연한 것으로 받아들이면 큰 감동을 주지 못한다. 그 대신 그룹 내 다른 사람에게 일어나는 변화에 대해서는 대단히 민감하다. 한 형제가 자기보다 배울 점이 많다고 생각되면 그의 좋은 점을 본받고자 하는 강한 의지가 말과 행동에서 쉽게 나타난다. 서로를 가까이 볼 수 있는 소그룹에서는 각자의 위치에서 다른 형제가 모방하고 싶어 하는 존재가 된다.

"정말 보고 싶었다"

네 번째로 그룹 애착심(Cohesiveness)이라는 요소가 있다. 같은 반에 있는 훈련생이 서로 애정을 담아 마음을 나누고 서로를 중요한 존재로 받아들이는 데서 생기는 일종의 충성심이다. 이것은 자기가 속한 소그룹이 대단히 중요하다는 것을 인정할수록 더 강하게 나타난다. 강한 애착을 가지면 가질수록 그들은 거기서 받는 지도와 결정에 그만큼 더 의존한다. 그룹 애착심이 강해지면 모임은 더 생산적이고 사기가 높아지며, 효과적으로 운영할 수 있다. 분위기는 밝고 화기애애해지며 출석률이 대단히 좋아진다.

제자반에서 그룹 애착심을 발전시키는 일은 제자훈련의 성패를 좌우하는 열쇠나 다름없다. 모일 때마다 강제 동원을 하다시피 하는 제자훈련이라면 이미 큰 성과를 기대할 수 없다고 본다.

인간의 노력 없이 성령의 하나 되게 하심과 말씀의 능력으로만 그룹 애착심을 높일 수는 없음을 유의하는 것이 좋다. 지도자가 얼마만큼 관심과 사랑을 표현하는가? 한 사람을 전체와 동일하게 중요시하는가? 그룹의 목적을 제대로 인식시키고 있는가? 소그룹의 성격을 잘 살려 운영하는가? 이상의 여러 사항을 늘 검토해보면 제자훈련을 받는 사람들의 그룹 애착심을 높이는 데 큰 힘으로 작용할 것이다.

"털어놓고 나니 속이 정말 후련해"

마지막으로 소위 카타르시스(Catharsis)라는 치료 요소를 언급하고 싶다. 사람들은 대개 생각하는 것은 말하지만 느낀 것은 좀체 말하려 하지 않는다. 감정의 교환은 거기에 어울리는 환경이 주어져야 가능한 것이다. 소그룹은 그 자리에 있는 사람이면 누구나 느끼는 바를 어려움 없이 표현할 수 있도록 따뜻한 분위기를 만들어준다는 점에서 큰 이점이 있다.

예수님의 경우에도 비슷한 예를 발견한다. 그분은 평소에 자신의 감정을 잘 노출하지 않으셨다. 3년 동안 제자들과 유지하셨던 인간관계는 겟세마네 동산을 오르시면서 그 절정을 이루었다. 그 시간에 주님은 자기감정을 놀라울 정도로 솔직하게 나타내셨기 때문이다.

평신도를 깨운다

"베드로와 세베대의 두 아들을 데리고 가실새 고민하고 슬퍼하사 이에 말씀하시되 내 마음이 매우 고민하여 죽게 되었으니"(마 26:37~38). 예수님이 인성을 지닌 완전한 인간으로서 평소에 마음을 주며 사랑하던 세 제자만 있는 자리에서 거리낌 없이 속마음을 털어놓으셨다는 것은 소그룹의 기능을 이해하는 데 큰 도움이 된다.

비교적 적은 수의 형제들이 모여 마음과 마음이 사랑으로 연결되면 각자가 느낀 바를 솔직하게 표현하고, 평소에 숨겨 두었던 고민을 털어놓는 일이 자주 일어난다. 말하고 싶었던 것을 마음에 담고 속 시원하게 하소연할 대상을 찾지 못해 답답해하던 자들이 소그룹에서 그 배출구를 발견하는 것은 너무나 자연스러운 현상이다.

이런 의미에서 제자반 같은 소그룹은 서로의 감정을 받아주는 스펀지 역할을 한다. 사람에게 고백하는 것이 곧 하나님께 고백하는 것이 된다. 함께 나누는 찬양과 기도, 허물없이 말하고 듣는 대화는 마음의 안정과 평안을 빨리 회복시켜준다. 성령께서 사람을 치료하실 때 그가 창조하신 인간의 심리에 어긋나지 않게 작업하심을 알기에 교회가 맡고 있는 치료 사역은 대단히 중요한 일이 아닐 수 없다.

지금까지 우리는 소그룹이 지니고 있는 기능과 그 치료 요소에 대해 생각해보았다. 이것은 제자훈련 환경을 소그룹에서 찾는 이유가 지도자가 효과적으로 다룰 수 있는 숫자에만 있지 않다는 것을 말하는 것이다. 제자훈련은 함께 둘러앉아 말씀의 거울에 각자의 마음을 반사시키는 데서 일어나는 영적 변화를 기대한다.

다시 말해 인격적인 상호 관계를 통해 일하시는 성령의 역사에 큰 비중을 두고 있다. 이와 같은 목적에 가장 알맞은 환경이 소그룹이라고 판단한다.

제자훈련반이라는 소그룹을 강조하는 이유는 일차적으로 참가자들의 영적 요구를 충족하게 하는 데 있지만, 한걸음 더 나아가 교회 전체의 요구에 부응하려는 데에 목적이 있음을 알아야 한다. 전 교회가 소그룹으로 묶여 가능한 한 많은 수의 신자가 몸의 지체로서 그 기능을 발휘하게 하는 일은 전적으로 제자반에서 훈련받은 평신도 지도자에게 달려 있기 때문이다.

그 일을 위해 먼저 소그룹 생활이 그들에게 체질화되어야 한다. 그리고 그 속에서 자신이 먼저 변화되어야 한다. 그런 경험을 통해 다른 사람의 영적 요구에 봉사할 수 있는 알맞은 그릇으로 만들어진다. 다시 말해서 하나님의 말씀을 다른 형제들과 나눌 수 있고, 그들의 문제를 상담하며, 증인으로서 종으로서 모범을 보일 수 있을 정도의 훈련을 받는 것이다.

그러므로 자격 있는 평신도 지도자가 교회 안에서 성인으로 구성된 소그룹을 맡지 않으면 바람직한 효과를 기대할 수 없다. 이런 의미에서 제자훈련 소그룹은 훈련과 치료를 겸한 성격을 둘 다 활용할 수 있는 가장 적절한 수단이다.

24장
귀납적 방법을 바로 이해하라

귀납적 성경공부가 어떤 것인지는 이미 많이 알려져 있고 지금도 매우 빠른 속도로 교회 안에서 확산하고 있기 때문에 과거처럼 생소하게 느껴지지 않는 것이 사실이다. 이것은 대단히 고무적인 일이다.

그리고 제자훈련을 위해 만들어진 교재는 대부분 내용이 이 방법에 따라 구성되어 있어 그 교재를 사용하다 보면 귀납적인 접근이 어떤 것인지 자연스럽게 터득할 수도 있다.

그러나 교재는 어디까지나 길잡이를 하는 역할에 지나지 않는다. 귀납적으로 성경을 공부하기 위한 모든 것을 다 담고 있는 것이 아니다. 그림으로 말하면 교재는 스케치와 같다. 따라서 교재를 사용하는 지도자와 훈련생이 함께 그림을 완성시켜야 하는 것이다. 이를 위하여 지도자는 귀납적 방법에 대해 이론적으로 잘 알고 있어야 하고 많은 경험을 쌓으면서 능숙하게 지도할 수 있어야 한다.

자신부터 달인(達人)이 되라

귀납적 방법은 개인이 말씀을 묵상할 때와 소그룹에서 팀이 함께 말씀을 공부할 때 그 적용 면에서 조금 다를 수 있지만 원리와 과정은 대동소이하다. 그러므로 무엇보다 중요한 것은 지도자가 말씀을 묵상하는 개인 경건 시간을 이용하여 이 방법을 열심히 실습해두어야 한다는 것이다. 마치 세 끼 밥을 먹듯 노트와 펜을 들고 부지런히 말씀의 보좌 앞으로 다가가는 노력을 쉬지 말아야 한다.

자신이 먼저 큰 은혜를 받으면 이 방법의 탁월성에 확신할 수 있고 제자훈련을 시키는 데 필요한 기술도 터득할 수 있다. 귀납적으로 성경공부를 잘 인도할 수 있는 기술을 향상시키려면 많이 보고 많이 실습하는 것 이상 좋은 방법이 없다. 유능한 지도자가 인도하는 제자훈련반을 자주 참관하라.

다소 싫어하는 기색이 있어도 얼굴에 철판을 깔고 눈이 뜨일 때까지 자주 가서 유심히 관찰하면서 배우는 것이 좋다. "나라면 이런 경우 어떻게 할까?", "저 목사는 나와 다른 점이 무엇인가?", "나는 어떤 점을 배워야 하는가?", "나에게 제일 부족한 것은 무엇인가?" 이런 질문을 마음에 품고 계속 관찰하면서 배우고, 돌아와서는 지체하지 말고 배운 대로 실습을 하면 얼마 안 가 괄목할 만한 발전을 보게 될 것이다.

만일 자신에게 천성적인 약점, 예를 들어 성격이 급해 남의 말을 잘 들어주지 못한다든지, 다변가라서 한번 입을 열면 말을 잘 끊지 못한다든지, 논리적인 면이 약해 핵심을 자주 놓치고 헤맨다든지, 인상이 너무 굳어 있어 상대방에게 부담감을 준다든지 하는 약점을 알게 되었다면, 하나님 앞에 무릎 꿇고 방석이 너덜너덜해질 때까지 기도해야 한다. 성령께서 특별히 치유하시는 손길을 체험하기 전에는 그런 습성이 잘 고쳐지지 않기 때문이다. 그러므로 훈련생들에게 자신의 이러한 약점을 진솔하게 이야기하고 기도와 도움을 요청하

평신도를 깨운다

는 겸손한 자세를 잊지 않는 것이 좋다.

이런 특징들을 이해하라

귀납적 방법은 연역적 방법에 비해 대단히 효과적인 특징 몇 가지가 있다. 지도자는 이 특징을 바로 이해할 필요가 있다. 그렇지 않으면 효과적으로 활용하지 못할 수 있기 때문이다.

첫째는 참가자 전원이 교사요 학생이 된다는 것이다. 목사는 말하고 다른 사람은 듣는 관계가 아니라 각자가 생각하고 발견한 것을 서로 나누는 데 목적이 있다. 이 특징을 바로 이해하지 못하면 나중에 실패로 끝날 때가 많다.

둘째는 연역적 방법은 증명의 논리를 따르지만, 귀납적 방법은 발견의 논리를 따른다. 연역은 지도자가 이야기하려는 어떤 진리를 먼저 설정하고 그것을 증명하기 위해 설명이나 해석을 한다. 다른 사람은 그 설명을 통해 이해하고 설득을 당한다.

그러나 귀납은 말씀으로 각자가 한두 가지씩 발견한 것을 함께 나누면서 진리를 확인하는 작업이다. 그러므로 지도자가 혼자 이 발견을 독점할 수 없다. 지도자도 발견자의 한 사람에 지나지 않는다. 이 자리에서 지도자가 할 일은 모든 사람이 자기 것을 발견할 수 있도록 격려하고 동기를 부여하는 일이다.

셋째로 의사소통은 일방적이 아니라 복합적인 양상을 띤다. 서로 주고받는 대화가 커뮤니케이션의 주를 이루기 때문에 지도자가 일방적으로 대화를 독점할 수 없다. 이런 자리에서 지도자나 특정인이 대화를 독점한다면 그것은 판을 깨는 폭력이 될 수 있다.

넷째로 귀납적 방법은 지식 전달보다 인격의 변화, 다시 말해 하나님이 주신 새 생명이 자라고 성숙하여 그리스도를 닮아가도록 하는 데 역점을 둔다. 이런 이유로 연역적 방법에 비해 그 내용이 조직적이거나 학문적이지 못한 결점을 보일 수 있다.

그러나 이런 결점이 사실은 장점으로 작용하는 것이 귀납적 방법이다. 조직적이요 혹은 학문적인 교재가 앞에 있으면 배우는 자는 스스로 진리를 발견하는 자유를 빼앗기기 때문이다. 신앙 인격이 바로 세워지면 체계적인 이론은 독서를 하거나 강의를 들으면서 얼마든지 보충할 수 있다. 우리의 문제는 많이 알지 못해서가 아니라 바른 인격이 되지 못한 데 있음을 잊어서는 안 될 것이다.

다섯째는 말씀의 적용을 중시한다는 것이다. 연역은 듣고 동의하고 일어서면 그만일 때가 많지만, 귀납은 그런 식으로 끝나게 내버려두지 않는다. 자신이 발견하고 깨달은 진리를 형제들과 함께 나누면서 재확인한 다음에는 반드시 그것을 실천할 수 있는 구체적인 결단을 요구한다. 여기에서 면제되는 자는 아무도 없다.

말씀을 놓고 이렇게 접근하라

첫째는 관찰하는 과정이다. 성경 본문을 놓고 의도적으로 무엇인가를 발견하려고 하는 자세가 관찰이다. 우리 대부분은 관찰하는 훈련이 잘 안 되어 있다. 오랜 세월 동안 한국 교회에서는 연역적인 방법에 의존해서 성경을 가르쳐 왔기 때문에 이 후유증으로 많은 사람이 눈을 감고 성경을 펴고 덮는 일에 익숙해져버렸다.

설교 듣는 데만 길들여진 사람들은 본문을 읽은 다음에는 자기도 모르게 성경을 덮어버린다. 그리고 설교자가 무슨 말을 하나 하고 기다린다. 자연히 자신이 직접 성경을 관찰할 기회를 포기하는 것이다. 이것 때문에 한국 교회가 입고 있는 영적 피해가 어느 정도인지 파악조차 안 될 정도다.

귀납적 방법은 성경을 펼 때마다 항상 처음 읽는 말씀처럼 보게 하고 연인들이 연애편지를 읽고 또 읽듯이 말씀을 관찰하게 한다. 육하원칙을 따라 본문을 살필 수도 있고, 줌 렌즈로 보듯이 본문 전체를 파악하는 데서부터 시작하여 세부 내용을 검토하는 과정을 따를 수도 있다. 몇 번씩 반복되는 단어를 주목하라. 강조하는 내용이 무엇인지 살피라. 서로 연관된 내용이 없는지 상반되는 내용은 무엇인지를 찾아보라. 그러면 평소 발견하지 못했던 진리를 보게 될 것이다.

둘째는 해석하는 과정이다. 본문에서 관찰한 내용의 숨은 뜻을 연구하는 것이 해석이다. 내용을 인식하였으면 그것을 올바로 이해하는 깨달음으로 이어져야 생명을 변화시키는 성경공부가 된다. 의미를 알려면 집중해야 한다. 고대 시대에 기록된 계시를 현대를 사는 우리가 성경을 통해 자기에게 주시는 말씀으로 받아야 하므로 언어적 혹은 문화적 장벽을 극복하는 연구가 뒤따라야 한다. 이 작업을 위해 도움이 될 만한 참고 도서를 훈련생에게 추천해주는 것이 좋다.

그러나 여기서 한 가지를 꼭 알아두자. 정확한 해석을 위해 평신도는 목회자의 도움을 받아야 한다. "당신 없어도 다 알 수 있어요"라는 소리를 못하도록 해야 한다(벧후 3:16).

셋째는 반응하는 과정이다. 의미를 깨닫고 무엇을 느끼느냐를 이야기하는 것이 반응이다. 이것은 말씀을 자기 것으로 받아들이는 내면화 과정인데 이때 비로소 성경은 살아 계신 하나님의 음성으로 우리 안에 역사하기 시작한다. 의미를 발견한 감동이 진하면 진할수록 반응은 더 적극적으로 나타난다.

엠마오로 향하던 두 제자를 노상에서 만나신 예수님은 그들에게 구약의 말씀을 자세히 설명하셨다. 이때 그들에게는 어떤 일이 일어났는가? "길에서 우리에게 말씀하시고 우리에게 성경을 풀어 주실 때에 우리 속에서 마음이 뜨겁지 아니하더냐"(눅 24:32). 그들은 뜨거운 감동을 느꼈다. 그들이 보인 반응은 어떠했는가? 억지로 예수님을 숙소에 모시고 함께 밤을 보내려고 했다. 이것은 대단히 적극적인 반응이다.

귀납적인 방법은 이와 같은 반응을 기대할 여지를 남긴다. 이 사실을 유념하는 지도자는 훈련생이 가식 없이 자기 느낌을 표현할 수 있도록 유도하고 격려하기를 주저하지 않는다.

넷째는 적용하는 과정이다. 말씀에 감동을 받으면 반드시 다음 단계인 말씀에 순종하는 단계로 전진해야 한다. 아무리 눈물을 억제할 수 없는 진한 감동을 받았더라도 실제로 그 말씀이 자기 인격과 삶에 변화를 일으킬 기회와 공간을 만들어주지 않는다면 그 감동은 성령이 주시는 은혜라 할 수 없다. 마음을 뜨겁게 한 말씀이 우리 안에서 자유롭게 역사할 수 있는 기회와 공간을 만들어주는 방법이 바로 적용이다.

흔히 보면 말씀을 나누고 난 후 "이제부터 형제를 사랑해야 되겠네요"라는 말하는 것이 적용인 것처럼 생각한다. 하지만 이것은 일반적인 생각을 피력하는 데 지나지 않는다. 적용은 구체적이어야 한다. 그리고 실천 계획을 수반해야 한다. 회개할 일이 있으면 반드시 고치는 결단이 있어야 한다. 그리고 후속 점검을 통해 순종이 바로 되었는가를 확인하는 자리까지 나아가야 한다. 그래야 우리는 그리스도를 닮아가는 자리에 설 수 있다.

지도자는 훈련생이 깨달은 것을 적용할 때 마지못해 거짓으로 하지 않도록 잘 이끌어주어야 한다. 그러나 한 가지를 꼭 알아두자. 반응이나 적용은 지도자가 대신하지 못한다는 것이다. 관찰이나 해석은 경우에 따라 지도자가 대신해줄 수 있을지 모른다. 그러나 반응과 적용만은 반드시 훈련생 각자가 하나님 앞에서 진실하게 할 수 있도록 지도해야 한다.

질문은 대단히 유용한 도구다

귀납적인 성경공부를 인도하는 지도자에게 적절한 질문만큼 유용한 도구가 없다. 그러므로 지도자는 질문을 잘 던질 줄 아는 능력을 키울 필요가 있다. 언제 어떠한 질문을 사용하느냐에 따라 학습 방향이나 분위기가 상당히 좌우될 수 있다. 그러므로 유능한 지도자가 되려면, 제자반에서 모든 사람이 마음을 열고 말씀에 관심을 가지며 각자가 깨달은 진리와 변화의 감격을 함께 나눌 수 있도록 하는 효과적인 질문을 항상 준비하고 있어야 한다.

성경을 공부하는 데 질문을 사용하는 것은 새로운 기술이 아니다. 예수님은 복음서에서 백 번 이상의 질문을 하셨다. 어떤 사람은 말하기를 예수님은 질문에 답변하러 오신 것이 아니라 질문하러 오신 것이라고 했다.[1] 예수님은 자신이 원하는 답에 대한 암시를 주시되 질문을 받은 자가 스스로 결론을 끌어낼 수 있도록 유도 질문을 종종 사용하셨다.

질문을 받으면 훈련생은 답을 생각하는 시간에 성령의 인도하심을 진지하게 기다리는 자세를 취한다. 동시에 지도자 입장에서는 일방적으로 이야기하는 것을 절제할 수 있다. 그래서 모두가 긴장하고 집중하게 되는 효과가 있다. 뿐만 아니라 함께 대화에 동참하는 분위기를 형성한다. 때에 맞는 질문 하나가 가져다주는 효과에 대해 어떤 사람은 멋진 표현을 했다.

> 당신이 질문을 한 가지 하는 것은 마치 돌을 굴리기 시작하는 것과 같다. 당신이 언덕 위에 조용히 앉아 있어도 돌은 굴러가면서 또 다른 돌들을 굴러가게 만든다.[2]

잘 던져진 질문이 그 자리에 있는 모든 사람을 대화로 끌어들이는 작용을 한다는 의미다. 좋은 질문은 그 의미가 명료하고 상호 연관성이 있으며 토의에 자극을 준다. 질문 내용이 복잡하면 안 된다. 공부하는 내용과 관련성이 희박해도 안 된다. 진부한 것이어서도 안 된다. 이런 이유로 지도자는 좋은 질문을 미리 준비하는 것이 바람직하다.

그러나 공부 시간에 성령께서 주시는 유효하고 적절한 즉석 질문을 무시할 필요는 없다. 어떤 경우에는 준비해온 것보다 더 좋은 질문이 공부하는 시간에 발견되는 경우가 종종 있기 때문이다.

질문을 하면서 지도자는 마치 시험을 치르는 것 같은 분위기를 만들지 않도록 주의해야 한다. 부드러운 태도로 대답을 유도하고 가끔 유머 감각을 살려서 긴장을 풀어주는 것이 좋다. 성급하게 대답을 요구하지 말고 기다리거나 다른 사람에게 돌려야 한다. 대답하는 사람에게는 진지한 관심을 표하며 경청하여야 한다. 그리고 만족할 만한 대답이 아니더라도 매우 흡족한 반응을 보여주면 사기를 높이는 데 큰 도움이 될 것이다.

유능한 지도자라면 자신이 마치 살아 있는 백과사전이나 된 것처럼 척척 대답하려 들지 않을 것이다. 배우는 자가 스스로 대답하기

평신도를 깨운다

까지 도와주어야 한다. 훈련생이 던진 질문은 가능하면 지도자가 즉시 대답하지 않는 것이 좋다. 오히려 질문에는 질문으로 유도하여 그들 자신이 올바른 대답에 이르도록 이끌어주어야 한다.

제자훈련 지도자는 '예' 또는 '아니오'라고만 대답할 수 있는 폐쇄형 질문은 피해야 한다. 이것은 대화를 단절시킬 위험을 안고 있다. 좋은 질문은 대답하는 사람의 마음을 열어주는 개방형이라야 한다. 그런 질문은 일반적으로 왜, 무엇, 어떻게 등의 의문사로 시작한다. 그리고 너무나 뻔한 답이 예상되는 졸렬한 질문도 삼가는 것이 좋다.

이런 장점을 살릴 수 있다

우리가 귀납적 방법을 잘 사용하면 많은 유익을 얻을 수 있는데 그 중에서 몇 가지는 꼭 기억해둘 필요가 있다. 우선 먼저 훈련생이 말씀의 권위를 스스로 인정하게 만들 수 있다. 속으로 말씀의 권위를 얕잡아보던 사람도 일단 성경을 펴고 교재의 공란에 답을 쓰기 시작하면 자기도 모르는 사이에 말씀의 권위를 인정하게 된다. 조금 지나면 하나님의 말씀이라는 절대 권위 앞에 압도된다.

또 하나 훈련생이 혼자 성경을 공부할 수 있다는 자신감을 심어주는 것도 큰 장점이다. 귀납적 교재는 공부하는 사람이 성경을 찾아 본문을 옮겨 적고 자기가 깨달은 바를 쓰고 마음에서 일어나는 결단을 그대로 옮기면 만족할 수 있도록 구성되어 있다.

다시 말하면 성경공부가 어렵다는 느낌을 주지 않는다. 이것은 말씀에 대한 애착과 스스로 깨달을 수 있다는 자신감을 심어주는 일이다.

공부하면서 말씀을 주저하지 않고 빨리 수용할 수 있게 하는 것도 귀납적인 방법이 지닌 놀라운 위력이다. 귀납적으로 말씀을 묵상할 때는 스스로 발견하고 깨달은 것을 기록하게 되어 있다. 누구나 스스로 발견한 진리는 의심하지 않는다. 이전에 믿지 않던 말씀이라도 금방 믿어버린다. 이렇게 쉽게 수용하게 된 말씀은 그에게 엄청난 변화를 일으킬 수 있다.

연역적으로 말씀을 수십 년 동안 배우던 사람이 귀납적으로 공부하면서 한 달 안에 완전히 딴 사람으로 변하는 것도 놀랍지 않게 목격한다. 이와 같은 장점을 늘 염두에 두고 있으면 좀 더 창의적으로 훈련을 시킬 수 있다.

25장
제자훈련에 필요한 리더십

변화를 주는 리더십

제자훈련이 건강한가 그렇지 아니한가, 성공적인가 그렇지 못한가 하는 문제는 솔직히 말하면 전적으로 지도하는 목회자에게 달려 있다. 잘 되어도 지도자 책임이요 안 되어도 지도자 책임이다. 훈련자를 나무랄 필요가 없다. 방법 탓을 해서도 안 된다. 모든 책임이 100퍼센트 지도자의 어깨에 놓여 있다는 것을 인정해야 한다. 갈릴리의 무식한 어부들이 예수님의 손에 잡히자 천하를 뒤집어놓는 인물이 되었다.

우리가 감히 예수님을 빗대어 말할 수 없지만 한 가지는 진리로 인정해야 한다. 지도자만 훌륭하면 그릇은 질이 조금 떨어져도 큰 지장이 없다는 것이다.

그러므로 제자훈련에 실패하였는가? 원인은 하나다. 무능한 지도자를 만났기 때문이다. 갖추어진 사람이 제자훈련을 시작하면 그 현장이 시골이든 달동네든 문제가 되지 않는다. 지금 우리나라에서는 이 말이 과장된 것이 아님을 입증할 만한 사례를 여러 곳에서 찾을 수 있다.

이런 의미에서 우리가 어떤 리더십을 가져야 하는가에 대한 진지한 연구는 빼놓을 수 없는 과제다. 저자는 레이톤 포드가 〈월드 이 벤절라이제이션〉(*World Evangelization*)이라는 잡지에 기고한 글 가운데 서 예수님이 모델로 보여주신 "변화를 주는 리더십"에 관한 글을 읽 고, 제자훈련을 하기 원하는 목회자가 계발해야 할 리더십은 바로 이런 것이어야 한다는 확신이 생겼다. 여기에 간단히 그 내용을 소 개한다.[1]

예수님은 우리에게 "변화를 주는 리더십"에 관한 완전한 모델이 되신다. 첫째로, 그분이 보여주신 리더십은 하나님의 아들 되심을 확인하는 데 있었고 그 상징은 '열린 귀'로 나타난다. 예수님은 무엇 을 행하시기 전에, 즉 설교하시고 가르치시고 치료하시기 전에 세 례를 받으시면서 하늘로부터 "너는 내 사랑하는 아들이요 내 기뻐 하는 자"라 하는 성부 하나님의 음성을 듣는 것이 중요했다. 왜 그런 가? 리더십은 자기 존재의 안전을 배우는 데서 생기기 때문이다.

그릇된 리더십은 자신에 대한 불안에서 비롯된다. 사람은 누구나 약점을 가지고 있으며 이것으로 불안을 느낀다. 건전한 리더십의 시 작은 불안에서 벗어나 자기 존재의 안전을 배우고 확신하는 데 있 다. 이것이 어떻게 가능한가? 들음으로써 가능하다. 다시 말하면 하 나님께서 우리를 기뻐하신다는 것을 깨닫는 데서 가능한 것이다. 이 러한 자기 존재에 대한 안전 의식이 우리에게 자기 안과 밖에서 들 리는 소리를 경청할 수 있게 한다.

두 번째 특징은 보고 그것을 행동으로 바꾸는 능력이다. 그것의 상징은 열린 눈이다. 비전은 보는 것에서 시작한다. 세례를 받으신 직후 예수님은 시몬과 그 형제 안드레가 그물 던지는 것을 '보시고' 따르라고 말씀하셨다. 조금 후에는 야고보와 그의 형제 요한을 '보 셨다.'

예수님은 일상생활 속에서 영원을 보는 눈을 가진 선각자였다. 요한복음에서 그분은 아버지의 행하시는 일을 '본' 것을 행할 뿐이라고 말씀하셨다. 그러므로 예수님에게 비전은 아버지의 행하심을 보는 것이었다. 보는 것이 없으면 변화를 주는 리더십을 가질 수 없다.

세 번째 특징은 진리를 스토리 속에 담아 전달하는 능력이며 그 상징은 '열린 입'이다. 예수님은 이야기로 당신의 비전을 전달하셨다. 말씀이 육신이 되셨을 때 이야기 속에서 구현된 말씀은 사람들의 생각과 마음속에서 변화를 일으키면서 하나님의 능력을 폭발시키는 시한폭탄과 같았다.

네 번째 특징은 권한을 위임하는 것이며 그 상징은 '열린 손'이다. 예수님은 잃어버린 양들을 구하는 일에 관심을 가졌을 뿐만 아니라 그들을 목자로 변모시키는 일에도 관심을 가지셨다. 그분의 성공적인 사역의 비결은 주위 사람들을 소중히 여기셨다는 데 있다. 그래서 제자들에게 자기 권한을 위임하셨다. 열린 손은 하나님께서 부르신 사람들에게 자기 손에 있는 권한을 위임하는 것을 의미한다.

우리에게 열린 귀, 열린 눈, 열린 입, 열린 손이 있는지 물어야 한다. 제자훈련은 먼저 듣고, 먼저 보고, 먼저 말하고, 먼저 줄 수 있는 지도자로 준비되어 있을 때 비로소 다른 사람의 인격과 삶에서 일어나는 놀라운 변화의 기적을 기대할 수 있다.

부모처럼 코치처럼

소그룹을 이용하여 제자를 만드는 지도자가 꼭 갖추어야 될 리더십의 요건을 논할 때 위에서 언급한 것 외에 우리가 진지하게 생각해야 할 것이 또 있다. 이 역시 예수님과 바울에게 쉽게 볼 수 있는 것이다.

우선 먼저 지도자는 자식을 사랑하고 돌보는 부모와 같은 자세를 지녀야 한다. "너희 가운데서 유순한 자가 되어 유모가 자기 자녀를 기름과 같이 하였으니 … 우리의 목숨까지도 너희에게 주기를 기뻐함은 너희가 우리의 사랑하는 자 됨이라"(살전 2:7~8). 기대에 미치지 못하더라도 격려를 아끼지 말아야 한다. 사랑받고 있다는 느낌을 갖게 하는 것이 중요하다. 절대로 편애하는 눈치를 보여서는 안 된다.

그리고 '예'와 '아니오'를 분명히 하는 태도를 보여주어야 한다. 훈련받는 사람에게 가장 해로운 것 중 하나는 지도자가 애매모호한 태도를 보이는 것이다. 뿐만 아니라 한 사람의 가치를 존중할 수 있어야 하고 개인적으로 교제가 끊어지지 않도록 계속 배려할 필요가 있다.

제자훈련을 하다 보면 잘될 것 같으면서 안 되는 것이 하나 있는데 그것은 솔직해야 한다는 것이다. 모르면 모른다고 답하기를 두려워해서는 안 된다. 지도자가 솔직한 마음을 열어 보일수록 훈련생은 따뜻한 애정을 더 느낀다.

부모의 심정으로 훈련을 시키는 자는 일방적인 명령이나 강요를 일삼는 태도를 취해서는 안 된다. 그렇다고 마음대로 내버려두는 방임이 좋다는 말이 아니다. 지도자와 훈련생 사이에는 적절한 긴장이 유지되는 것이 바람직하다. 이 긴장의 도는 어떤 형식의 커뮤니케이션을 선택하느냐에 따라 많이 좌우된다.[2] 설득형 스타일은 지도자의 권위가 커지면서 상대적으로 그룹의 자유가 위축된다. 토의형 스타일은 이와는 정반대의 현상이 나타난다. 이 두 유형은 경우에 따라 대단히 유용할 때가 있다.

그러나 일반적으로 제자반에서 지도자가 자주 선택하는 스타일은 대화형이다. 부모와 자식이 다정하게 앉아 대화를 주고받듯이,

평신도를 깨운다

제자반에서는 적당한 긴장이 유지되면서도 그것이 스트레스로 느껴지지 않게 하는 편안함이 있다. 말과 표정에서 사랑이 흘러넘치게 하라. 이 사랑은 사람을 바꾸는 가장 신비스러운 능력 중 하나이다.

일반적으로 소그룹을 인도하는 지도자의 역할을 두고 코치에 자주 비유한다. 코치는 원래 스포츠 용어이지만 코치의 기능은 제자훈련을 시키는 지도자의 그것과 닮은 점이 많다. 코칭 스태프의 질에 따라 축구팀이나 야구팀의 실력이 얼마나 큰 차이가 나는지 누구나 다 인정한다.

> 코치의 영광은 그가 다른 사람의 능력을 발굴하고 발전하게 하고 훈련시키는 사람이라는 데 있다. … 기독교의 코치는 자신의 위신을 높이는 일보다 다른 사람을 계발하는 일에 더 많은 관심을 기울이는 사람이라야 한다.[3]

제자훈련 지도자가 코치와 닮았다고 하는 이유는 평신도를 발굴하고 훈련시켜 봉사하게 한다는 데만 있는 것이 아니다. 그것도 사실이지만, 또 하나 닮은 것이 있는데 성경공부를 인도하는 그의 스타일이다. 코치는 게임에서 이기기 위한 전략을 세운다. 자신은 나타나지 않고 선수들을 필드에서 뛰게 한다. 선수들은 그의 사인을 받아 행동한다. 시합의 승패는 그의 지도와 전략에 크게 좌우된다.

제자반에서 성경을 가르치는 지도자는 이와 비슷한 역할을 한다. 그는 코치가 시합 전에 강훈련을 시키듯이 성경을 주입식으로 지도할 수도 있다. 하지만 가능하면 훈련생이 직접 성경공부에 참여하기를 희망한다. 그들이 스스로 진리를 이해하고 적용할 수 있도록 곁에서 지혜롭게 도와주는 일을 중요하게 생각한다. 이것은 마치 선수들을 필드에서 뛰게 하고 자기는 벤치에 앉아 사인을 보내는 코치의 역할과 흡사하다.

그럼에도 시간의 전체적인 흐름은 전적으로 지도자의 손에 달려 있다. 얼마나 성공적인 공부가 되는가 하는 것도 그의 역할에 따라 좌우된다. 실질적으로는 전체를 주도하는 위치에 있지만 겉으로 보기에는 공부하는 사람 중의 하나같이 처신하는 것이다.

좋은 리더십은 훈련생들이 신나게 뛰게 하는 능력에 있다. 그러나 막상 제자훈련에 쫓기다 보면 이 중요한 원리를 잊어버리고 혼자서 끌고 가려다가 쓴 맛을 보는 때가 얼마나 많은가?

평신도를 깨운다

26장
첫 시간은 이렇게 진행해보자

훈련 전 점검 사항

지역 교회에서 오랜 준비 끝에 대상이 선정되고 교역자가 본격적인 제자훈련을 시작할 즈음이 되면 서둘러 해야 할 작업이 한 가지 더 기다리고 있다. 그것은 선택된 대상을 개인적으로 만나 훈련 중 참고할 사항을 점검하고 그들이 사전에 준비해야 할 것을 알려주는 일이다. 기성 교회에서 서로 잘 아는 장로나 다른 중진 멤버가 대상일 경우는 점검 사항이 일반 신자들과는 조금 달라질 수 있다. 형편에 따라 교역자가 잘 판단해서 처리할 필요가 있을 것이다.

첫째는 훈련 대상자를 사전에 심방하는 일이다. 이 심방은 훈련 개강 예배를 드리기 두 주 전쯤 하는 것이 바람직하다. 개별적으로 면담하기 전에 그들을 위해 기도하는 일을 잊지 말라. 가족의 이름을 부르며 한 사람씩 기도하는 것이 좋다. 우리는 많은 경험을 통해, 기도로 중보하는 사람과 그렇지 않은 사람을 만나는 것이 서로 다름을 잘 알고 있다.

무엇보다 먼저 훈련생의 영적 배경과 상태를 점검해야 한다. 교회 규모가 크지 않으면 서로 잘 아는 사람들이라 따로 시간을 내어

작업할 필요가 없을지 모른다. 그러나 아무리 익히 아는 사람이라도 훈련에 임하는 자신을 새삼 점검하면서 긴장할 기회를 준다는 의미에서 안 하는 것보다 하는 편이 좋다.

믿은 지 얼마나 되는지, 과거 사이비 종파나 이단에 몸을 담았던 경력이 없는지를 잘 살피라. 그리고 구원의 확신이 있는지, 매일 경건 생활을 어떻게 유지하는지, 성경적인 기초가 어느 정도 되어 있는지, 영적으로 어떤 것이 문제가 되는지 등은 모두 빼놓아선 안 될 요긴한 사항들이다. 그리고 가정적으로 어려운 갈등이나 고통이 없는지도 파악하는 것이 좋다.

이런 자료들을 파일로 정리해두면 앞으로 훈련하면서 그 사람을 어떻게 다루는 것이 바람직한지를 판단하는 데 큰 도움이 된다. 그리고 훈련을 계속하면서 새롭게 발견하게 될 자료를 이 파일에 계속 추가할 수 있다.

두 번째로 개별 심방을 하면서 제자훈련에 들어와서 지켜야 할 여러 지침을 알려주면 좋다. 예습과 숙제를 하려면 매일 2~3시간을 투자해야 한다는 것과 이것을 잘 하겠다는 약속을 받아내야 한다. 그리고 숙제 내용도 사전에 알려주어야 한다. 결석을 3번 이상 하면 훈련을 계속할 수 없다는 사실도 말하고 동의를 얻어야 한다.

제자훈련 모임 장소로 훈련생이 자기 집을 차례로 공개해야 하는 데 그렇게 할 수 있는지도 물어보아야 한다. 헤어지기 전에 그 가정을 위해 말씀과 기도로 마음껏 축복하는 것을 잊지 말기 바란다. 이 때 주는 말씀이 1년 동안 훈련받는 데 힘이 되고 또 포기하고 싶을 때 긴장을 풀지 않도록 하는 말씀이면 더욱 좋다.

이렇게 개별 심방과 점검이 다 끝나면 교회 앞에 광고를 하고 제자훈련 개강 예배를 드리도록 준비하는 것이 좋다. 목회자는 이 제자훈련이 하나의 교육 프로그램처럼 보이게 하면 안 된다. 이것은 목회자가 생명을 걸고 시작하는 것이며 교회에서 가장 중요한 사역의 하나라는 점을 구차하게 설명하지 않아도 교인들이 느낄 수 있도록 비중을 실어주어야 한다.

이것을 위해 입학 예배와 1~2년 후에 있을 수료 예배는 특별하게 운영할 필요가 있다. 사랑의교회에서 제자훈련 입학과 수료를 축하하는 예배는 가장 벅차고 열기가 넘치는 모임 중 하나로 오래전부터 정착되어 있다.

첫 시간에 모여서

처음 모이면 흥분도 되고 긴장도 되어 모였다는 자체만으로 은혜가 넘친다. 교역자는 좋은 인상을 남기도록 노력하는 것이 좋다. 교역자라는 존재는 멀리서 보면 부담이 덜 되지만 십여 명의 사람이 모인 좁은 장소에서 매주 만나는 것은 평신도에게 굉장한 스트레스가 될 수도 있음을 염두에 두어야 한다. 모인 자들이 평안함을 느낄 수 있는 분위기가 된다면 일단 좋은 징조로 보아도 무리가 없겠다.

아무래도 교역자를 보좌하는 손이 필요하기 때문에 첫 시간에 총무와 회계를 선정하는 것이 좋다. 개별 심방을 하면서 적합하다고 생각되었던 사람을 세워 일을 맡기라. 모두가 납득할 만한 설명을 할 수 있다면 교역자가 임명하는 쪽이 더 바람직하다.

그리고 숫자가 10명이 넘을 때는 3~4명씩 지역별로 조를 만들어 책임자를 한 사람씩 두는 것을 권장한다. 급하게 연락할 일이 있거나 서로가 영적인 점검을 해야 할 필요가 있을 때 큰 도움을 얻는다. 겸하여 각자 기도 후원자가 될 수 있는 사람의 이름을 두 명씩 적어

내도록 한다. 그들은 훈련 기간 내내 그 사람을 위해 기도할 책임을 져야 한다.

사랑의교회에서는 첫 시간을 이용하여 주는 것도 많고 시키는 것도 많다. 예를 들면 월 회비를 정하고, 찬송 합본 성경과 교재, 큐티 바인더와 암송 카드 그리고 색연필과 심지어 손수건까지 준다. 손수건을 왜 주느냐고 할지 모르겠다. 여기에는 상징적인 의미가 많다. 눈물을 많이 흘리는 훈련이 되라는 암시가 담겨 있기 때문이다. 시종일관 생글거리기만 하는 훈련은 절대로 없을 테니 말이다. 그리고 다음 시간에 준비해 올 과제물을 자세히 설명한다.

처음에는 다들 질려 버릴지 모른다. 그러므로 훈련생의 형편과 수준을 잘 참작하여야 한다. 훈련이 훈련답게 되려면 요구가 좀 과한 편이 낫다. 그러나 짐이 너무 무거우면 역효과를 가져온다. 제자 훈련 목회가 이미 정착되어 있는 교회라면 첫 주부터 사정을 보지 않고 시키는 것이 효과적일 것이다. 하지만 이제 처음으로 시작하는 교회는 완급을 잘 맞추어야 한다. 좋은 결실을 거두려면 힘이 들면서도 재미가 있어야 하고 보람을 느껴야 한다. 그리고 숙제를 통해 성령의 역사를 체험할 수 있어야 한다. 교역자는 이 문제를 신중하게 생각하고 지혜롭게 다루어야 한다.

가정을 장소로 공개할 때 유의해야 할 사항도 알려야 한다. 주부들은 이 문제에 민감하게 반응할 때가 많다. 잘사는 가정은 남들이 오는 것을 은근히 기다릴 수 있지만, 좀 못사는 가정에서는 손님이 온다는 것이 큰 부담이 된다. 집이 좁아 쑥스럽다는 생각 때문이다. 그러므로 이런 문제에서 다른 사람을 실족시키지 않도록 서로 조심해야 한다. 훈련 기간이 몇 달 지나면 서로의 형편을 보고 이해하는 것이 자기의 생각을 교정하고 신앙 인격을 한 단계 높이는 데 얼마나 큰 기여를 하는지 느끼기 시작한다.

보고 느끼는 모든 것이 예수의 제자로 살아가는 데 밑거름이 된다는 것을 인정할 때 그 제자반은 서로를 지극히 아끼는 관계로 발전할 것이다. 자랑하는 자도 없어지고 쑥스러워하는 자도 없어지고 오직 주 안에서 평균화된 사랑의 공동체로 남게 될 것이다.

모임을 준비하는 가정에서는 방해가 될 만한 무엇이 있으면 사전에 치우도록 한다. 전화 코드는 미리 빼놓거나 갑작스러운 방문객이 찾아오지 않도록 사전에 조치한다. 그리고 중요한 것은 식사 대접에 관한 것이다. 여자반일 경우 점심 시간이, 남자일 경우 저녁 시간이 걸치게 된다. 자연히 장소를 제공하는 가정에서 식사를 준비하게 된다.

경험을 통해 알게 된 사실이지만 식사 준비가 마귀의 시험거리가 될 때가 참 많다. 집 주인은 준비에 바빠 훈련을 제대로 받지 못한다. 온 집안이 음식 냄새로 가득 차 훈련할 분위기를 잡기 어렵다. 좀 여유가 있는 가정에서는 상다리가 부러지게 차린다. 여기에 충격을 받은 사람들은 부담을 느껴 시험에 빠진다.

그러므로 처음부터 엄하게 규칙을 세워야 한다. 방법은 여러 가지 있다. 짜장면으로 통일하든지 순번을 정해 몇 사람이 한 가지씩 음식을 만들어오게 하든지 하면 된다. 그래서 먹고 마시는 것으로 영적 훈련의 질이 떨어지지 않게 해야 한다.

사랑의교회에서는 지각을 하거나 결석을 하면 벌금을 물게 되어 있다. 3번 이상 결석하면 자동 탈락으로 간주한다. 훈련생끼리 금전 거래를 일체 못하게 한다. 그런 일이 발각되면 중도 하차해야 한다.

그뿐 아니라 훈련으로 부부 관계에 시험이 생기지 않게 세심한 주의를 준다. 가끔 숙제에 너무 몰입한 아내가 밤이 깊도록 침실에 들지 않는 일이 잦아지자 남편이 훈련을 그만두라고 협박하여 난처한 입장에 빠지는 주부들이 생기기도 한다. 그리고 자녀들을 잘 돌보지 않아 사고가 나는 일도 있다. 가정과 훈련, 직장과 훈련을 조화롭게 하려면 다른 왕도가 없다. 두 배 세 배로 부지런해야 한다. 이 점을 반복해서 이야기하여 마음에 새겨지도록 하자.

첫 시간을 마무리하기 전에 교역자가 다음과 같은 몇 가지 예언(?)을 해두는 것도 나쁘지 않다. "얼마 있으면 숙제가 부담이 되어 그만두고 싶다는 시험에 빠질 때가 있을 것이다. … 가정적으로 인내하기 어려운 시험을 당할 수도 있다. … 같이 훈련받는 형제 때문에 상처를 입을 때가 있을 것이다. … 배운 대로 살지 못하는 양심의 아픔 때문에 심적으로 큰 짐이 될 수도 있다. … 무슨 이유인지 잘 모르지만 교역자가 보기 싫어지는 때도 있을 것이다." 이렇게 미리 예언을 해두면 막상 비슷한 경우를 당할 때 당황하지 않는다. 실제로 자주 일어나는 사건들이기 때문에 말을 해두어야 한다.

사탄의 궤계를 알고 있으면 두려워할 필요가 없다. 그러므로 우리 모두가 허물투성이인 인간이라는 점을 인정하고 서로 불쌍히 여기는 마음으로 훈련에 임해야 한다는 점을 강조하도록 하자. 그리고 헤어지기 전에 서로 손을 잡고 마주 바라보면서 "우린 지체예요. 서로 도와야 해요. 당신의 도움이 필요해요. 절 좀 도와주세요. 사랑해요"라고 고백하게 하자. 아마 진한 감동에 젖어 자리를 뜨고 싶지 않을지도 모른다. 어쨌든 목회자에게 제자훈련만큼 행복한 일이 또 있을까?

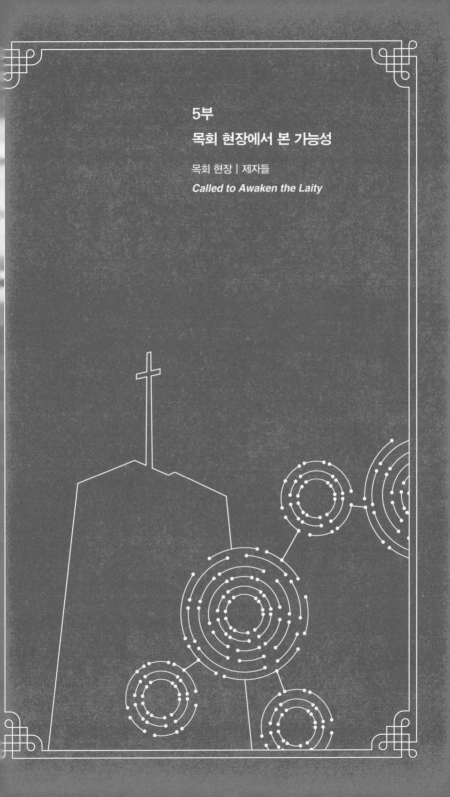

5부
목회 현장에서 본 가능성

목회 현장 | 제자들
Called to Awaken the Laity

27장
현장의 필요성

지역 교회의 목회 현장에서 평신도를 제자화하는 일은 어느 정도까지 가능한 것인가? 이것은 1970년대 후반에 사랑의교회를 시작하면서 던진 질문이었다. 당시에는 아무도 속 시원한 대답을 할 수 없었다. 제자훈련으로 교회 체질을 바꾸는 데 성공하여 주목을 받을 만큼 성장한 목회 현장을 발견할 수 없었기 때문이다. 소그룹으로 성경공부를 시키면서 제자훈련을 하는 것으로 알려진 교회는 한두 곳 있었으나, 제자훈련 철학이 확고하게 뿌리 내린 현장으로 보기는 어려웠다.

그러므로 당시에 제자훈련 목회를 선언하고 현장에 뛰어든다는 것은 모험에 가까운 일이었다. 할 수 있다는 확신은 있었지만 반드시 성공할 것이라는 보장은 아무도 할 수 없었다. 개척 교회였지만 전반적인 교회 풍토가 제자훈련에 거부감이 심했고 넘어야 할 장벽도 많았던 것이다.

현장이 있어서 좋은 이유

제자훈련 목회를 위해 현장이 꼭 필요한 이유가 무엇일까? 무엇이나 주변에서 쉽게 찾아볼 수 있다면 모델이나 현장을 요구할 필요가 없다. 그러나 뭔지 잘 모르거나 그 가능성에 확신이 서지 않을 때는 좋은 현장이 엄청난 영향을 끼칠 수 있다.

만일 제자훈련에 대해 이론적인 이야기만 많이 하고 그것이 실제로 목회에서 어떤 결실을 거두고 있는가를 보여주지 못한다면 사람들의 관심을 끌기는 어려울 것이다. 제자훈련이 교회의 본질에 일치하고 성경 원리에 가장 근접한 목회 방법이라면, 건강한 현장을 만들어 누구나 직접 와서 참관하게 할 때 많은 목회자가 평신도를 깨우는 데 뜻을 같이하게 될 것이 틀림없다. 더 나아가 한국 교회를 위한 새로운 비전을 열어 보이는 역할도 할 수 있다.

좋은 현장이 되려면 몇 가지 요건을 구비하지 않으면 안 된다. 먼저 목회자가 제자훈련 목회를 할 수 있는 철두철미한 철학을 가진 교회라야 한다. 제자훈련에 미친 지도자가 아니면 현장의 권위를 인정받기 어렵다고 생각한다. 모방이나 시험 삼아 얼마 동안 해보는 교회는 사람을 감동시킬 힘을 갖기 어려운 법이다.

그다음으로 적어도 7년 이상 제자훈련을 하여 그것이 목회의 중추신경으로 자리를 잡은 현장이라야 한다. 그래야 제자훈련을 통해 교회 전반에 일어나고 있는 변화를 점검할 수 있고 그 체질이 이웃 교회와 어떤 면에서 다른가를 눈으로 볼 수 있다.

한 가지 더 갖추어야 할 요건이 있다. 그 교회가 건강하게 성장하고 있다는 증거를 보여줄 수 있어야 한다는 것이다. 도시에 자리 잡은 현장이라면 주일 예배 성인 출석수가 적어도 500명은 넘어야 한다고 생각한다. 물론 지방의 소도시에 있는 교회라면 사정이 다를 것이다.

1980년대 중반까지 우리 주변에서는 이렇다 할 현장을 찾을 수 없었다. 사랑의교회를 공개한 것이 86년이었는데 그때 국내외의 많은 목회자가 예상 밖으로 큰 반응을 보인 것은 제자훈련 목회를 확인할 수 있는 다른 길이 보이지 않았기 때문이다. 그 후로 사랑의교회는 수십 차례 이상 현장으로 공개되면서 만 명이 넘는 지도자에게 제자훈련의 비전을 심어 주는 데 일익을 담당해왔다. 이 역할을 오랫동안 하면서 현장을 공개한다는 것 자체가 대단히 무거운 십자가를 지는 일이라는 사실을 자주 느꼈다. 절대로 쉬운 일이 아니며 함부로 할 일은 더더욱 아니기 때문이다.

어떤 면에서는 사랑의교회가 이제는 현장으로서의 기능을 상실할 처지에 놓여 있는지도 모른다. 현장이라고 하면 찾아오는 사람들에게 동질감을 줄 수 있어야 하고, 격려를 받을 수 있어야 하고, 자기도 할 수 있다는 자신감을 자극할 수 있어야 하기 때문이다. 그러나 사랑의교회는 그런 역할을 맡기에는 그동안 너무 커 버린 것 같다. 제자훈련을 해도 대형 교회를 만들 수 있다고 하는 가능성을 보여주는 데는 의미가 있을지 모르나 직접 와서 참관하는 목회자들에게는 오르지 못할 산을 쳐다보듯 착잡한 감정만 느끼게 하지 않을까 하는 두려움이 있다.

하지만 한 가지 사실은 잊지 않도록 하자. 어느 현장으로 가든 우리가 관심을 가지고 보아야 하고 확인해야 할 것은 외형적인 부분이 전부가 아니라는 점이다. 외형에 가려 있어 눈에 잘 띄지 않은 무엇을 볼 수 있어야 한다. 의사가 환자를 진찰할 때 그의 관심사는 체구가 얼마나 크고 잘 생겼는가에 있지 않다.

우리도 현장을 볼 때 똑같은 자세를 취해야 한다. 현장에서 목회자의 철학을 읽을 수 있어야 한다. 공동체를 지배하고 있는 정신을 감지할 수 있어야 한다. 어떤 일이 일어나고 있는지를 체크할 수 있어야 한다. 교회가 건강한 원인이 어디에 있으며 성장의 원천이 어디에 있는가를 확인해야 한다. 그래서 무엇을 가방에 넣고 자기 목회지로 돌아가야 하는가를 분명히 해야 한다. 우리가 잘 사용하는 영적인 표현을 빌린다면 "하나님 음성을 듣고 비전을 보고" 돌아갈 수 있어야 한다는 말이다. 참관하는 목회자들이 이러한 안목을 가지고 본다면 사랑의교회는 현장으로서의 기능을 아직은 충분히 가지고 있다고 생각한다.

좋은 현장들

그러나 이제는 사랑의교회를 처음 개방할 때와 달리 너무나 아름답고 건강한 제자훈련 현장들이 여기저기에 많이 있다. 지난 십여 년 동안 하나님께서 귀한 목회자들을 축복하셔서 평신도를 깨우느라 밤낮 없이 흘린 그들의 눈물과 땀에 풍성한 응답을 하신 사례를 찾아보는 것이 이제는 조금도 어렵지 않게 되었다.

한국의 대도시는 물론이고 심지어 작은 지방 도시까지 제자훈련 목회를 보여주는 현장이 널려 있다. 미국의 교포 교회 중에서도 괄목할 만한 현장을 만날 수 있다. 심지어 지난 1세기 동안 부흥이 전혀 안 되고 있다는 일본에서조차 제자훈련을 통해 신선한 충격을 던지고 있는 목회 현장을 여러 곳 찾을 수 있다. 얼마나 감사할 일인지, 얼마나 기뻐할 일인지, 무슨 말로도 다 표현하기 어려울 지경이다.

그러므로 지금은 누구든지 마음만 먹으면 언제든지 달려가서 제자훈련의 실상을 직접 확인할 수 있는 현장이 주변에 있음을 기억했으면 좋겠다. 〈평신도를 깨운다 제자훈련 지도자 세미나〉가 시작되었을 때 처음 몇 년 동안은 사랑의교회 현장을 직접 보는 것이 참석하는 목회자 대부분의 중요한 목표 중 하나였다.

그러나 그 후로는 양상이 바뀌어, 이제는 참석자 대부분이 제자훈련으로 새로운 전기를 맞고 있는 이웃 교회를 보면서 받은 충격과 도전이 너무 커서 달려온 분들이다. 이런 현상은 이제 사랑의교회만 현장으로서의 역할을 하는 것이 아니라 수많은 형제 교회가 함께 현장으로서 그 책임을 다하고 있다는 의미다. 지면을 빌려서 현장을 필요로 하는 목회자에게 큰 도움이 될 것이라고 확신이 가는 몇 교회를 선별하여 정말 기쁜 마음으로 소개하려고 한다.

부산에 있는 호산나교회는 전통이 오래된 기성 교회가 제자훈련을 통해 어떻게 달라질 수 있는가를 보여주는 아주 탁월한 현장이다. 담임목사가 처음 부임했을 때에는 영향력이 건재한 원로 목사가 생존해 있었다. 당회원들은 대개가 고정 관념에 매인 고령의 장로들이었고 교인들은 전임 사역자 때문에 서로 대립하면서 상처를 많이 입고 있었다. 한마디로 전형적인 기성 교회의 샘플이라고 해도 지나치지 않을 만큼 완벽한 조건을 갖춘 교회였다. 어디를 뜯어보아도 제자훈련이 불가능하게 보이는 현장이었지만 거기에서 지금 기적이 일어나고 있다. 이 교회를 통해 지금 많은 기성 교회가 고무되고 있는 것이 사실이다.

교포 교회에서도 얼마든지 제자훈련이 가능함을 미국의 3천여 교회를 향해 보여주는 현장이 하나 있다. 남가주 사랑의교회다. 지난 십 년 동안 교포 교회 목회자 가운데 수백 명이 제자훈련 비전으로 도전했지만 거의가 중도하차하고 말았다. 교포 교회는 제자훈련을 하기에는 너무나 적합하지 않은 토양이라는 것이다. 항상 위로와 보살핌이 필요한 교포들에게 훈련이라는 칼을 빼서 휘두르는 것은 부작용만 일으키게 된다는 것이 그 이유였다.

그러나 남가주 사랑의교회는 이러한 정설을 뒤집고 교포 교회야말로 제자훈련의 열매를 가장 확실하게 거둘 수 있는 옥토라는 사실을 입증하고 있다. 벌써부터 많은 지도자가 그 교회를 통해 고무되고 다시 제자훈련을 시작하는 실정이다. 이와 같은 영감이 넘치는 현장이 생겼다는 것은 교포 교회를 위해 큰 축복이다.

또 하나 주목해야 할 현장은 인천 은혜의교회다. 은혜의교회는 제자훈련이 어떤 환경과 형편에서도 접목 가능함을 확실히 증명했다. 홍등가 지역에서 천막 교회로 출발한 은혜의교회는 성도 대부분이 저소득, 저학력자들이었다. 하지만 담임목사는 그런 환경 속에서도 제자훈련을 통해 평신도를 교회와 세상에서 쓰임받는 예수의 제자로 세우겠다는 확고한 목회 철학이 있었다. 그리고 지난 20여 년 동안 흔들림 없이 제자훈련 목회 철학을 고수하고 실천하여 지금 은혜의교회를 이루었다. 현재 은혜의교회는 제자훈련의 현장과 그 열매를 확인하기 원하는 목회자들이 가장 많이 찾는 현장 중 하나가 되었다.

위에서 소개한 세 교회 못지않게 아름다운 현장이 많이 있다. 한국 교회와 이민 교회, 그리고 세계 곳곳의 현지인 교회 가운데 제자훈련의 현장이 자랑스럽고 든든히 서 있다는 사실을 생각하면 마음이 뿌듯해진다(제자훈련 모델교회의 자세한 현황에 대해서는 국제제자훈련원 홈페이지 www.disciplen.com을 참조하라). 한정된 지면이라 자상하게 소개하지 못하고 이름만 알리게 되어 몹시 유감이다. 언젠가 이들 교회의 은혜로운 이야기들이 빛을 보는 날이 오리라 믿는다.

평신도를 깨운다

28장
한국 교회의 뿌리,
그 초창기의 정신

한국 교회가 이 땅에 처음 정착하면서 네비우스 방법에 힘입은 바가 크다는 것은 잘 알려진 사실이다. 1890년 한국에서 활동하고 있던 외국 선교사들은 중국 지푸(芝栗)에서 선교 활동을 하는 존 네비우스 목사 부처(夫妻)를 초빙하여 두 주 동안 함께 지내면서 향후 한국 선교의 지침이 될 선교 방법의 원칙을 배웠다.

네비우스 방법에 들어 있는 몇 가지 원리 가운데 우리의 주목을 끄는 것은 첫째 원리다. 그것은 신자는 누구든지 자기가 전도받은 그곳에 살면서 그리스도를 위한 개인 사역자가 되어야 하고 생업에 종사하면서 이웃에게 그리스도를 보여주는 삶을 살아야 함을 평신도에게 철저하게 가르칠 것을 골자로 한다.[1]

우리는 이 원리에 담긴 몇 가지 중요한 가능성에 주의해야 한다. 그것이 초창기 한국 교회에서 전 교인을 총동원하기 위한 평신도 제자화를 가능하게 해준 정신이 되었기 때문이다.

첫째, 그것은 교육 중심의 목회를 가능하게 했다. 네비우스 방법이 가르쳐준 기본 원리는 평신도를 개인적으로 양육하고 훈련할 뿐 아니라 그들을 통해 교회의 생산성을 높이는 데 목표를 두었다. 평신도는 모두 다 그리스도를 위한 개인 사역자가 되어야 한다고 선언한 것은 평신도가 상호 사역에 책임이 있음을 전제했다.

그리고 평신도 개개인이 생활 현장에서 그리스도를 보여주는 삶을 살아야 한다고 강조한 것은 전 교회가 세상에서 복음의 증인으로 살도록 부름받았음을 전제했다. 그래서 그 당시의 교회가 설교보다 가르치는 사역에 우선을 두고 있었음은 너무나 당연한 일로 보인다. 그렇다고 설교가 중요한 역할을 하지 않았다는 말이 아니다. 설교 못지않게 말씀 훈련을 강조하는 목회였음을 이야기하는 것이다.

우리는 그때에 사경회라고 하는 집회가 얼마나 자주 있었는가를 잘 알고 있다. 그것은 일종의 성경공부반이었다. 개인의 신앙 성장과 전도 생활에 지대한 영향을 끼친 일종의 제자훈련이었다.

첫 성경공부반은 1890년 서울에서 언더우드 박사가 자기 서재에서 일곱 명의 학생들을 모아 시작하면서 생겼다. 1901년에는 선교사가 가는 곳마다 성경공부반을 개설해야 한다는 선교 정책이 채택되었다. 4년 후에는 전국 교회 교인의 60퍼센트가 한두 개의 성경공부반에 출석하고 있었다. 1909년에는 북장로교 선교 지역 안에서만 약 800개의 성경공부반이 있었고 5만 명 이상이 거기서 배우고 있었다는 통계 자료를 볼 수 있다.[2]

그 본래적인 의미를 보면 가르친다는 것은 설교보다 그 영역이 넓고 성격은 더 치밀하다. 설교는 세상을 향해 복음을 선포하는 면이 우세한 반면에, 가르치는 것은 교회와 세상을 망라해서 말씀으로 그 요구를 채워주는 면이 더 강하다. 그래서 설교는 듣는 자들의 응답을 호소하지만 가르침은 배우는 자들의 지적 동의를 요구하며 그 생각을 넓혀준다.[3] 그러므로 만일 누구든지 지각을 사용하므로 연단을 받아 선악을 분별하는 장성한 자가 되려면 그는 단단한 식물

평신도를 깨운다

을 먹는 가르침의 훈련을 받아야 한다(히 5:14).

초대 교회 당시에는 남자와 여자, 심지어 아이들까지 전부 다 학생이면서 동시에 선생이었다고 한다. 그들은 각자 자기보다 신앙이 앞선 선배로부터 개인 양육을 받았다. 그리고 자기보다 신앙이 뒤떨어지는 후배들을 가르쳤다.[4] 네비우스가 지적한 바와 같이 평신도가 이와 같은 상호 사역을 함으로써 초창기 한국 교회는 각자의 은사를 활용하고 발전시킬 수 있는 교회가 되어 하나같이 지식과 힘과 능률 면에서 성장할 수 있었던 것이다.[5]

둘째로, 그것은 가정 중심의 목회를 가능하게 했다. 초창기에는 교회 형편상 가정을 선교와 목회 사역의 근거지로 이용하는 일이 불가피했을 것이다. 성경에 나타난 모든 초대 교회가 가정 교회였으며, 한국의 초대 교회 역시 다를 바가 없었다.

그러나 초창기 한국 교회가 이와 같은 상황적인 이유만으로 가정 중심의 목회를 했다고 볼 수는 없다. 대부분의 교회가 얼마 안 있어 비록 초라하지만 자체 시설을 갖추었다는 것을 보아도 알 수 있다.

당시에 교회 지도자들은 가정 모임을 중심으로 하여 평신도 세계에서 일어나는 여러 가지 영적 변화와 영향력을 잘 알고 있었던 것 같다. 남자들을 위해 사랑방 모임이 활발하게 퍼져 나갔고, 여자들을 위해 안방 모임이 관심 대상이 되었는데, 그들은 모일 때마다 성경공부를 통해 신앙 훈련을 받았고 불신 이웃을 초대하여 복음을 나눌 기회를 만들었다.[6]

셋째는, 개인 전도 중심의 목회를 가능하게 했다. 당시에는 교회의 평신도가 전부 다 전도자였다. 그들이 선교 전략이나 지도자의 강요에 끌려 그렇게 전도한 것이 아니었다. 훈련 중심의 목회와 가정 중심의 목회에서 축적된 잠재력이 밖으로 터져 나간 것이라고 할 수 있다.

허버트 케인은 이렇게 기록하고 있다. "1895년에 시작하여 그 후 10년간은 선교 지역 전반에서 꾸준한 성장이 이루어졌다. 1900년 한 해만 해도 교인이 30퍼센트 이상 증가했다. 선교사가 그들을 가르칠 수 있는 한계를 넘었고 새 신자는 계속 생겨났으며 선교사가 발을 들여놓을 수 없는 벽지에까지 전도의 문이 열려 있었다. 이러한 일은 대부분 조직화된 전도 운동으로 일어난 것이 아니라 신자들이 일상생활을 통해 가는 곳마다 복음을 단순하면서 진지하게 나눈 개인 전도의 결과였다."[7]

초창기에 교회가 전도를 위해 사용한 수단은 한두 가지가 아니었으나, 그 가운데서 가장 효과적인 방법이 개인 접촉을 통한 전도였다는 것은 너무나 잘 알려져 있는 사실이었다.[8] 백만 구령 운동을 전개하던 1909~1910년 사이에는 개인마다 주중에 하루를 개인 전도의 날로 정하고 헌신하였는데, 그렇게 평신도가 개인적으로 전도에 헌신한 날의 총수가 전국적으로 십만 일을 넘었다는 통계를 볼 수 있다.[9]

위에서 본 바와 같이 우리가 한국 교회 초창기의 목회를 알려면 이상의 세 가지 특징을 잘 이해해야 한다. 한국 교회가 오늘날 세계 선교 사상 가장 성공한 사례의 하나가 된 배후에는 이와 같은 평신도 훈련 중심의 목회 정신이 깃들어 있었던 것이다.

우리나라 초대 교회의 기본 정신은 선교사 중심이나 교역자 중심이 아니라 평신도 중심의 교회를 세우는 데 있었다. 평신도를 훈련하여 교회 안에서 상호 사역의 봉사를 하게 하고 세상에서 말과 행위로 그리스도를 증거할 증인으로 파송하는 데 역점을 두었다. 이것을 위해 사랑방과 안방 같은 소그룹 모임이 제자를 만들어내는 요람으로 이용되었던 것이다.

　우리가 지금 처한 환경은 당시와는 전혀 다르다. 방법론으로 따지자면 그때 교회가 사용하던 것을 지금 우리는 그대로 모방할 수는 없다. 그러나 초창기의 교회 지도자들이 소중하게 생각하고 목회의 기본으로 삼았던 정신만은 얼마든지 계승할 수 있다. 지금이야말로 우리의 위대한 선배들이 남긴 정신적 유산을 다시 찾아 목회 현장에서 불을 지펴야 할 때라고 생각한다.

29장
사랑의교회
제자훈련 뿌리 내리기

어제와 오늘

사랑의교회가 처음 문을 열었던 1978년도 7월에는 오직 한 가지, 제자훈련에 생명을 걸겠다는 담임목사의 철저한 각오만 있었다. 열 명이 채 안 되는 교인들은 지도자의 이러한 뜻을 아직 자세히는 알지 못했지만 함께 공감하고 모인 형제들이었다.

주변에 있는 교회의 지도자들은 선배 목사들이 가르쳐준 방법대로 목회하고 있었지만 유독 사랑의교회만은 그 패턴을 따르지 않으려고 하는 일종의 저항 의식을 저변에 깔고 있었다. 남이 하는 대로 따라 하는 것이 나빠서가 아니라 그것보다 더 좋은 것을 가지고 있다는 확신 때문이었다. 그리고 이제는 기존의 목회가 어쩔 수 없는 한계를 드러내고 있다는 일종의 위기의식을 반영하는 것이기도 했다.

그동안 사랑의교회는 교회를 개척한 목회자가 예외 없이 통과하는 모든 과정을 거의 빠짐없이 겪었다. 좁은 상가 건물을 사용하면서 수년 동안 겪은 어려움들, 처음 1~2년 동안 몸담고 아름답게 봉사하던 형제들이 교세가 늘면서 적응하지 못하여 빠져나가는 것을

평신도를 깨운다

보면서 느낀 지독한 아픔, 교회 부지를 구입할 돈이 없어 의논할 때마다 목사의 얼굴만 쳐다보는 교인을 앞에 놓고 느끼던 암담함은 아직도 멍자국처럼 가슴속에 남아 있다.

그러나 힘들었던 일보다 신나는 일이 더 많았던 것이 사실이다. 정말 세월 가는 줄 모르고 정신없이 달려온 나날이었다. 제자훈련이 가져다주는 열매가 워낙 경이로운 것이어서 한 시간을 가만히 앉아 있기가 아까웠다. 그래서 교회당 건축을 반대하는 데모가 연일 계속되는 무더운 여름철에도, 공사장이 무너져 눈앞이 캄캄해지는 순간에도, 시공 회사가 부도가 나서 공사를 중단해야 하는 어처구니없는 상황에서도, 나중에는 주일 예배에 수천 명이 넘는 사람이 몰려드는 숨 막히는 가운데서도 담임목사는 제자훈련을 손에서 놓을 수가 없었다.

'제자훈련을 그만두고 무슨 재미로 목회를 한단 말인가?' 이런 절규가 가슴속에서 터지지 않는 날이 하루도 없었다. 열정이 너무 지나친 나머지 건강이 무너져 1년이 넘도록 모든 것을 손에서 놓아야 하는 사망의 골짜기도 있었지만, 하나님께서는 다시 일으켜주셔서 지금도 사랑의교회는 제자훈련의 맥박 소리가 힘차게 뛰는 그리스도의 몸으로 자라고 있다.

담임목사가 병상에서 일어난 다음 한 가지 달라진 것이 있다면 자신이 소그룹에 들어가서 직접 훈련을 시키는 일을 하지 않고 있다는 점이다. 수만 명이 공동체를 이루고 있는 대형 교회에서 담임목사가 정기적으로 소그룹에서 훈련시키는, 소위 특혜받는(?) 몇 사람을 더 이상 주변에 둘 수 없게 되었다. 몇 사람을 편애하는 것 같은 인상을 남기는 것은 교회를 대표하는 지도자로서 은혜도 안 되고 인상도 좋지 않다는 결론을 얻었기 때문이다.

그래서 실제적인 훈련은 수십 명이 넘는 부교역자들이 담당하고 담임목사는 교역자 훈련과 분담 사역을 하는 평신도 지도자들을 교육하는 데 심혈을 기울이고 있다. 그럼에도 담임목사가 직접 하는 것 못지않게, 어떤 점에서는 훨씬 더 훌륭하게 부교역자의 손에서 예수의 제자들이 세워지고 있다.

지금은 사랑의교회 제자훈련이 단지 뿌리를 내린 정도가 아니다. 수십 년 넘게 자란 큰 백향목에 비유해도 크게 잘못되지 않을 것이다. 하나님의 전에 귀히 쓰이는 대들보와 기둥을 끊임없이 공급하는 백향목 숲을 이루고 있다.

제자훈련이 이처럼 목회의 근간이 되어 생산적인 역할을 하게 된 배후에는 우리가 절대로 과소평가해서는 안 될 여러 요인들이 함께 작용한 것이 사실이다.

목회 현장에는 이유 없는 열매도 없고 이유 없는 성장도 없는 법이다. 우연으로 찾아온 무엇이 있다면 그것은 우리 안에서 능력으로 역사하시는 이의 역사를 따라 힘을 다하여 수고하게 하시는 주님의 뜻(골 1:29)과는 거리가 먼 것으로 보아야 한다.

사랑의교회 현장에는 담임목사가 목회를 하면서 시종일관 지킨 몇 가지 원칙이 있다. 제자훈련을 뿌리 내리게 하고 그것이 큰 재목으로 쓰임받도록 하려면 목사가 이 원칙에 충실하지 않으면 안 되었다. 여러 원칙이 있지만 제자훈련의 꿈을 가진 목회자에게 참고가 된다고 여겨지는 몇 가지만 간단히 정리하려고 한다.

궤도 수정을 하지 않는다

다시 말하지만 제자훈련은 우리가 선택할 수 있는 여러 가지 목회 방법 중 하나가 아니다. 그것은 지상 교회의

평신도를 깨운다

본질에 일치하는 것이요 예수님이 친히 모범을 보이고 명령하신 유일한 목회 방법이다.

그러므로 지도자가 제자훈련 목회를 하기로 결정하고 시동을 걸었으면 끝까지 달려가야 한다. 경험이 모자라 실패를 맛보아도, 비판하는 소리가 들려도, 빠른 시일 안에 열매가 보이지 않아도, 지치고 힘들어도, 더 쉬운 길이 나타나도, 심지어 큰 산이 앞을 가로막아도 흔들리지 말아야 한다. 후회하는 빛을 보이면 안 된다. 내가 만들어낸 것이라면 후회도 할 수 있고, 경우에 따라서는 집어치울 수도 있을 것이다. 그러나 제자훈련은 교회의 머리 되신 예수 그리스도께서 가르쳐주신 목회 방법이다. 우리가 부족하다고 해서 그만둘 일이 아닌 것이다.

사랑의교회 담임목사를 볼 때마다 교인들이 받는 인상은 시종일관 똑같다. 제자훈련 안 하면 목회를 그만둘 사람이라는 것이다. 이와 같은 강렬한 인상을 던지는 지도자가 되려면 자기가 시작한 일에 대해 한 치의 흔들림도 보이지 아니하는 자세를 견지해야 한다.

교회가 시작되고 1년이 채 안 된 어느 날, 학생 시절부터 서로 잘 알고 지내던 남자 집사 한 분이 차를 타고 가면서 이렇게 물었다. "목사님, 계속 이런 식으로 목회를 할 작정입니까? 주변에 있는 교회들은 여러 차례 부흥회를 하면서 벌써 수백 명이 모이고 있다는데 우리는 밤낮 몇십 명을 데리고 제자훈련만 해 가지고 언제 이런 교회들을 따라가지요?" 이 질문을 받은 담임목사의 대답은 매정할 정도로 간단했다. "저는 이대로 갈 것입니다." 그때 그런 대답을 한 목사는 언제 이런 대화가 오고갔는지 전혀 기억을 하지 못했다. 그러나 그 집사는 너무나 강한 인상을 받았는지 기억하고 있다가 3년 전에 그때 이야기를 해주어서 비로소 알게 되었다. 이것은 지도자의 생각이 타협의 여지가 없을 정도로 얼마나 단호한가를 읽을 수 있는 좋은 에피소드가 아닌가 한다. 그때나 지금이나 사랑의교회 담임목사는 하나도 달라진 것이 없다. 누구보다 교회가 이 사실을 더 잘 알고 있다.

목회에는 여러 가지 유혹이 많이 따라온다. 이렇게 하면 잘될까 저렇게 하면 잘될까 고심하는 교역자에게는 더욱 그렇다. 유혹 가운데 가장 해로운 것은 제자훈련에 꾸준히 생명을 걸지 못하게 하는 다양한 미끼들이다.

힘든 소그룹 훈련보다 한 번에 수백 명을 모아 무슨 코스를 수료하면 금방 무엇인가 될 것 같은 생각은 전형적인 유혹이다. 훈련을 그만두고 영감 있는 예배를 개발하면 평신도가 살아날 것이라고 속단하는 것 역시 만만치 않는 유혹이 될 수 있다. 우리가 세미나를 통해 들을 수 있는 성공 사례나 새로운 정보들은 나름대로 배워야 할 가치가 있는 것이지만 그것은 어디까지나 제자훈련을 더 강화하는 보약이 되게 해야지, 그만두게 하는 대체물이 되게 하면 안 된다. 명약이라고 해서 세끼 밥을 치우고 그것만 먹이는 어머니는 천하에 아무도 없다. 여기저기 다니면서 목회 방법을 사냥하는 데만 열을 올리는 사람은 목회를 그만두는 것이 자신을 위해서나 교회를 위해 더 나을 것이다.

불행하게도 우리는 주변에서 세미나 바인더만 잔뜩 진열해놓고 목회를 하는 경우를 종종 발견한다. 솔직히 말해 우리가 제자훈련에 몰입하게 되면 다른 이야기에 정신을 팔 여유를 거의 가질 수 없다. 이것이 정상이라고 생각한다. 짧은 목회 인생에 한 가지를 하기에도 시간이 없는데 언제 두세 가지를 붙들고 씨름할 틈이 있겠는가?

사랑의교회에서는 지금까지 한 번도 길을 잃고 방황을 하거나 길

평신도를 깨운다

을 잘못 들었다며 궤도 수정을 한 일이 없다. 목회자가 그렇게 할 틈을 전혀 보이지 않았기 때문이다. 이러한 태도를 시종일관 견지한다는 것은 쉬운 일이 아니다. 그러나 그렇게 해야 제자훈련이 뿌리를 내릴 수 있다. 무엇보다 중요한 것은 인내하면서 한 길을 꾸준히 걸어가는 목회자를 교회가 신뢰한다는 점이다.

방향을 자주 바꾸고 새로운 방법을 1, 2년이 멀다 하고 내어놓으면, 그 때마다 반짝하는 흥분은 줄 수 있겠지만, 그런 지도자를 신뢰하고 따를 사람은 아무도 없다. 얼마나 오래 갈까? 이런 불안을 불식시키지 못하는 목회자는 정말 제자훈련을 할 자격이 없다고 감히 말하고 싶다.

힘을 분산하지 않는다

사랑의교회를 목회하면서 가장 어려웠던 일 가운데 하나가 외부에서 들어오는 많은 강의나 집회 청탁을 적절하게 사절하는 것이었다. 그중에서 제자훈련에 관심을 가진 교회와 기관에서 부탁하는 요청을 거절해야 할 때에는 심각한 고민에 빠질 정도로 어려움을 겪어야 했다. 제자훈련을 강도 높게 밀고 나가려면 목사가 자리를 자주 비울 수 없기 때문이다.

목사가 밖으로 돌기 시작하면 이것은 집중의 원리에 위배된다. 아무리 유능한 부교역자들이 팀으로 일을 잘하고 있다 할지라도 전체를 책임진 목사가 제자훈련에 집중하는 태도를 보이지 않으면 얼마 안 가 나사가 풀리듯 해이해지는 위기를 맞는다.

우리 중에는 처음에 제자훈련 시작은 잘하였는데 목사가 유명해진 후 자주 밖으로 나가면서 얼마 안 가 형식적인 성경공부 프로그램으로 전락하는 경우를 종종 보게 된다.

외부의 청탁은 어느 정도 들어주어야 한다. 그러나 원칙이 있다. 제자훈련 목회를 변질시키지 않는 범위 안에서, 그리고 그 강도를 떨어뜨리지 않는 범위 안에서 수용해야 한다.

사랑의교회의 담임목사는 집회 요청이 들어오면 열 중 아홉은 정중히 사절하는 것을 하나의 원칙으로 지금까지 지키고 있다. 그래서 굴 파고 들어 앉아 있는 사람이라는 별명을 듣기도 한다. 물론 이런 태도가 무조건 옳다고 주장하고 싶지는 않다. 자기 교회만 위하는 것 같은 개교회주의가 하나님 나라 확장에 걸림돌로 작용하는 것처럼 보이는 증상이 도처에서 표면화되고 있기 때문이다. 그러나 특별한 경우를 제외하고는 자기 교회를 잘 목회하는 것이 바로 하나님 나라 전체를 위하는 것이다. 제자훈련 목회는 더욱 그렇다고 믿는다.

사랑의교회 담임목사는 밖으로 돌지 않기 위해 절제하는 것 외에 제자훈련에 좀 더 충실하려고 지키는 원칙이 하나 더 있다. 어떻게 보면 좀 지나치다고 생각이 될지 모른다. 그러나 그 나름대로 중요한 것은 사실이다.

사랑의교회에서 첫 장로들이 탄생할 무렵 담임목사와 장로들이 서로 묵계(默契)한 것이 있었다. 목사는 교단이나 노회에서 무슨 직책을 맡지 않는 대신 장로는 장로회나 기타 제자훈련에 크게 도움이 되지 않는 단체에서 활동하는 일을 자제한다는 것이었다. 할 수 있는 대로 시간 빼앗기는 일을 피하고 목사와 장로가 성도를 훈련하고 돌보는 일에 진력하고 싶었기 때문이다.

놀랍게도 이 약속은 아직도 깨어지지 않고 있다. 지도자가 먼저 집중해야 제자훈련이 교회를 젊고 건강하게 만드는 심장 구실을 한다는 것이다. 생각이 갈리고 마음이 나뉘는 곳에서 무슨 선한 것이

나올 수 있겠는가?

자기 발전을 위한 몸부림을 계속한다

한번 생각해보자. 세상에서 예수님의 제자가 되자고 외치는 것만큼 목사에게 부담을 주는 말이 또 있을까? 제자가 된다는 말이 무엇을 의미하는 것인지를 깊이 알면 알수록 그 말을 될 수 있는 한 입에 올리고 싶지 않다는 생각이 들기 마련이다.

그러므로 제자훈련을 시작하는 목사는 스스로 자기 발에 족쇄를 채우고 목회하기로 단단히 결심해야 한다. 자기가 예수처럼 되고 예수처럼 살려는 노력을 하지 않고 어떻게 제자가 되라고 가르칠 수 있겠는가?

제자훈련을 하면서 지도자가 변화를 보이지 못하면 죽은 교육이 되고 말 것은 불 보듯 뻔한 일이다. 제자훈련 목회는 지도자에게 엄청난 부담감과 스트레스를 강요하는 고약한 데가 있다는 것을 알아야 한다.

목사는 자기를 드러내 보이기 위해 공작새처럼 화려한 꼬리를 펴 보일 수 없다. 설교에서도 할 수 없고 소그룹에서도 할 수 없다. 목사는 고독한 전사(戰士)다. 오직 주님 앞에서 땀과 눈물에 젖은 자신을 채찍질할 뿐이다. 그러나 그가 얼마만큼 노력하는 사람인지, 얼마만큼 발전하는 지도자인지를 교회는 이상할 정도로 잘 알아차린다. 그들의 눈에 비치는 목사의 이미지가 긍정적이면 그것이 그의 권위로 자리매김을 하게 된다.

사랑의교회 목사는 한자리에 가만히 주저앉아 지낼 수 없는 상황 속에서 살고 있다. 스스로 달려가지 않으면 억지로 떠밀려서라도 발걸음을 떼놓아야 한다. 앞서 달려가는 평신도가 너무 많고 목사를 주눅 들게 만드는 일이 하루가 멀다 하고 그들 세계에서 일어나는데 어찌 목사가 구태의연하게 앉아 있겠는가?

이런 분위기는 목사가 쉬지 않고 자기 발전을 염두에 두고 씨름하게 만드는 강력한 자극제가 된다. 그래서 조금이라도 더 자랄 수 있고 성숙할 수 있다면 힘을 다해 달리고 싶어 하는 삶의 태도가 목사에게는 무의식중에 일종의 체질이 되었다.

때로는 부담스러워 도망가고 싶은 생각이 들고 너무 지쳐서 모든 것을 손에서 놓고 싶은 충동을 느끼는 것이 사실이지만, 그런 초라한 모습을 내색하지 않고 버틸 수 있는 힘은 사랑의교회라는 독특한 환경에서 오는 것임에 틀림없다고 생각한다.

"그렇다면 당신은 자기 발전에 대해 얼마나 만족하는가?" 누가 이런 질문을 던지지 않을까 몹시 두렵다. 사실 할 말이 없기 때문이다. 그러나 계속 전진해야 한다는 강박 관념이 무서운 주인이 되어 담임목사를 밤낮없이 감시하고 있다는 대답은 감히 할 수 있을 것 같다.

그러므로 제자훈련이 어느 정도 자리를 잡으면 목사도 발전하고 평신도도 발전하는 좋은 환경을 만들 수 있다. 사랑의교회 목사는 이러한 은혜를 가장 많이 입고 있음을 조금도 의심하지 않는다. 스스로 이 은혜를 거부하지 않는 한 이것은 되로 주고 말로 받는 축복임에 틀림없다.

훈련받지 않으면
사역을 시키지 않는다

목사의 손에서 훈련되지 않은 평신도를 중요한 사역에 절대 동참시키지 않는다는 이 원칙을 처음부터 고수한 것이 사랑의교회 제자훈련 목회를 반석 위에 올려놓는 데 큰 기여를 했다. 여기서 말하는 중요한 사역이란 일차적으로 말씀으로 다른 형제들을 섬기는 다락방 순장을 가리킨다. 개척을 시작하고 처음 2, 3년 동안은 일손이 너무 달려서 제자훈련 중에 있는 자에게 순장 사역을 겸하게 하는 일이 있었지만 그 후로는 그런 적이 한 번도 없었다.

사람이 준비되어 있지 않으면 일을 시작하지 않는 편을 택했다. 겉으로 보아 하자가 없다고 해서 훈련받지 않은 자를 기용하는 일은 한 번도 없었다. 그래서 가끔 타 교회에서 들어온 열심 많은 교인들이 불평하기도 하고 중도에 떠나는 불상사가 일어나기도 했지만 목사는 그것으로 전혀 동요하는 일이 없었다.

이와 같은 원칙이 장기간 변함없이 자리를 잡게 되자 자연히 그것은 인사 정책 전반에 당연한 규칙이 되었다. 어느 부서, 어떤 사역이든 적절한 훈련 과정을 거치면서 검증받지 않은 사람은 발을 붙일 수 없도록 만들었다. 그렇게 되니 아무리 능력 있고 신앙 경력이 대단한 자라도 처음부터 머리를 숙이고 배우지 않으면 사랑의교회에서는 인정받을 수 없을 뿐 아니라, 아무 일도 할 수 없다는 인식이 언제부터인지 교회의 불문율로 자리 잡았다.

따라서 훈련받기를 원하는 자들이 많아지고 이에 따라 훈련의 질과 강도를 더 높일 수 있었다. 여기서 특기하고 싶은 것은 이 원칙 덕분에 흔히 사람을 잘못 써서 교회가 당할 수 있는 많은 시험을 사전에 차단할 수 있었다는 사실이다.

제자훈련이 철저한 교회는 질이 나쁘거나 문제가 있는 자들이 처음부터 들어올 생각을 못한다. 양가죽을 입고 들어올 수는 있지만 장난할 수 있는 틈을 찾기가 어렵다는 점을 잘 알고 있다. 훈련에 들어가면 정체가 탄로 나는 위험 부담이 대단히 높다는 사실을 미리 감지하는 것이다.

이것이 교회의 평화와 안전을 지키는 데 얼마나 중요한 일인가? 사랑의교회가 지금까지 사람을 잘못 만나서 교회가 흔들릴 정도로 어려움을 당한 일은 한 번도 없었다고 생각한다. 밖에서 보기에는 수준 높은 평신도가 많기 때문이라고 생각할지 모르지만 실은 제자훈련을 잘해보려고 기본 원칙에 충실하다가 덤으로 얻게 된 은혜라고 해야 한다.

리듬과 균형을 유지한다

제자훈련을 하거나 사역을 시키면서 사람을 너무 힘들게 하거나 어느 한 쪽으로 끌고 가는 일이 없도록 자상하게 배려해야 한다. 자연 질서에도 낮과 밤이 있어서 일할 때가 있는가 하면 잠을 자야 하는 때가 있는 것처럼 영적 훈련과 사역에도 똑같은 법칙이 적용되고 있다는 점을 소홀히 하면 안 된다.

우리가 하루 종일 주먹을 움켜쥐고 살 수는 없다. 쥘 때가 있는가 하면 펼 때가 있는 법이다. 쥐고 펴고 하는 것을 잘 조정하는 것이 사역의 리듬 감각이다. 처음 제자훈련을 시작하면 너무 재미나고 좋아서 열두 달 쉬지 않고 강행하는 일이 많다. 그리고 순장들이 다락방을 맡으면 첫 열심을 주체하지 못하여 1년 내내 쉬는 날 없이 뛰는 경우가 많다.

그러나 영적 사역은 단거리 선수처럼 하면 오래가지 못한다. 오래 뛰고 꾸준히 달리려면 일과 쉼의 균형을 적절히 배합하는 리듬을 지켜야 한다. 이것은 지도자가 어떻게 지도하느냐에 따라 많이 좌우되는 문제다.

평신도를 깨운다

훈련 내용이 한쪽으로 기우는 것을 막는 것도 대단히 중요하다. 모일 때마다 방안에 갇혀 성경을 공부하는 것은 바람직하지 않다. 가끔은 야외로 나간다든지 좋은 기도처를 찾아 사랑을 더 진하게 나누면서 기도하는 시간을 갖도록 노력해야 한다. 그리고 훈련을 마치고 사역에 뛰어든 자들이 자신에게 부족한 영역을 찾아 보완할 수 있는 다양한 프로그램을 개발하는 것이 좋다.

예를 들면 앞에서 이미 언급한 바와 같이 귀납적 공부는 체계나 이론 면에서 약한 것이 사실이다. 따라서 귀납적으로 성경을 묵상하는 것만 고집하면 성경을 보는 눈이 애꾸가 되기 쉽다. 지도자는 좀 더 체계적으로 말씀을 공부할 기회를 만들어주어야 한다. 이것이 훈련이나 사역에서 어느 한 쪽으로 기울기 쉬운 약점을 막는 하나의 방법이 될 수 있다.

사랑의교회는 리듬과 균형을 의도적으로 중시해왔다. 그래서 제자훈련에 여러 가지 과외 활동 프로그램을 추가하고 있다. 성경 대학과 가정생활 세미나 그리고 유명한 강사들의 특강 등을 상시 혹은 수시로 마련하여 평신도 사역자들이 자신의 부족한 부분을 보충하도록 하고 있다.

뿐만 아니라 1년 중 여름과 겨울에는 약 4개월을 자유롭게 지낼 수 있도록 풀어준다. 제자훈련도 쉬고 사역도 쉽게 만드는 것이다. 처음에는 왜 쉬느냐고 항의하던 자들이 이제는 남보다 더 휴가를 기다리는 일이 많다.

그리고 말씀 사역을 하는 순장들에게 연중 몇 차례는 팔을 걷어붙이고 달동네 같은 곳을 찾아 봉사하는 기회를 만든다. 리듬과 균형을 앞세우다 갑자기 훈련의 긴장이 풀어지고 영적으로 병이 드는 부작용과 씨름하느라 한동안 고생했지만, 지금은 안정된 훈련 그리고 안정된 사역을 유지하기 위한 재충전 채널이 되고 있다.

위에서 이야기한 몇 가지 원칙은 오늘의 사랑의교회 제자훈련으로 만들어지는 데 크게 기여했다. 어느 교회나 지도자라면 반드시 알고 실천에 옮겨야 할 중요한 원칙이라고 생각한다. 다시 말하지만 제자훈련이 주는 축복은 우연을 기다리는 자에게는 결코 찾아오지 않는다. 심은 대로 거두는 냉엄한 영적 원리를 놓고 무슨 타협을 할 생각은 처음부터 하지 말아야 한다.

30장
제자훈련에서 순장 교육까지

초창기 얼마 동안은 교회라는 새로운 토양에서 제자훈련을 하는 것 자체가 실험 재배나 다름없었다. 몇십 명도 안 되는 소수지만, 남녀노소나 빈부귀천이 각기 다른 다양한 사람이 다 모인 복합적인 구성원을 상대하는 것이라 제자훈련을 잘할 수 있을지 속단하기 어려웠다. 게다가 당시에는 담임목사의 목회 철학이 체계적으로 잘 정리되어 있지 않은 상태였다. 교재도 선교 기관의 것을 사용해야 했다.

그러나 중요한 것은 제자훈련을 일반 목회에 적용하기 시작했다는 점이었다. 이런 경우 목사에게는 열린 자세가 필요했다. 실험 단계를 거칠 동안은 신축성 있는 유연한 자세를 갖지 않으면 안 된다. 제자훈련이라는 기본 틀은 고수하면서 수정할 것이 있으면 주저하지 않고 바꾸고, 버려야 할 것은 미련 없이 포기하는 결단이 필요했다. 그래서 가장 최선의 것만 살아남을 수 있도록 해야 했다. 그 결과 지금 사랑의교회가 풍성한 열매를 거두고 있는 훈련 프로그램의 틀이 마련될 수 있었다.

남녀 제자반의 시작

    제일 먼저 시작한 여제자반은 반년이 못되어 어려운 고비를 맞았다. 여섯 명 가운데 남은 자가 목사 사모 하나뿐이었다. 그러나 얼마 있지 않아 훈련 대상으로는 상당히 좋은 조건을 갖춘 부인들이 여러 명 등록을 하게 되어 다시 반을 편성할 수 있었다. 이때부터 여제자반은 중도에서 손을 드는 쓴 맛을 보지 않아도 되었다.

    조금 지나 교인수가 늘어나면서 각 반을 10명 내외로 묶어 4반을 만들어 정신없이 가르쳤다. 하나님의 은혜가 얼마나 강렬하게 임하였는지 모태 신앙을 가진 자나 믿은 지 불과 몇 달이 채 안 되는 자나 모두 말씀을 통해 부서지고 다시 빚어지는 성령의 역사를 체험할 수 있었다.

    그들의 열심과 헌신이 교회를 부흥시키는 강한 추진력이 되었는데 나중에는 늘어나는 교인을 양육하기 위해 다락방을 만들어야만 했다. 훈련된 순장은 한 명도 없었다. 모두가 훈련 중인 예비 순장뿐이었다.

    그러나 초창기의 특수 상황을 고려하여 훈련받은 지 8개월이 지난 여집사 가운데 합당한 자들을 골라 순장 사역을 겸하게 했다. 그들이 인도하는 다락방을 중심으로 얼마나 놀라운 일들이 일어났는지 여기서 그 이야기를 자세히 할 수 없는 것이 유감이다. 아직도 그때의 순장들이 현장에서 뛰고 있다. 지금은 대부분이 오십 대로 접어든 나이가 되었지만 그 열정과 헌신은 하나도 달라진 것이 없어 보인다.

    평신도의 잠재력 그리고 위대성을 그들에게서 언제든지 확인할 수 있다는 사실이 얼마나 가슴 뭉클한 일인지 모른다. 지금은 그들의 뒤를 이어 똑같은 믿음과 소명을 가진 수천의 여성 사역자들이 담임목사와 함께 이 땅에 하나님의 뜻을 펴고 있다.

남제자반은 여제자반에 비해 1년 늦게 시작하였다. 남자들의 수가 여자에 비해 월등히 적어 훈련을 받을 적절한 숫자를 확보하기에는 어려움이 있었기 때문이다. 처음 12명을 선정했을 때 4명을 제외하고는 거의 믿음 좋은 부인들 손에 억지로 떠밀려 들어온 자들이었다. 다시 말하면 제자훈련보다 신앙 양육을 시켜야 할 수준의 사람들이었다.

하지만 목사는 인내를 가지고 그들을 다루어야 했다. 처음 몇 달 동안은 운전하여 가서 강제로 데려왔다. 막상 성경을 펴 놓고 공부를 시작하면 마음이 열리지 않아 심한 갈등에 시달리다 끝나는 경우도 한두 번이 아니었다. 대부분 화려한 신앙 경력을 지닌 선대의 후예였지만 중생을 받지 못하고 있었다. 자존심이 강하고 자신감이 넘치고 부족한 것이 별로 없어 보이는 자들이었다. 믿지 않는 이유, 순종하지 못하는 이유를 말할 때에도 언제나 당당했다. 하나님보다 자기가 더 옳아 보이는 것이 조금도 이상하게 여겨지지 않는 자들이었다.

반년이 조금 지나 성령께서는 가장 완고한 자부터 시작하여 한 사람씩 만지기 시작하셨다. 그때부터 제자반 분위기는 어두움에서 빛으로 들어온 것처럼 확실히 달라졌다. 그들의 표정이 기쁨과 평안으로 가득해지고 서로 주고받는 대화에는 감격과 사랑이 넘치고 있었다.

사람이 바뀌니까 뒤따라 가정과 사회생활에 변화가 일어났다. 한 주 후에 만나면 삶에서 체험한 아름다운 간증을 자주 들을 수 있었다. 그들 가운데 상당수가 교회 개척 4년 반 만에 장로로 임직받는 감격을 누렸다. 그 후 그들을 따라 수백 명의 남자들이 제자훈련을 통해 신실한 평신도 사역자가 되어 여기저기서 주님의 나라를 위해 뛰고 있다. 그들이 인도하는 다락방에서 어떤 일이 일어나고 있는 지, 그들이 몸담고 있는 직장에서 하나님이 어떤 일을 하고 계시는 지 오직 주님만이 알고 계실 것이다.

그들을 통해 구원받은 자들, 그들의 손에서 아름답게 성장하는 매력적인 형제들을 교회 안에서 만나는 것은 어렵지 않다. 교회의 머리 되신 주님께서는 오늘도 그들의 입을 빌려 가르치고 전파하실 뿐 아니라 그들의 손을 빌려 치료하고 계신다.

남자들을 훈련하기 위해 넘어야 할 장애물은 한두 가지가 아니다. 여자보다 훨씬 더 힘들고 까다롭다. 여자 제자반은 시작하자마자 실패를 맛보았지만, 남자의 경우에는 두 번째 제자반을 시작하고도 얼마 지나지 않아 비슷한 좌절을 맛보아야 했다. 가장 어려운 점은 여자에 비해 훈련 대상자를 선택할 수 있는 폭이 너무 좁다는 것이다.

사랑의교회는 초창기 수년 동안 남자가 전체 교인의 20퍼센트도 안 되었다. 대부분이 전도받아 처음 교회에 나오는 사람들이라 여자가 절대 우세할 수밖에 없었다. 남자도 여자처럼 제자훈련의 맥이 끊어지지 않게 하려는 욕심에서 억지로 사람을 끌어넣은 것이 화를 자초하게 된 것이다.

남자들은 대부분 너무 바쁜 직장인들이다. 언제 훈련을 시키는 것이 가장 좋은지를 결정하기 어려웠다. 저녁에 모이기도 하고 새벽에 모이기도 했다. 그것도 어렵게 되자 주일 오후에 모이기도 하였다. 그러나 신앙이 어린 사람들은 결국 손을 들고 마는 것을 보았다. 남자들은 영적으로 여자만큼 예민하지 못하다. 어떤 면에서는 놀라울 만큼 굳어 있다.

그러므로 남자들을 훈련시키려면 그만큼 힘든 영적 싸움을 각오하지 않으면 안 된다. 지도자가 영력을 잃으면 오래 버틸 수 없는 상황을 맞기 쉽다. 반면에 남자들은 한번 은혜의 맛을 보고 변화를 받으면 뒤탈이 잘 나지 않는 경향이 있다. 쉽게 말해 변덕이 심하지 않다는 말이다.

이제 제자훈련은 사랑의교회에서 중추 신경과 같은 역할을 하고 있다. 평신도 지도자를 발굴하는 관문이 되고 있기 때문이다. 해마다 수백 명씩 선발하는데 지원자는 항상 정원의 배를 초과할 정도로 많다. 선발 조건은 매우 까다로운 편이다. 그리고 일단 훈련에 몸을 담으면 강도가 워낙 높아서 마치 신병 훈련소에 들어온 것이 아닌가 하는 생각을 할 정도이다.

그러나 그들의 얼굴에는 기쁨과 긍지가 활짝 피어오르는 것을 본다. 담임목사는 그들 중 상당수로부터 개인적인 편지를 받는다. 모두가 제자훈련을 통해 체험하게 된 은혜를 나누는 글이다. 그들은 한결같이 훈련을 받을 수 있도록 기회를 허락하신 하나님과 지도자에게 뜨거운 감사를 표현한다.

이런 글들을 읽으면서 담임목사가 얼마나 하나님을 찬양하는지, 목회자로서 얼마나 벅찬 보람을 느끼는지 몇 마디의 말로는 다 표현할 수 없을 것이다.

사역훈련의 필요성

교회가 어느 정도 자리를 잡고 제자훈련이 궤도에 오르기 시작할 무렵 교회에서 사용하기에 적합한 훈련 교재를 만들기 시작했다. 이 교재는 그 후 여러 해 동안 실제로 사용하면서 발견되는 부족한 부분을 보완하고 수정하는 작업을 거친 다음 지금의 〈제자훈련 교재〉(1~3권), 〈사역훈련 교재〉(1~3권)로 정착 되었다.

새로운 교재를 만들면서 사랑의교회 훈련 프로그램에는 획기적 인 변화가 있었다. 종전에는 복음과 믿음의 기초를 든든히 세워주고 성숙한 신앙 인격과 거룩한 삶을 추구하게 하는 데 훈련의 역점이 있었다. 그런데 교재가 새로 바뀌면서 제자훈련에 이어 사역훈련(처 음에는 '고급 제자훈련'이라고 불렀다)을 추가하기로 한 것이다.

평신도가 목회자와 함께 분담 사역을 하려면 좋은 믿음, 좋은 인 격 외에 꼭 필요한 요건이 몇 가지 더 있다. 그것은 자기가 누구인가 를 바로 아는 데서 생기는 '정체성'이고 지도자의 목회 철학을 함께 나누는 데서 오는 '새로운 패러다임'이다. 그리고 각자가 받은 은사 를 발견하여 어떤 영역에서 사역하는 것이 가장 바람직한가를 확인 하는 '자기 점검'이다. 이런 것들은 1년 동안 실시하는 제자훈련 과 정에는 담을 수 없는 벅찬 내용이었다. 그래서 또 한 번의 1년 과정 인 사역훈련을 추가하게 된 것이다.

이 과정은 기성 교회의 제자훈련이 선교 기관과 무엇이 다른가 를 가장 확실하게 보여준다. 그때부터 지금까지 사랑의교회에서는 제자훈련을 마치면 특별한 사유가 없는 한 모두가 1년 더 이 과정을 거치게 되어 있다.

교회가 성장하면서 지원자가 계속 늘어나자 담임목사는 제자훈 련을 부교역자 팀에게 인계하고 자신은 사역훈련에만 전념했다. 사 역반은 제자반 세 개를 묶어 한 반으로 만들었기 때문에 유기적인 교육 환경으로는 조금 불만스러운 것이 사실이었다.

그러나 제자훈련을 받으면서 소그룹에 익숙해진 자들이라 전체를 상대하는 데는 큰 지장이 없었다. 제자훈련과 달리 사역훈련에서는 지도자가 미니 강의를 하는 경우가 자주 있고, 대화보다는 설득 형태로 주도적으로 이끄는 경우가 많아서 사람의 수에 크게 영향을 받지 않는 편이었다. 그러나 25명을 넘으면 곤란하다. 아무리 세심한 배려를 한다고 해도 개인이 실종되기 쉬운 분위기가 되기 때문이다. 사역훈련을 하면서 지도자와 훈련생 사이에 주고받는 대화 내용을 알고 싶다면 '부록 1'을 참고하라.

해를 거듭하면서 사역훈련이 평신도 지도자를 만드는 데 얼마나 큰 기여를 하는가를 더 확실하게 볼 수 있었다. 자기가 보냄을 받은 소명자라는 사실을 확신하는 평신도가 교회 안에서는 물론 사회 속에서 얼마나 능력 있는 사역자가 될 수 있는지, 지도자의 목회 철학을 자기 것으로 공유한 평신도가 얼마나 건강한 교회관을 가지고 버팀목 노릇을 할 수 있는지를 분명하게 확인할 수 있었다.

또한 말씀으로 형제를 섬기는 구체적인 이론과 방법을 배운 평신도가 얼마나 효과적으로 다락방을 인도할 수 있는지, 하나님의 말씀을 좀 더 체계적으로 깊이 배울 필요를 느낀 평신도가 얼마나 부지런히 자기 발전을 위해 뛸 수 있는지를 사역훈련을 거쳐 간 수많은 형제자매를 보면서 일일이 확인할 수 있었다.

전도폭발 훈련

제자훈련과 사역훈련은 전도를 가르치는 데 결정적인 약점이 있는 것이 사실이다. 평신도가 복음을 전할 소명을 받은 예수의 제자이며, 지상 교회가 존재해야 할 이유는 세상을 구원하기 위해서라는 사실을 강도 높게 가르치는 것은 사실이지만 실제로 그들이 전도할 수 있는 기회와 현장을 제공하지 못하여 자칫하면 탁상공론에 그칠 위험이 대단히 크다. 예수님은 제자들을 데리고 다니시면서 자기가 어떻게 복음을 전하는가를 보여주셨다. 그리고 제자들이 따라하게 하셨다.

그러나 사랑의교회 담임목사는 예수님의 패턴을 모방할 여력이 없었다. 가르치는 목회자가 거리로 나가지 않는 전도 훈련은 사실 의미가 없는 것이다. 이런 약점을 해결하기 위해 도입한 것이 전도 폭발 프로그램이었다. 누구든지 사역훈련을 마치면 4개월 동안 이 프로그램을 이수하도록 하고 있다.

10여 년이 넘게 사랑의교회는 전도폭발을 통해 너무 풍성한 은혜를 받았다. 1년 내내 새 생명 탄생의 축제가 끊어지지 않는 이유는 바로 이 훈련을 받은 평신도 지도자들이 복음을 전하려는 열정으로 뛰고 있기 때문이다. 그들 가운데는 국경을 넘어 여러 나라를 다니며 복음의 폭탄을 터뜨리는 자들도 있다.

이 프로그램에는 사람의 입을 열어주는 강력한 힘이 있다. 그리고 구원의 기쁨을 계속 넘치게 하는 샘을 갖고 있다. 앞으로도 이 훈련을 통해 많은 영혼이 하나님의 품으로 돌아올 것이다.

순장 교육

평신도가 모든 훈련 과정을 마치고 실제로 사역에 뛰어들면 그들의 영적 요구가 점점 더 왕성해지는 것을 볼 수 있다. 어떤 점에서는 훈련을 시키기 전보다 목회자는 더 무거운 짐을 질 수 있다. 그들이 사역을 제대로 하려면 목회자가 계속 필요한 자료를 공급해주어야 한다. 영적으로 필요한 은혜를 끊임없이 보충해주어야 한다.

영적 사역이란 일종의 전쟁이다. 아무것도 하지 않을 때는 가만

평신도를 깨운다

히 있던 어두움의 세력이 헌신자에게는 집요하게 접근하면서 유혹하고 도전한다. 그러므로 일을 많이 하는 자들일수록 영적으로 많은 침체를 경험할 수 있다.

첫 열심이 식어지고 자기도 모르게 매너리즘에 빠지면서 다른 사람을 잘못된 길로 인도하기 쉽다. 그들은 계속 성장하기를 바란다. 사역자로서 필요한 영적 권위를 갖기 위해 다른 사람과 똑같은 수준에 머물면 안 된다는 강박 관념이 있기 때문이다.

그리고 그들은 사역을 하면서 많은 상담에 응해야 하는데 이를 위해서는 어느 정도의 영적 분별력과 함께 상담의 테크닉도 갖추고 있어야 한다. 이러한 요구를 충족하게 하고자 마련된 프로그램이 바로 순장 교육이다. 이것은 졸업이 없는 평생 프로그램이다. 누구든지 사역을 그만두지 않는 한 계속 받아야 하기 때문이다.

사랑의교회 순장 교육은 남녀 따로 모인다. 여순장은 지난 20여 년 동안 매주 화요일 오전 10~12시에 모이고 있다. 담임목사는 이 시간을 아주 중요하게 여기고 준비한다. 천여 명의 순장들을 한 자리에 모아 지도하는 것이 그렇게 쉬운 일은 아니지만 사랑의교회 여느 모임에서 느낄 수 없는 독특한 정신과 일체감과 영감이 있다. 우리는 경우에 따라 한 시간 가까이 합심 기도를 한다. 찬양의 은혜에 잠겨 시간을 잊어버릴 때도 있다.

담임목사가 직접 쓴 다락방 교재로 말씀의 핵심을 정리한다. 시간이 짧아서 좀 더 자상하게 귀납적인 방법에 도움이 될 많은 아이디어를 주지 못하는 것이 항상 아쉬움으로 남는다. 그러나 어린 아기에게 숟가락으로 떠먹이는 식의 교육은 하지 않으려 한다. 어떤 때에는 담임목사로부터 호된 꾸중을 듣고 굳어진 얼굴을 들지 못할 때도 있다.

이렇게 지도자가 마음 놓고 꾸중을 할 수 있다는 것이 얼마나 축복인가? 자기가 낳은 영적 자식이 아니면 절대로 그렇게 하지 못할 것이다. 사랑의교회 담임목사는 순장들과 함께 보내는 시간을 항상 사모한다. 목사 자신이 재충전되고 또 한 번 비전을 보는 시간이 되기 때문이다.

남자 순장반은 아직도 시원한 해결을 보지 못하는 숙제로 남아 있다. 순장은 반드시 담임목사가 책임지고 교육해야 한다. 그러나 그들이 워낙 쫓기는 사회생활을 하고 있기 때문에 목사와 함께 모일 수 있는 마땅한 시간을 만들기 어렵다는 고충이 있다. 가장 바람직한 시간이 주일 오후라 할 수 있는데 이때에는 목사가 하루 종일 설교에 지쳐 있어 모일 수가 없다. 이런 사정 때문에 사랑의교회에서 남자 순장반은 매주 모이지 못하고 있다.

매주 그들은 여순장반에서 가르친 목사의 테이프를 받아가 각자 다락방 인도를 준비한다. 그리고 매월 첫 주 오후에는 한 자리에 모여 담당 부목사와 함께 기도하고 교구별로 모여 필요한 정보를 나눈다. 이 시간에는 담임목사도 잠깐 들어와 강의나 권면을 한다. 아직은 만족스럽지 못한 것이 사실이지만 남자 다락방이 자꾸 늘어가고 많은 남성이 다락방을 통해 놀라운 변화를 체험하는 것을 보면서 큰 위로를 받는다.

평신도가 훈련을 잘 받고 능력 있는 사역자로 헌신하면 대부분이 손에서 사역을 놓으려 하지 않는다. 지도자가 그만두라고 하면 어쩌나 하는 은근한 불안도 있다. 간혹 집안 사정이 나빠져서 일을 놓았던 자들이라도 여건이 호전되면 즉시 사역을 하기 원한다. 사역을 하지 않고 무슨 재미로 신앙생활을 할 수 있느냐고 반문하는 말을 자주 듣는다.

이런 이유 때문인지 이민을 가거나 회사의 발령을 받아 해외로 나가면 이웃에 있는 한인들을 전도해 다락방을 인도하는 사례가 참 많은 편이다. 이것 때문에 가끔은 그 지역에 있는 한인 교회와 마찰을 일으키는 불상사도 생기지만 대부분은 지역 교회 지도자들에게 큰 힘이 되고 있다.

보완적인 프로그램

순장을 위시하여 사역에 뛰어든 평신도 지도자를 위해 사랑의교회는 여러 보완 프로그램을 운영하고 있다. 일을 하다 보면 이것저것 배우고 싶은 것이 많아지는 것이 일반적인 경향이다. 다락방 교재만 공부하고 그치면 능력 있는 순장이 되기 어려운 것이 사실이다. 그 교재를 제대로 사용하려면 많은 노력을 해야 한다. 신구약성경 개론은 물론이고 조직신학 그리고 상담에 관한 것 등 필요한 것이 정말로 많다.

그래서 평신도 지도자는 물론이고 모든 성도가 언제든지 입학하여 배울 수 있는 평신도대학을 여러 반 운영하고 있다. 크로스웨이를 통해 몇 년 동안 신구약을 재미있고 체계적으로 공부할 수 있는 아주 유익한 코스다.

상담을 위해서는 겨울 휴가 기간을 이용하여 특별 강사를 불러 한 주간 연속 강의를 듣게 하는 과정도 있다. 그리고 가정이나 부부 문제를 다루는 세미나를 상담 전문 교역자들이 운영한다. 기도 훈련을 지속해서 시킬 수 있도록 중보기도팀을 조직하여 목요일 저녁마다 모일 때도 있다.

평신도를 깨우기 위해 사랑의교회가 최선을 다하는 것은 사실이지만 여전히 메꾸지 못한 채 남은 허점이 많다는 것을 인정하지 않을 수 없다. 지상 교회는 끝까지 불완전을 숙명으로 갖고 있음을 알기에, 부족하지만 감사하고 만족하려고 한다. 대형 교회의 프로그램이어서 형제 교회들이 그대로 모방하는 데는 무리가 따를 것이다. 그러나 교회가 크든 작든 적용할 수 있는 기본적인 프로그램이 무엇인가를 아는 데는 큰 어려움이 없을 것이다.

평신도를 깨운다

31장
기쁨으로 단을 거두리로다

사랑의교회는 제자훈련의 뿌리가 내린 지 20년이 넘는 현장이라 평신도가 깨어났을 때 무엇이 좋고 나쁜지를 있는 그대로 들여다볼 수 있다는 큰 이점이 있다. 숨길 수도 없고 과장할 수도 없는 벌거벗은 현장이라고 해도 과언이 아니다. 우선 기쁨으로 거두고 있는 풍성한 열매부터 몇 가지 이야기하려고 한다.

솔직히 말해 평신도의 잠재력이 이토록 대단한가를 담임목사도 미처 알지 못했다. 그리고 제자훈련이라는 씨앗을 심어 거두게 되는 과실이 이처럼 놀라울 줄은 미처 예측하지도 못했다. 우리가 구하는 것이나 소원하는 것에 더 넘치도록 주시는 하나님의 은혜를 웅변적으로 말해주고 있다.

이런 축복은 비단 사랑의교회만 누리는 것이 아니다. 이미 소개한 여러 제자훈련 목회 현장에서 대동소이하게 볼 수 있다. 그래서 감히 이렇게 말하고 싶다. "당신도 제자훈련 해보십시오. 똑같은 열매를 기쁨으로 거두게 될 것입니다!"

제자훈련이 건강하게 뿌리를 내리면 교회 체질에 어떤 변화가 일어나는지에 대해서는 17장에서 대부분 설명했다. 그러나 사랑의교회에는 체질 개선이라는 말을 쓰는 것이 적합하지 않다고 생각한다.

처음부터 제자훈련으로 그 체질이 정착되어 왔기 때문이다. 그래서 기성 교회가 제자훈련을 하면서 발견할 수 있는 많은 체질 변화를 이미 오래전부터 그대로 간직하고 있다고 보아야 한다. 그러므로 여기서는 가장 중요하다고 생각되는 몇 가지를 소개하는 것으로 만족하려고 한다.

공동체를 이끄는 강력한 정신

교회 역사가 수년을 넘어가면 그 교회를 이끄는 보이지 않는 어떤 정신이 생긴다. 그러나 교회라고 해서 똑같은 정신이 생기는 것은 아닌 듯싶다. 지도자의 목회 철학과 그것으로 영향을 받는 사람들의 수가 얼마나 많은가 그리고 그 영향이 얼마나 깊은 자국을 남기느냐에 따라 결정되기 때문에 어떻게 보면 교회마다 상당한 차이를 보인다.

제자훈련은 평신도에게 세상으로 보냄받은 자로서의 강한 소명감을 심어준다. 자기가 교회 주체라는 분명한 자의식을 갖게 한다. 자신도 심판대 앞에서 삶을 결산해야 하는 청지기임을 의심할 수 없게 한다. 따라서 교회가 주는 직분을 명예라고 생각하지 않고 다만 섬기는 사역으로 생각한다. 자기는 다른 형제들 덕분에 건강하게 신앙생활을 하는 빚진 자임을 잊지 않는다. 동시에 자기가 존재하는 이유는 다른 형제를 위해서라는 사실을 늘 명심한다.

그리고 교회생활과 사회생활은 서로 나눌 수 없는 거룩한 산 제사임을 늘 염두에 두고 처신한다. 이처럼 교회를 통해 의식적 혹은 무의식적으로 가진 어떤 확신이 응집해 형성된 그것이 공동체를 이끌어가는 강력한 정신이 된다.

최근 사랑의교회에서는 평신도 사역자 652명과 일반 신자 157명

평신도를 깨운다

을 대상으로 몇 가지 설문 조사를 실시했다(부록 5 참고). 먼저 평신도 사역자 중에는 93퍼센트에 해당하는 자들이 자신을 교역자와 다름 없는 소명자라고 고백하고 있다. 그리고 이런 소명 의식은 제자훈련이나 사역훈련으로 얻게 되었다고 하는 대답이 67퍼센트를 조금 웃돈다.

참 재미있는 사실은 설문에 응답한 사역자 열 명 중 여덟은 자신이 평신도 사역자가 된 동기를 사랑의교회의 분위기에 돌렸다는 점이다. 다시 말하면 교회의 분위기상 헌신을 하지 않으면 인정받을 수 없다는 일종의 위기의식 때문에 뛰어들었다는 것이다. 자신에게 무슨 엄청난 소명이 있어서가 아니라 다들 뛰고 있는데 나만 가만히 있을 수 없다고 생각하게 만드는 분위기에 자극받은 것으로 해석할 수 있다.

이 정신이 얼마나 도도하게 흐르고 또 이어지고 있는가를 보여주는 자료가 또 있다. 응답자의 70퍼센트가 주변에 있는 형제 가운데 몇 명의 평신도를 나중에 자기와 같은 사역자로 키우기 위해 필요한 양육을 하고 있다고 대답한 것이다. 이 정신이 어느 한 세대에 고정되어 있지 않고 다음 세대로 이어지고 있다는 사실이 중요하다.

등록 후 새가족반에 들어간 교인들이 무슨 생각을 하는가를 조사해보면 일반 신자들이 사랑의교회의 이런 분위기에 어떤 영향을 받고 있는가를 곧바로 알 수 있다. "할 수만 있다면 나도 제자훈련을 받고 싶다"라고 대답한 사람이 72퍼센트에 달한 것이다. 훈련을 중시하는 교회 분위기가 부담스럽게 느껴진다고 한 사람은 7퍼센트에 지나지 않았으며 반반이라고 한 사람도 25퍼센트 정도다. 따라서 70퍼센트 이상은 교회의 정신적 풍토를 자연스럽게 그리고 당연하게 받아들이고 있음을 알 수 있다. 이들 중에는 이제 갓 믿은 초신자도 있고 다른 교회에서 수평 이동한 기성 교인도 있다. 목회 철학을 통해 교회를 이끄는 어떤 정신이 창출되면 그것이 소리도 없고 보이지도 않지만 평신도의 의식 세계를 어떻게 지배하는가를 엿볼 수 있는 좋은 자료가 아닌가 한다.

왜 장로나 권사라는 직분보다 순장, 리더, 주일학교 교사와 같은 사역에 더 큰 영적 권위를 두는 것일까? 왜 행정적인 의논을 위한 모임보다 말씀을 나누고 서로 격려하는 모임이 더욱 빨리 성장하는가? 왜 흔히 보는 교회 행사는 거의 없고 대부분의 시간을 전도하고 봉사하고 배우는 일에 몰입하기를 좋아하는가? 왜 예배의 분위기가 독특할까? 왜 그들의 입에서 나오는 말이 확신에 차 있을까? 왜 교회 안에 소모적이고 파괴적인 문제들이 일어나지 않을까? 왜 열 명 중 아홉이 사랑의교회 교인이 된 것에 강한 자부심을 갖는 것일까?

이 모든 질문에 대한 대답은 오직 하나의 근원에서 나온다. 제자훈련을 통해 영글어진 보이지 않는 정신이 전 공동체를 지배하고 있기 때문이다. 사랑의교회가 제자훈련을 고집하는 현장으로서 제일 먼저 보여주고 싶은 것이 바로 이 정신이라고 믿는다. 이것이 교회의 생명과 건강을 지켜주는 너무나 소중한 재산이라고 확신하기 때문이다.

건강하고 지속적인 교회 성장

교회 성장에는 한 가지 이유만 있는 것이 아니다. 여러 중요한 요인이 조화를 이룰 때 교회가 성장한다. 사랑의교회의 성장도 이 원리에서 벗어날 수 없다. 그러므로 제자훈련만이 유일한 교회 성장의 원인이라는 말은 할 수 없다. 처음 전도를 받아 교회에 발을 들여놓은 사람이 제자훈련 때문에 다음 주일에 다시 나오는 일은 없다. 아무리 평신도가 훈련이 잘되어 있다 할지라도 전도를 받아 온 사람을 붙들어놓을 수 있는 다른 요인이 강하지 못하면 성장은 분명히 지장을 받을 것이다.

그러나 우리가 간과하지 말아야 할 중요한 사실이 하나 있다. 그것은 여러 요인 가운데서 어느 것이 성장에 주도적인 역할을 하고 있느냐 하는 점이다. 사랑의교회를 보면 성장을 주도하는 보이지 않는 요인은 분명히 제자훈련에 있다. 제자훈련 자체가 평신도를 소명자로 깨우는 것이기 때문에 그 훈련이 제대로 되는 이상 교회가 벙어리 노릇 하며 앉아 있을 수만은 없기 때문이다. 훈련을 받은 자가 많으면 많을수록 또 그들을 통해 영향을 받는 신자의 수가 늘면 늘수록 교회의 생명력은 밖을 향해 폭발하게 되어 있다.

사랑의교회는 예배당을 신축하고 입당할 때까지 약 7년 동안은 성인 주일 출석이 연평균 40.2퍼센트씩 증가했다. 입당 이후 1998년까지는 평균 24.7퍼센트를 유지하였으며, 이후 2004년까지는 평균 12.2퍼센트의 신장세를 보였다.

2004년의 예를 들면 대학생 이상 성인의 등록자 수는 10,297명이었다. 그 가운데 26.4퍼센트에 해당하는 2,710명이 전도를 받아 처음으로 신앙생활을 시작한 사람들이었다. 수평 이동하는 수에 비해 떨어지는 수치이기는 하지만 교회에 새로 출석한 열 명 중 2.6명을 구원하는 저력이 있다는 것은 절대로 과소평가할 수 없는 일이다.

이런 열매는 훈련된 평신도가 주축이 되어 뛰는 교회가 아니면 기대하기 어렵다는 것은 누구나 인정할 것이다. 사랑의교회는 예배와 교육과 사역을 위한 공간이 엄청나게 부족하다. 그럼에도 지속적인 성장을 계속하는 것은 제자훈련을 하느라 눈물로 뿌린 씨앗이 자라서 백배의 결실을 맺고 있기 때문이라고 믿는다.

건강한 성장은 조금씩 그리고 지속적으로 이어지는 것이어야 한다. 이런 성장을 보장할 수 있는 것 중에 제자훈련만한 것이 또 있는지 모르겠다.

사역 현장의 확장과 다변화

훈련받은 사람은 반드시 일을 해야 한다. 그렇지 않으면 수년 동안 달리기를 연습해온 선수가 정작 시합 날에 마라톤에 출전하지 않는 것과 같다. 그러므로 지도자는 제자훈련을 시키는 것 못지않게 그들이 뛸 수 있는 사역의 장을 열어주는 데 적극성을 보여야 한다. 만일 지도자가 사역의 장을 만들어줄 여력이 없다면 훈련은 당분간 중단하는 것이 오히려 더 좋은 선택이다. 앉아서 성경만 공부해 영적 비대증에 걸리는 것보다는 조금 덜 먹는 편이 좋기 때문이다.

사랑의교회가 제자훈련이라는 한 길을 지치지 않고 달려올 수 있었던 배후에는 훈련된 자들이 마음껏 뛸 수 있는 장을 계속 열어주려고 하는 지도자의 강한 의지가 작용했다.

가장 기본적인 사역의 장은 다락방이다. 다락방은 순장이 인도하는 성경공부를 중심으로 전도와 양육과 사랑의 교제를 힘쓰는 소그룹 단위의 모임이다. 여기에는 누구나 참석할 수 있으며 참석자는 '순원'이라고 부른다. 그리고 다락방의 생명은 계속적인 성장과 번식에 있다. 열 명 내외로 모이는 다락방은 작은 교회와 같은 구실을 한다. 순장은 작은 목사요 순원은 그에게 맡겨진 어린양이다. 주님께서 이 다락방을 통해 변함없이 가르치고 전파하고 치료하시는 것을 언제나 목격할 수 있다.

순장이 다락방을 통해 순원에게 끼치는 영적인 영향력이 어느 정도인가를 알아보기 위해 순원을 대상으로 조사한 자료를 보면 놀라운 사실을 알 수 있다. 열 명 가운데 아홉이 순장을 자기의 영적인 부모와 같다는 대답을 주저 없이 하고 있다. 그래서 그런지 순장의 헌신과 봉사에 대해 거의 전부가 깊은 감사의 마음이 있다고 대답한다.

순장에 대해 이렇게 마음이 열려 있으니까 85퍼센트 이상의 순원은 다락방이 기다려지고, 참석하는 것 자체가 기쁘다고 고백한다. 그들 대부분은 다락방에서 자기가 사랑받고 있다는 느낌을 강하게 받을 뿐 아니라 성경 말씀을 체계적으로 배우고 많은 기도 후원을 받고 있다는 빚진 심정이 있다.

그뿐 아니라 92퍼센트에 이르는 순원이 다락방을 통해 사랑의교회를 더욱 사랑하게 되었다고 고백한다. 훈련된 평신도 사역자가 얼마나 엄청난 일을 할 수 있는가를 증명하는 데 이것 이상 더 좋은 자료가 어디 있겠는가?

다락방의 건강은 바로 교회의 건강이다. 이 모임은 성경공부가 목적이 아니다. 모두가 예수님을 닮아가고자 하는 또 하나의 제자를 만드는 도장이다. 그리고 서로가 섬기는 지체가 되어 그리스도의 몸을 세우는 사랑의 장이기도 하다. 그곳에서 새 생명이 태어나고 그곳에서 어린 생명이 자란다.

다락방의 번식은 바로 교회 성장으로 이어진다. 해마다 순장의 수요가 공급을 앞지르는 것은 여러 가지 형편상 순장 일을 못하게 되기 때문이기도 하지만, 일반적으로는 다락방을 통한 번식이 활발한 데서 일어나는 바람직한 현상이다. 현재 대학생 이상 전체 교인의 65퍼센트가 다락방에 소속되어 순장의 영적 지도를 받고 있다.

경우에 따라서는 순장에게 한두 명의 순원만 붙여주고 마치 교회를 개척하듯 시작하게 하는 것도 여러 가지로 유익하다. 사랑의교회는 특히 남자 순장에게 이런 스타일의 사역을 자주 시키고 있다.

초창기의 이야기다. 지금은 장로지만 그 당시는 제자훈련을 갓 마친 어느 남자 집사가 일곱 명의 순원을 데리고 첫 다락방을 시작했다. 그러나 참석자가 계속 떨어져 나가, 나중에는 술을 먹고 오기로 나와 앉아 있는 한 사람만 남는 지경이 되었다. 약 2개월 동안 이런 고비가 계속되었다. 그 순장은 다른 다락방을 맡을 수 있는 기회가 있었지만 거절하고 열심히 기도하면서 전도를 하였다. 그는 하나님이 자신의 교만을 꺾고 연단하시는 값진 기회라는 말을 자주 했다. 놀랍게도 그는 영적 싸움에서 이기고 1년 사이에 4개의 다락방으로 번식을 시킬 수 있었다.

사랑의교회에서는 이와 비슷한 사례를 종종 본다. 하나님께서 처음에는 다락방보다 순장을 빚으시는 작업을 하실 때가 더러 있다. 그러므로 순장 하나 살리기 위해 다락방을 희생해야 할 때가 있다. 유능한 순장은 하루아침에 만들어지는 것이 아니기 때문이다.

다락방 못지않게 중요한 것이 사랑의 섬김을 실천하는 봉사 현장이다. 처음 10여 년 동안은 사랑의 손길을 필요로 하는 봉사 현장을 적극 개발하지 못했다. 보낼 사역자가 많지 않았기 때문이다. 당시는 대부분이 말씀으로 섬기는 다락방 사역에 투입되고 있었다.

그러나 지금은 광범위하게 봉사의 장이 열려 있다. 자기 은사에 따라 봉사 사역을 선호하는 평신도가 계속 늘어가고 있고 동시에 다락방 순장과 봉사 사역을 겸한 사역자가 늘고 있기 때문이다. 다락방에서 말씀을 공부하고 자기들끼리 교제하고 끝나는 신앙생활이 오래 체질화되면 병이 날 수 있다.

그러므로 순장과 순원이 주기적으로 봉사 현장에 가서 어려운 이웃을 섬기는 일을 장려한다. 장애인 사역, 달동네 빈민 사역, 소년원 사역, 소년소녀 가장 사역, 노인과 걸인 사역, 유흥가 사역, 농촌 사역, 호스피스 사역 등 그리스도의 사랑이 아니면 감히 손댈 수 없는 많은 일을 훈련된 자들과 그들의 손에서 양육받는 다수의 교인이 열심히 하고 있다.

이것은 세상으로 보냄을 받은 교회가 마땅히 해야 할 중요한 일이라고 생각한다. 사회 속에서 빛과 소금이 되는 일에 무관심하거나 무기력하다면 그 교회는 주님이 원하시는 교회가 아닐 것이다. 사랑의교회는 계속해서 봉사의 장을 열어갈 것이다.

1998년부터는 서초구청으로부터 지역 사회 복지관을 위탁받아 운영하고 있다. 그리고 구청과 연합하여 지역 사회에 깊이 파고들 수 있는 자원 봉사대를 발족시켜 불신자들과 함께 뛰고 있다.

평신도 사역자들의 증가

제자훈련이 꾸준히 지속되면 훈련된 평신도 사역자가 점점 많아지는 것이 자연스러운 현상이다. 자연 감소 요인을 감안하더라도 적절한 수가 증가하는 데는 큰 어려움이 없다. 사랑의교회처럼 평신도 사역자 하나를 배출하는 데 2년 4개월이 걸리는 경우에는 돌발적인 어려움을 당할 여지도 있다.

훈련받기를 원하는 지원자가 감소한다든지, 더 이상 훈련시킬 만한 사람이 없다든지, 훈련 기간이 너무 부담스러워 기피한다든지 하면 평신도 사역자를 지속해서 배출하는 일에도 차질이 있을 것이다. 그러나 감사하게도 사랑의교회는 지금까지 그런 어려움을 안고 씨름한 일이 없다.

현재 사랑의교회는 성인 등록자의 약 10퍼센트가 훈련된 사역자로 헌신하고 있다. 다시 말하면 2천 명의 작은 목사들이 함께 뛰고 있다. 이 수치는 교회 전체 규모로 보아 만만치 않은 규모다. 어느 교회나 그 사이즈에 관계없이 열 명 중 한 명이 훈련된 헌신자로 뛸 수 있다면 건강한 체질로 보아야 한다. 일반적으로 안타까운 것은 훈련되지 못한 자들이 그 10분의 1의 역할을 한다는 사실이다. 2천 명이라는 숫자가 중요한 것이 아니라 그들 모두가 철저하게 지도자의 손에서 훈련된 영적 자녀요 동역자라는 사실이 더욱 중요하다.

훈련된 평신도 사역자는 지도자의 목회 철학으로 철저하게 무장되어 있다. 그러므로 지도자는 안심하고 무슨 일이나 맡길 수 있다. 더 중요한 것은 그들이 준비된 사역자로 일을 하기 때문에 많은 열매가 따라 온다는 것이다. 이에 따라 그들 중 많은 사람이 사역하면서 뿌듯한 보람을 맛보고 있다.

위에서 언급한 설문을 분석한 자료를 보면 사랑의교회 사역자의 98퍼센트는 자신이 교회를 든든히 세워 가는 도구로 하나님의 손에 쓰임받고 있다고 확신한다. 그리고 그들은 80퍼센트가 교회 사역과 가정생활의 균형을 잘 유지하고 있으며 여기서 2퍼센트 모자라는 사람들은 직장 생활과도 조화를 잘 이루고 있다고 답한다.

특히 말씀으로 형제를 섬기는 순장 일을 자기가 할 수 있는 가장 적절한 사역으로 생각하는 사람이 59퍼센트에 이른다는 점은 놀라운 일이다. 그래서 그런지 하나님이 자기를 통해 놀라운 일을 하고 계심을 입증하는 열매와 증거가 있다고 답한 이가 88퍼센트에 이른다. 동시에 사역을 통해 보람과 기쁨을 느낀다고 말하는 자는 93퍼센트에 달하는 것을 본다.

이러한 자료는 훈련된 평신도가 얼마나 교회에 유익을 주며 그들의 신앙생활이 얼마나 건강할 수 있는가를 한눈에 확인하게 하는 근거가 된다.

평신도를 깨운다

영적 사역을 이해하는
공감대 형성

일반적으로 교회에서 목회자가 겪는 고충 가운데 하나는 장로를 위시하여 평신도 지도자들이 영적 사역을 잘 이해하지 못하여 갖가지 오해와 불평을 자주 한다는 것이다. 천하보다 귀한 영혼을 다루는 일은 청구서에 도장을 찍는 행정상의 일과는 성격이 정말 다르다. 말씀으로 약한 심령을 세워 주고 섬기는 자세로 다른 지체를 돌보는 일은 당회나 제직회로 모여 무슨 안건을 처리하는 것과는 그 차원이 너무나 다른 것이다.

교회 안에서 다스린다, 치리한다는 것 자체가 성도를 온전케 하는 영적 사역으로 해석되어야 함에도 현실적으로는 그렇지 못한 것이 사실이다. 그래서 영적 사역을 바로 이해하는 저변의 공감대 형성이 잘 되어 있지 않은 것이 교회의 일반적인 형편이다.

사랑의교회는 처음부터 평신도를 훈련시켜 목사와 더불어 영적 사역을 하는 데 전력을 쏟아왔기 때문에 영혼을 돌보는 일이 무엇인가를 이해하는 공감대가 폭넓게 깔려 있다. 이것은 목회자에게도 큰 축복이요 교회 전체를 위해서도 소중한 자산임에 틀림없다. 자기가 맡은 십여 명의 영혼을 양육하고 돌보기 위해 밤낮없이 마음을 쓰는 장로 순장이 목사를 보는 안목과 당회실에 앉아 회의록이나 뒤적이며 소일하는 장로가 목사를 보는 안목이 어떻게 같을 수 있겠는가?

사랑의교회에서는 이런 말을 자주 듣는다. "목사님, 우리는 몇 명안 되는 순원을 맡아도 이렇게 힘든데 이 많은 영혼을 책임진 목사님은 얼마나 힘드시겠어요? 목사님 힘을 내세요. 날마다 기도하고 있어요."

어떻게 보면 대수롭지 않은 말처럼 들리지만, 사실은 영적 사역이 무엇인가를 아는 사람만이 주고받을 수 있는 대화다. 지도자와 느낌이 통하고 이해가 통하는 평신도 층이 두터워질수록 그 교회는 굉장한 능력을 발휘하게 될 것이 틀림없다. 이런 의미에서 사랑의교회 담임목사는 결코 외롭지 않다. 언제나 마음이 든든하다. 얼마나 큰 은혜인가?

지도자에 대한 신뢰와 사랑

특별한 이유가 없는 한 어느 교회에서나 평신도는 자기 지도자를 신뢰하고 사랑한다. 그러므로 이런 주제로 무슨 이야기를 하는 것이 조금은 어색하게 들릴지 모르겠다. 그럼에도 여기서 한 가지 말하고 싶은 것은 그것이 어떤 신뢰와 사랑이냐 하는 것이다. 각 사람을 그리스도 안에서 온전하게 하기 위해 땀과 눈물을 아끼지 않으려고 최선을 다하는 지도자. 이것이 바로 제자훈련하는 목회자의 이미지이다.

물론 제자훈련을 하지 않는 목회자도 양 떼를 위하여 그 이상의 헌신을 한다. 그러나 예배 인도자로서, 설교자로서, 심방자로서, 담임목사가 땀을 흘리는 그것과 비교해 제자훈련하느라 그들과 마주 앉아 함께 울고 함께 웃으면서 쏟는 땀과 눈물은 평신도의 가슴에 훨씬 진하게 전달된다.

어떻게 보면 이러나저러나 똑같은 목회자의 땀일지는 모르지만 그것이 평신도의 가장 깊은 곳을 터치할 수 있느냐 없느냐 하는 것은 목회자가 무엇을 위해 흘리는 땀과 눈물이냐에 따라 많이 좌우된다.

분명한 사실은 제자훈련하는 목회자가 그렇지 못한 목회자보다

평신도를 깨운다

성도들의 마음에 더 진한 감동을 줄 수 있고 그들의 마음을 더 많이 얻을 수 있다는 것이다. 이것은 함지박을 이고 장사하면서 공부시킨 엄마가, 쌓아놓은 돈으로 공부시킨 엄마보다 아들의 사랑을 더 얻는 것과 같은 이치다.

좀 주제넘게 보일지 모르지만 정말 이 말은 하고 싶다. 제자훈련 하는 목사는 평신도 앞에 자기 자신을 적나라하게 노출하게 된다. 위선을 하고 싶어도 할 수 없고 적당히 굴러가고 싶어도 할 수 없다. 진실은 진실대로 전달되고 거짓은 거짓대로 전달된다.

그러므로 자기 양을 예수의 제자로 만들려면 힘을 다해야 하고 집중해야 되고 희생해야 한다. 이와 같은 진술한 자세가 사람들을 움직이는 것이다. 존경받고 싶어서 존경받는 것이 아니라 자연스럽게 존경의 대상이 된다. 사랑을 달라고 구걸할 필요도 없고 자기 권위를 세우려고 목에 힘을 줄 필요도 없다. 가만히 있어도 사랑을 받는다. 아마 이것이 제자훈련을 하는 목회자가 누릴 수 있는 가슴 벅찬 보너스가 아닌가 한다.

흔히들 평신도가 너무 똑똑해지면 목회자가 다친다고 하는 우려 섞인 말을 많이 한다. 그러나 사랑의교회는 정반대라는 것을 가장 확실하게 보여줄 수 있는 현장이다. 담임목사뿐만 아니라 많은 부교역자들이 한결같이 성도들로부터 신뢰와 사랑을 받는 것은 절대로 이유 없는 현상이 아니다. 감히 말하고 싶다. "신뢰와 사랑을 받고 싶습니까? 제자를 만들기 위해 낮은 데로 내려앉으십시오."

32장
남아 있는 문제들

제자훈련만 잘하면 이상적인 교회가 되는가? 문제가 될 만한 일이 생기지 않는가? 아마 무의식중에 이런 질문을 던질지도 모르겠다. 대답은 간단하다. 제자훈련한다고 해서 교회가 완전해진다든지 아무런 문제없는 교회가 되지는 않는다.

제자훈련을 하지 않으면 그것 때문에 많은 문제를 안는 것도 사실이지만 제자훈련을 함으로써 새로운 문제에 봉착할 여지도 얼마든지 있다. 사랑의교회는 이런 문제를 엿볼 수 있는 현장으로서도 상당한 가치가 있다.

끝없는 도전과 부담

평신도가 영적으로 깨어나면 지도자한테 바라는 기대치가 그만큼 높아진다. 믿음이 자라고 의욕적으로 헌신하기를 원하는 자일수록 그들의 영적 체력을 뒷받침할 수 있는 자양분이 적절하게 공급되어야 한다. 이것은 고스란히 지도자가 짊어져야 할 십자가로 남는다.

그러나 이 정도는 큰 짐이 아닐 수 있다. 더 힘든 것은 그리스도를 닮고 성숙을 추구하는 자들은 지도자에게서 눈에 보이는 어떤

평신도를 깨운다

모범을 찾는 경향이 높다는 점이다. 솔직히 말하면 어느 정도의 수준이라야 예수님을 닮았다고 할 수 있으며 어느 경지에 서야 성숙하다는 말을 할 수 있는지 정확한 선을 긋기는 어렵다.

순진한 사람들은 좀 더 가시적인 무엇을 보길 원한다. 이것은 엄청난 중압감으로 지도자를 누르는 짐이 된다. 그들은 입으로 이래라저래라 말하지는 않는다. 그러나 목사의 가르침을 통해 이 정도는 되어야 하고 저 정도는 실천해야 한다는 식의 어떤 선을 갖고 있기 마련이다. 지도자라고 해서 모든 것을 빠짐없이 실천하는 것도 아니고 어느 수준에 이미 도달해 있는 것도 아니다.

그러므로 지도자 입장에서는 제자훈련을 시키면 시킬수록 헤어나지 못하는 부담감을 안게 된다. 하나님의 영이 계신 곳에 자유함이 있다고 하지만 제자훈련이 주는 이 멍에에서 벗어날 자유는 쉽게 얻을 수 없는 것 같다. 아마 무덤에 들어가는 시간이 되어야 진정 자유할 수 있을 것이다.

더 요구되는 교역자의 역할

이론적으로 생각하면 제자훈련으로 평신도 사역자가 늘어나면 교역자는 얼마 없어도 된다는 계산을 할 수 있다. 깨어 있는 평신도가 많은 교회에 교역자가 할 일이 뭐 그렇게 많겠느냐는 식이다. 사랑의교회를 처음 시작하면서 순진하게 이런 생각을 했다. 그래서 제자훈련을 하면 교회의 비용 절감 효과도 기대할 수 있지 않을까 하는 막연한 기대도 했다.

그러나 지금은 이런 생각들이 다 현실과 거리가 먼 머릿속 논리에 지나지 않았다는 사실을 인정하고 있다. 평신도 사역자가 많아지면 그만큼 교역자가 더 요구되는 현실을 목격하기 때문이다. 왜 이런 역조 현상이 일어나는 것일까? 위에서 언급했듯이 평신도 사역자들은 영적으로 엄청난 대식가들이다. 그리고 다루기가 만만치 않은 상대들이다. 그리고 교역자가 사역하면서 넘어야 하는 여러 영적 침체의 늪을 그들 역시 건너지 아니하면 안 된다.

이것은 무엇을 말하는 것인가? 일반 신자보다 그들이 교역자의 도움을 더 많이 요구하는 처지에 있다는 의미다. 물론 그들끼리 서로 밀어주고 끌어주는 일도 많다. 그렇지만 그것이 교역자의 역할과 동일시될 수는 없다. 이것이 교역자의 수요를 더 자극하는 첫째 원인이 된다.

한 가지 이유를 더 말하자면, 평신도의 사역으로 교회가 계속 성장하면 그들 손으로 다 돌보지 못하는 사역의 구석진 곳이 자꾸 늘어난다. 이런 부분을 교역자가 메꾸어야 하고 또 어느 정도 자리가 잡히면 그곳에 평신도 지도자를 투입해야 한다.

따라서 제자훈련을 감당할 교역자가 더 필요하다. 교역자를 적절하게 안배하여 팀 사역을 하지 못하면 언젠가 담임목사는 중도에 주저앉고 말 것이다. 사랑의교회는 지금 칠십여 명의 전담 교역자들이 일하고 있다. 할 수 있는 대로 수를 줄이고 싶지만 그런 기대와는 반대로 점점 더 늘어갈 전망이다. 아마 이것은 계속 풀지 못할 숙제로 남을지도 모르겠다.

이상론 중독증

제자훈련의 목표가 예수님이라는 표준을 지향하고 있기에 잘못하면 모든 사고와 표준이 이상론으로 치우칠 여지가 참 많다. 교회를 보는 시각도 자연히 이상론으로 흐르는 편이다. 그러면 이상주의가 나쁜 것인가? 이상주의가 나쁜 것이 아니

평신도를 깨운다

라 그것이 끼치는 부작용이 나쁜 것이다.

지상 교회는 절대로 완전하지 않다. 아무리 예수님 제자가 되라고 외치는 지도자라도 개인으로는 불완전의 대명사에 지나지 않는다. 그럼에도 많은 평신도가 무의식중에 이상주의의 안경을 쓰고 교역자를 보고 또 교회를 평가한다. 이것은 정말 위험한 일이다.

왜 그런가? 이상론에 젖은 사람은 무엇인가 자기 표준에 미치지 못하면 히스테리성 반응을 보이는 경향이 있다. 이상론은 부족한 것, 약한 것, 어떤 경우에는 조금 악하게 보이는 것을 포용하려는 관용을 보이기보다는 항상 완벽할 것을 요구하기 때문이다. 그래서 목사에게 약간의 냄새만 나도 깜짝 놀라고 교회에서 그렇게 대수롭지 않은 사건을 보아도 무슨 지진이라도 난 것처럼 소스라친다.

이상론은 사람을 약하게 만든다. 현실에 적응할 수 있는 힘을 빼앗는다. 우리가 잘 아는 것처럼 무균실에 오래 있으면 면역 기능이 저하되어 밖에 나오는 즉시 감기 바이러스나 다른 균에 감염되기 쉽다. 어떤 의미에서 이상론은 이런 무균실과 같은 기능을 한다. 이상론은 우리가 달려가야 할 목표로 남아야지 우리를 중독하게 하는 마약이 되어서는 안 된다.

안타까운 일은 사랑의교회에도 이런 이상론에 중독된 자들이 있다는 사실이다. 지금처럼 사랑의교회가 순풍에 돛 단 듯이 별 어려움을 모를 때는 괜찮겠지만 어쩌다가 큰 영적 싸움을 치러야 될 일이 생기면 이런 이상론자들은 아마 크게 실족하지 않을까 봐 매우 염려가 된다. 오랫동안 신앙생활을 하면서 별의별 일을 다 경험한 기성 교회 신자들은 이미 강한 면역성이 있어서 교회 안에서 웬만큼 실망스러운 일을 보아도 크게 흔들리지 않는다.

이에 반해 사랑의교회 평신도는 아직은 그런 면역이 생기지 않은 것 같다. 그들이 과연 강한 그리스도의 군사가 되어 승리할 수 있을지 지도자로서 가끔 불안할 때가 있는 것이 사실이다.

문턱이 조금 높다

'훈련'이라는 말을 자주 쓰는 교회는 자연스럽게 강성 이미지를 풍긴다. 이 문제는 사랑의교회가 초창기부터 계속 씨름하지 않으면 안 되는 난제 가운데 하나였다. 이미지를 좀 부드럽게 해보려고 다방면으로 노력해보았지만 표정이 엄한 사람은 웃다가도 금방 제 얼굴로 돌아가듯이 여전히 강성으로 비치는 것 같다. 물론 이것이 전부 다 나쁜 영향을 미치는 것은 아니다.

예를 들어 어떤 교인이 사랑의교회가 강성인 줄 알면서도 등록했다면, 그는 틀림없이 훈련을 받고 열심히 헌신하고 싶어 하는 양질의 신자임에 틀림없다. 강성 이미지는 질이 좋지 못한 사람을 비껴가게 하는 효과가 있다.

그리고 일단 교회에 몸을 담으면 지도자가 좀 심하게 다루고 많은 것을 요구해도 잘 순종하려고 한다. 무엇보다 처음 예수를 믿은 사람들은 처음부터 강한 신앙인으로 양육받을 수 있다. 이런 점들은 분명히 강성 이미지가 주는 장점이라고 생각한다.

그러나 부정적으로 작용하는 면도 소홀히 다룰 수 없다. 예를 들어 강성 이미지는 소위 세상적으로 출세했다는 사람은 쉽게 적응하기 어려운 풍토를 만드는 경향이 있다. 그들은 마음이 없어서가 아니라 여건이 허락되지 않기 때문에 제자훈련을 받지 못하는 것이다.

그렇다고 교회가 그들의 처지를 고려하여 훈련받은 사역자들과 대등한 어떤 대우를 해줄 수 있는 형편이 아니기 때문에 자연히 그들은 발을 잘 붙이지 못한다. 그렇다고 그런 부류의 사람이 전혀 들

평신도를 깨운다

어오지 못한다는 말이 아니다. 일반적으로 다른 대형 교회와 비교했을 때 상류층에 해당하는 사람이 그다지 많지 않다는 뜻이다.

사회 고위직에 있는 사람들 중에 거의 절반 이상이 자기 종교란에 '기독교'라고 쓰지만, 실제로는 별 영향을 끼치지 못하고 있을 뿐 아니라 거꾸로 이런저런 스캔들에 말려 하나님의 영광을 가리고 있다. 이런 것을 보면 그런 사람들이 편하게 발을 들여놓지 못할 정도로 교회의 턱이 높아 보인다는 것은 비록 그 이유가 엄격한 제자훈련에 있을지라도 마음 아픈 일이 아닐 수 없다.

어떻게 해서라도 그들이 제자훈련을 받아 사회 각 분야에서 소명자로 뛸 수 있도록 하는 것이 교회의 현실적 책임이라고 본다면 사랑의교회는 본의 아니게 중대한 약점을 아직 극복하지 못한 것이 아닌가 한다.

이상에서 지적한 몇 가지 문제 외에도 극복해야 될 것이 한두 가지가 아니다. 그러나 다시 말하거니와 지상 교회는 아무리 몸부림쳐도 완전에 이를 수 없다. 대기 중에 나쁜 균이 있기 때문에 우리의 몸이 강한 면역성을 지닐 수 있듯이 교회 안에 극복하기 힘든 약점이 존재함으로써 오히려 더 강하고 더 양질의 체질로 바뀔 수 있다.

아무리 남아 있는 문제가 커 보여도 제자훈련이 가져다주는 열매와는 비교가 될 수 없기에 오늘도 사랑의교회는 평신도를 깨우는 데 전력투구하는 것이다.

33장

21세기, 활짝 열려 있는 문

제자훈련은 미래 교회의 열쇠다

흔히들 예측 불허의 세기라고 부르는 또 한 번의 백 년이 시작되고 있다. 21세기의 교회는 어떠해야 하는가? 귀가 아프도록 듣는 질문이다. 그리고 그럴 듯한 여러 예측이 쏟아져 나오고 있다. 분명히 정보 사회의 교회는 산업 사회의 교회와 같은 옷을 입을 수는 없다. 겉으로 보기에는 똑같은 옷이지만 실은 디자인도 다르고 컬러도 다를 것이다.

어떤 사람은 프로펠러가 달린 DC-3 여객기와 보잉 747여객기로 재미있게 비유하고 있다. 언뜻 보면 두 여객기는 많이 닮았다. 모두 날개와 비행사와 좌석과 바퀴가 있다. 그러나 두 비행기는 많은 점에서 다르다. 속도, 용량, 비용, 복잡성, 소음… 이 모든 것이 같지 않다.

21세기 교회는 이전 세기 교회의 최신형이 될 것이다. 비용에서부터 시작하여 그 복잡성에 이르기까지 여러모로 다를 것이다. 그러나 둘 다 그리스도의 몸이며 하나님의 영광을 위해서 존재한다는 동일한 목적이 있다.[1] 목적은 같지만 방법은 다르다.

이런 입장에서 볼 때 21세기 교회에서 제자훈련 목회가 설 땅이 있겠는가 하는 의문을 던질 수 있다. 제자훈련을 산업 사회에서 유용했던 목회 방법의 하나로 본다면 틀림없이 그럴 것이다. 그러나 제자를 만드는 것이 시대의 변천에 구애받지 않는 성경적인 목회 방법이라는 확신을 가진 사람에게는 아무 의미가 없는 질문이다. 감사하게도 다수의 미래 교회 학자들은 이구동성으로 제자 만드는 사역이 다음 세기의 교회 생명을 좌우하는 결정적인 열쇠로 작용할 것이라는 견해를 내놓고 있다.

이 분야에 대해 한국 교회에서 지도적 역할을 하는 이성희 목사는 21세기 한국 교회가 심방 목회에서 교육 목회로, 대중 목회에서 소그룹 목회로, 주일 교회에서 매일 교회로, 오는 교회에서 가는 교회로, 성직자 중심에서 평신도 중심으로, 목회자의 권위에서 목회자의 지도력으로, 제자훈련에서 사도 훈련으로 전환하지 않으면 안 된다고 경고한다.[2] 그가 제자훈련과 사도 훈련을 구분하는 것은 제자의 개념을 충분히 이해하지 못한 데서 생긴 오해인 것 같다. 제자를 만들라는 예수님의 명령 안에는 세상으로 보냄을 받은 사도적 소명이 이미 들어 있다는 사실을 간과하지 말아야 한다.

그러나 미래 목회를 위해 그가 예측한 전환의 필요성은 우리가 귀담아 들어야 할 내용임에 틀림없다. 여기서 정말 주목해야 할 점은 그가 말하는 전환의 내용이 대부분 제자훈련 목회의 필연성을 간접적으로 시사하고 있다는 것이다. 다시 말하면, 정보 사회의 교회는 과거 어느 때보다 평신도를 예수의 제자로 세우려는 확고한 목회 철학을 필요로 한다.

제자훈련이 21세기 교회 목회의 근간을 이룰 것이라는 견해를 뒷받침하는 또 하나의 놀라운 자료가 있다. 얼마 전 미국 교회의 목회자 5,000명을 대상으로 설문 조사를 한 일이 있었다. 질문 내용은

"21세기를 앞두고 교회를 강하게 무장시키고 부흥시키기 위해 가장 필요한 것이 무엇이라고 생각하느냐"였다.

조사 결과에 우리는 깜짝 놀랐다. 응답자 가운데 거의 100퍼센트에 해당하는 목회자가 평신도를 발굴하고 훈련하여 사역의 동역자로 삼는 것이 첫째 아니면 두 번째 급선무라고 대답한 것이다.[3] 이것이 어찌 미국 교회에만 해당되는 긴급한 일이겠는가?

가정에서 자녀들의 저항이 갈수록 거세지는 것처럼 앞으로 교회에서도 평신도의 저항이 커질 가능성이 얼마든지 있다. 부모가 자녀를 통제할 수 있는 권위를 점점 잃어 가듯이 교역자도 평신도를 향해 큰소리칠 수 있는 권위를 자꾸 상실해갈 것이다.

이런 상황에서 교역자가 무엇보다 먼저 할 일은 평신도의 성경적인 위치와 역할을 바로 회복시키는 것이다. 그들이 비뚤어지기 전에 제대로 가르치면 저항 세력이 아닌 동조 세력으로 큰 몫을 할 수 있다. 그러나 때를 놓치면 손을 쓰기 어려워진다. 청중 속에 있는 그들을 상대하여 가르치기보다 소그룹에 나와 있는 그들을 상대하는 길을 택해야 한다. 이제는 인격적인 만남을 통하지 않고는 그들을 세울 수 없다. 시간이 흐를수록 더욱 더 그럴 것이다.

바울이 아시아에서 유럽으로 선교 무대를 옮기기 전에 잠깐 드로아에 머물 기회가 있었다. 그의 앞에는 복음의 문이 열려 있었다. 그러나 그는 그곳을 떠나고 말았다. 동역자 디도를 만날 수 없게 되자 마음이 상했기 때문이다. 바울이 디도 없이 선교하기 어려웠던 것처럼 목회자 역시 앞으로는 평신도 사역자 없이 능력 있는 사역을 할 수 없다고 생각한다.

한번에 많은 영혼을 구원하려고 하기 전에 한 사람의 제자를 만드는 데 눈을 돌려야 한다. 교회 시설을 잘 갖추기 전에 사역의 동역자가 될 평신도를 발굴하여 함께 뛸 비전을 가져야 한다. 성령의 손에서 말씀으로 철저하게 훈련된 평신도는 세상이 아무리 달라져도 변질되지 않는다. 많은 교인이 지도자 곁을 떠나도 그들은 끝까지 남는다. 바울을 위해서라면 자기 목이라도 기꺼이 내놓기를 원했던 평신도 동역자 브리스가와 아굴라와 같은 사역자를 만드는 목회를 하지 않는다면 훗날 이 나라 교회가 어떤 위기에 봉착하게 될지 아무도 모르는 일이다.

지금부터 시작해도 늦지 않다

사랑의교회에서는 제자훈련의 꿈을 안고 있는 목회자를 돕고 격려하기 위해 〈평신도를 깨운다 제자훈련 지도자 세미나〉를 오래전부터 운영하고 있다. 한국 교회와 세계 도처에 있는 교포 교회를 섬기고 있는 1만여 명의 목회자들이 이 세미나를 통해 새로운 비전을 볼 수 있었다. 뿐만 아니라 이 세미나로 일본에 있는 수백 교회가 제자훈련 목회로 방향을 전환하고 있다.

이 세미나는 일주일이라는 짧은 기간에 진행되지만 이론과 실습과 현장이 삼위일체를 이루는 강도 높은 프로그램이다. 이 세미나는 제자훈련의 방법을 백과사전식으로 전수해주는 그런 것이 아니다. 방법론도 중요하지만 그것보다 지도자의 패러다임을 바꾸는 데 우선순위를 두고 있다.

목회의 갱신은 방법론에서 일어나는 것이 아니라 패러다임의 변화에서 시작된다는 진리를 철저하게 심어주려고 한다. 무엇보다 사랑의교회에서 평신도가 뛰고 있는 현장을 찾아가 직접 눈으로 확인하고 느낄 수 있는 기회를 몇 차례 제공하는 일은 이 세미나에만 있는 특징이다.

그동안 세미나를 마치고 제자훈련의 비전을 안고 자기 교회로 돌아간 목회자 중에는 괄목할 만한 성공을 거둔 이들이 적지 않다. 이것은 한국 교회가 제자훈련 목회에 성공할 가능성이 크다는 의미일 것이다.

목회자로서 지금 편하게 느껴지는 구태의연한 패러다임을 바꿀 결심만 한다면 제자훈련은 어떤 교회에서도 가능하다고 믿는다. 그러므로 평신도가 아직은 순한 양같이 지도자의 말을 잘 듣고 있을 때 제자훈련을 서두르는 것이 지혜라고 생각한다.

드로아에 도착한 바울 앞에 전도의 문이 활짝 열려 있었던 것처럼 지금 우리 앞에는 평신도를 깨울 수 있는 문이 활짝 열려 있다. 문제는 지도자가 결단할 수 있는가이다. 21세기에 건강한 목회, 생산적인 목회, 사회를 이끄는 목회를 하기 원한다면 혼자 뛸 생각을 하지 말아야 한다. 목회자가 평신도를 위해 무엇을 할 것이냐를 생각하는 리더십은 더 이상 힘을 발휘하지 못한다.

이제부터는 평신도와 '함께' 무엇을 할 수 있는가를 염두에 두는 리더십이 정말 필요한 때가 되었다. 기회는 항상 있는 것이 아니다. 지금이 바로 평신도를 예수의 제자로 만들기 위한 목회 철학을 정립할 때요, 예수님이 가르쳐주신 제자도에 입각하여 평신도를 온전한 자로 세울 기회이다.

"주여, 이 나라에 예수의 제자가 벌떼처럼 일어나게 하옵소서. 아멘."

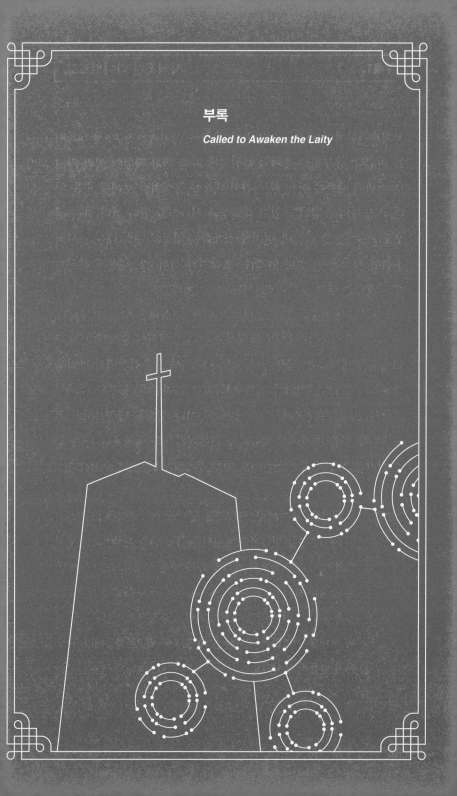

부록

Called to Awaken the Laity

사역훈련반에서 다루는 내용을 처음부터 마지막까지 다 공개하기는 어렵다. 공부하는 주제와 분위기에 따라 대화 패턴이 여러 가지로 바뀌기 때문에 어느 한 시간의 내용을 공식처럼 보여줄 수는 없다. 지도자의 소강의도 있고 대화형과 설득형을 왔다 갔다 하는 경우도 자주 볼 수 있는데, 여기에 소개하는 일부의 대화 내용은 사역훈련이 시작된 지 얼마 안 되는 초창기의 것이지만 내용과 분위기를 이해하는 데는 나름대로 도움이 될 것이다.

　1년간의 제자훈련 과정을 마치고 이제 갓 올라온 남자반 사례다. 미국으로 출장을 간 형제를 제외하고는 15명 전원이 출석했다. 모두 30대 중반에서 40대 중반이다. 저녁 8시 아파트 응접실에서 방석을 깔고 둘러앉았다. 거의가 직장에서 바로 달려왔다. 공부할 주제는 초창기 교재 내용인《제자란 무엇인가?》이다. 인도는 담임목사가 했다. (차를 한잔 마시면서 자유롭게 이야기하느라 예정보다 15분 늦게 시작했다. 찬송과 담임목사의 기도 후 교재 내용으로 들어갔다.)

인도자:　이 시간은 "제자란 무엇인가?"를 공부합니다. 우리가 12년 가까이 제자훈련을 받았지만 제자의 개념에 대해 이야기해본 일이 없었지요? 일반적으로 제자에 대해 바른 이해를 하고 있지 않은 것 같아요. 여러분은 평소에 '제자'란 말을 어떻게 생각하고 있습니까? 우리 생각을 먼저 정리해보고 성경으로 들어가는 것이 의미를 선명하게 파악하는 데 도움이 될 것 같습니다. 누구든지 말씀해 보시지요.

훈련생1: (잠깐 생각하는 시간을 가진 다음에) 예수님이 하신 말씀을 배우고 따르고 실천하고 전파하는 사람이 아닌가 생각하는데요.

훈련생2: 예수님이 나의 모든 목표가 되므로 그분을 본받아가고 그분을 닮아가는 것입니다.

훈련생3: 보통 학교에서는 지식이나 인격을 전수받는 사람을 제자라고 하는데 성경에서는 여기에 한 가지 더 보태서 스승의 일을 계승하는 사람을 제자라고 부르는 것 같아요.

인도자: 중요하고 핵심적인 대답이 다 나왔다고 봅니다. 두 가지로 요약할 수 있겠습니다. 예수님의 인격을 닮고 그의 사역을 계승하는 자가 예수님의 제자다. 맞습니까? (모두 고개를 끄덕이면서 긍정한다.)

그렇다면 예수 믿는 우리가 다 제자로 불릴 수 있는가 하는 문제가 대두됩니다. 일반적으로 보면 예수님의 열두 사도만 제자로 알고 있지 않습니까?

훈련생1: 저는 평소에 그렇게 생각하고 있었습니다. 그리고 제자라는 말을 자주 쓰는 사람은 좀 과격한 신앙을 가진 자가 아닌가 하는 의구심도 있었구요.

훈련생2: 저는 대학생 시절에 복음주의 선교 단체에서 양육을 받은 경험이 있어서 제자라는 용어에 대해 거부감은 없었지만 기성 교회 체질에는 잘 적응이 안 된다는 것을 나중에 알게 되었어요. 그렇게 되니까 약간 혼란이 생기더군요. 그러나 사랑의교회에서 그런 문제도 해결을 봤습니다.

인도자: 우리가 성경으로 돌아가서 해답을 얻는 것이 바람직하겠습니다. 먼저 제자라는 용어를 사용한 경우를 살펴봅시다. (사복음서에서 협의적으로 사용된 예를 한 곳 찾아본다. 그리고 요한복

음 8장 31절과 사도행전 2장 41절에서 광의로 사용된 예를 검토하면서 성경 본문의 배경과 의미를 간단히 정리한다.) 어떻습니까? 예수님을 진실로 믿는 사람이면 누구나 제자가 되어야 하지 않습니까?

훈련생1: 당연한 사실인 것 같습니다. 그렇지만 신자라고 다 제자가 될 수는 없지 않을까요?

훈련생2: 그 말이 옳은 것 같아요. 어느 책에선가 제목을 보니 제자는 태어나는 것이 아니고 만들어지는 것이라는 재미있는 말이 있었어요.

인도자: 우리가 시간에 쫓기니까 간단히 정리를 하는 것이 좋겠어요. "모든 신자는 다 제자라야 하지만 그렇다고 전부 제자라고는 할 수 없다." 이렇게 말하는 것이 성경적이라고 봅니다. (둘러앉은 형제들이 그 말이 옳다고 수긍한다.) 그러면 사도행전 11장 26절로 넘어가 봅시다. 거기서 제자들이 다른 별명을 하나 얻었습니다. 무엇이지요?

훈련생1: "그리스도인"입니다.

인도자: 방금 대답하신 분, '그리스도인'의 뜻이 무엇인지 말씀해 주시겠어요?

훈련생1: '크리스천'과 같은 말인가요? 잘 모르겠습니다.

인도자: 아마 잘 모르실 것입니다. '작은 그리스도'라는 의미가 있습니다.

훈련생1: 아, 그렇다면 예수님을 많이 닮았다는 것을 의미하는 것인가요?

훈련생2: '제2의 예수'라는 말이겠지요.

인도자: 제가 보기에는 제자보다 그리스도인이라는 이름이 더 매력적인 것 같습니다. 그래서 현대 교회가 크리스천이라는 이름을 통용하고 있지요. 그러나 누가 그리스도인의 자격을 가진 사람입니

까? 누가 작은 그리스도입니까? 단순히 예수 믿는 사람인가요?

훈련생1: 예수님의 인격을 닮아야 하고 그의 삶을 보여주어야 하니까 제자라야 그리스도인이 될 수 있을 것 같아요.

훈련생2: 제자들이 세상 사람들에게 '그리스도인'이라는 별명을 얻었다는 사실이 모든 것을 다 말해준다고 봅니다.

인도자: 정말 잘 보았습니다. 그리스도인이 되려면 먼저 제자라야 합니다. 예수를 따르고 배우고 순종해서 그의 인격과 삶이 예수를 보여줄 정도가 되어야 그 사람을 그리스도인이라고 부를 수 있습니다. 그런 의미에서 지금은 우리가 알맹이가 빠진 껍데기 이름만 있지 않나 하는 두려움이 앞섭니다. (모두가 숙연한 분위기를 이룬다.)

훈련생1: 옳은 말씀이라고 생각합니다. 누구나 가책을 느낄 수밖에 없습니다.

인도자: 한 가지 더 생각하고 넘어갑시다. 인격을 닮는 것과 사역을 계승하는 것 중에서 어느 것이 먼저라고 생각합니까?

훈련생1: 인격이 먼저지요.

훈련생2: 예수님의 인격을 배우는 것이 먼저냐, 사역을 이어받는 것이 먼저냐 하는 질문 자체가 모순이라고 생각합니다. 인격과 사역을 분리할 수 없기 때문입니다. 이 둘은 분리되는 것이 아니라 인격이 있으면 사역이 수반되는 것이 아닌가 합니다.

훈련생3: 먼저 인격을 닮아야 그다음에 사역을 할 수 있다고 생각되는데요. 동시에 되는 것이 아니고 말입니다.

훈련생4: 사역을 할 수 있는 정도면 벌써 인격이 닮아 있는 상태겠지요.

훈련생5: 그러니까 인격이 먼저냐, 사역이 먼저냐는 질문이 모순이죠.

훈련생6: 닮지 않고는 사역할 수 있는 능력이 없는 것이지요. 성경에 보면 예수님이 살아 계셨을 때에는 제자들이 사역에 나서지 않았습니다. 그 대신 그를 따라 다니면서 배우고 닮아가는 데 역점을 두었습니다.

훈련생7: 우리 시대와 그 당시는 다르지 않은가요?

훈련생8: 스승과 제자의 관계는 지금이나 그때나 다를 바가 없지 않을까요?

인도자: (인격과 사역의 관계는 매우 중요한 문제이므로 인도자는 그들이 자유롭게 의견을 나눌 수 있도록 기다렸다. 어느 정도 윤곽이 분명하게 드러났다고 판단되자 이렇게 결론을 유도한다.) 참 좋은 이야기들입니다. 모두 다 일리가 있습니다. 제가 볼 때에는 논리적인 순서의 문제가 아닌가 합니다. 중생이 먼저냐, 믿음이 먼저냐 하는 것과 비슷한 것이지요. 그러나 논리만은 아닙니다. 제자로서 예수님의 인격과 사역을 배우고 순종하는 일은 논리적으로 실제적으로 순서를 피할 수 없습니다. 아무래도 인격이 먼저가 되어야 합니다. 어린애를 키워 놓고 일을 시켜야지요. 자라기도 전에 일을 시킬 수 있나요? 이제 교재 2번을 공부하도록 할까요? (문제 2는 예수님의 열두 제자들이 가졌던 특권을 몇 가지 알아보기 위해 다섯 개의 성경 구절을 참고하고 있다. 20분 정도를 들여 본문 내용을 검토하고 의미를 파악한 다음 다섯 개의 결론을 얻었다. 동거[막 3:14], 특별 교육[마 13:10~11], 교회 개척[마 16:16~20], 파송[요 20:21], 비전의 계승[마 28:18~20]. 인도자는 모든 것을 다시 한번 간단히 정리한 다음에 실제적인 질문 하나를 던진다.)

인도자: 만일 우리가 열두 사도들처럼 제자로 불릴 수 있다면 그들이 누렸던 특권을 우리도 공유할 수 있지 않을까요? 앞에서 말한 다

섯 가지 중에 우리와 직접 관계가 되는 것과 안 되는 것을 한번 구별해볼까요?

훈련생1: 다른 것은 잘 몰라도 교회 개척자로서의 특권과 파송의 특권은 우리하고 직접 관계가 없는 것 같은데요.

훈련생2: 세상에 보내심을 받는 일은 우리와 관계가 있어요.

훈련생3: 교회를 세우는 것도 관계가 있다고 봅니다.

훈련생4: 파송은 관계가 있다고 할 수 없어요.

훈련생5: 왜요? 파송받는 것도 우리와 연관이 있어요. 우리 모두가 세상으로 보냄을 받았으니까 말입니다.

훈련생6: 저는 동거에 대해 생각을 해보는데, 성령이 오셔서 우리로 살아 계신 예수님과 함께 살게 하신 것을 보면 분명히 관계가 있는 것 같아요. 그러나 예수님이 사람으로 오셔서 동거하셨다는 의미로 보면 관계가 안 될 것도 같아요. (제자들의 특권이 지금도 신자들에게 적용이 될 수 있는가에 대해 산발적인 대화가 한참 오갔다. 인도자는 그렇게 하지 말고 한 가지씩 정리해보라고 주의를 준다.)

인도자: 그렇게 하지 말고 한 가지씩 다루어 보는 것이 어떻겠습니까? 동거부터 이야기해 보세요.

훈련생7: 예수님과 동거하는 특권은 우리에게도 있다고 생각합니다.

인도자: 누가 그것을 가능하게 하지요?

전원: 성령입니다.

인도자: 성령을 통해서 살아 계신 예수 그리스도와 동거하는 특권을 우리가 누리는 것이 사실이라면 그것을 상징적으로 받아들이는 것보다 성경의 증거를 하나 드는 것이 좋을 것입니다. 성경 어디에 그런 이야기가 쓰여 있습니까?

훈련생1: 요한복음 15장의 포도나무와 가지의 비유가 좋지 않을까요?

훈련생2: 예수님이 우리 안에, 우리가 예수님 안에 있다는 말씀을 들 수 있어요.

인도자: 다 맞는 대답입니다. 그런데 등잔 밑이 어두운 것 같아요. 여러 분이 암기한 성구 가운데 갈라디아서 2장 20절이 있지요? (모 든 형제들이 깜박 잊고 있었다는 듯이 아쉬운 표정을 짓는다. 각자 성구를 암송한다. 그리고 그 구절을 각자에게 구체적으로 적용했다. 그다음으로 특별 교육에 대해서는 별 토론 없이 지나 갔다. 육체를 입은 예수님으로부터 직접 가르침 받는 것은 사도 들 외에는 기대할 수 없는 일이지만 성령을 통해 진리되신 예수 그리스도께 배울 수 있다는 점에 관해 몇 개의 성경 구절을 인 용하면서 정리한다. 그리고 교회 개척에 대해서는 교회가 사도 들의 터 위에 세움을 받았다는 사실에 근거하여 보면 아무도 그 일을 대신할 수 없다는 것으로 결론을 내린다.)

인도자: 여러분! 파송에 대해서는 어떻게 생각하지요? 우리도 파송을 받 았다고 할 수 있을까요? 시간이 많이 걸리니까 비전의 계승과 함께 묶어 이야기하는 것이 좋겠습니다. 두 가지가 다 비슷한 성격이니까요.

훈련생1: 우리 역시 예수님으로부터 파송을 받았다고 할 수 있을 것 같아 요. 그렇지 않다면 누가 전도를 할 수 있겠어요? (아무도 이 말 에 대해 반론을 제기하지 않고 당연한 것으로 받아들인다.)

인도자: 그러면 여러분은 각자가 세상으로 파송을 받아 모든 족속으로 제자를 삼는 일을 해야 한다는 데는 의심하지 않는다는 의미인 가요? (모두가 그렇다고 대답한다.)

인도자: 정말 놀랍습니다. 교회는 예수의 제자들의 모임이요, 모이는 일

평신도를 깨운다

에서 끝나는 것이 아니라 세상으로 다시 보냄을 받았으므로 흩어져야 된다고 확신하는 것을 보니 초급반에서 잘 배운 것이 틀림없어요. 그렇다면 한 가지를 질문해보겠습니다. 제자 만드는 비전은 세례를 주고 가르쳐 지키게 하는 데서 가능합니다. 이것을 제자들이 이행한다고 했습니다. 그렇다면 여러분도 세례를 줄 수 있습니까? 가르쳐 지키게 하는 사명이 있다고 생각합니까? 아니면 교역자에게만 국한된 일입니까?

훈련생1: (얼마 동안 성경 본문을 들여다보면서 생각하더니) 가르쳐 지키게 하라는 말씀은 평신도와 어느 정도 연관성이 있다고 보이는데 세례 주는 일은 좀 곤란한 것 같아요.

인도자: 물론 세례는 교회 교역자가 하는 일입니다. 소정의 자격을 가진 교역자만이 세례를 베풀도록 한 것은 교회의 질서에 속하는 문제입니다. 질서를 지키는 것은 교회의 덕을 세우기 위해 대단히 중요한 것입니다. 이 점에 대해 아무도 이의를 제기할 수 없다고 봅니다. 반면에 가르쳐 지키게 하는 일에 대해서는 한번 진지하게 각자의 생각을 나눌 수 있었으면 합니다. 먼저 골로새서 3장 16절을 함께 읽은 다음 이야기하도록 합시다. (성경을 찾아 함께 읽는다. 그리고 이해가 안 되는 부분이 있는지 간단하게 검토한다.)

인도자: 본문에서 '너희'는 누구입니까? 골로새서 1장 1절 이하를 보고 대답해보세요.

훈련생1: 골로새 교인 전부를 가리킨 것 같아요.

인도자: 바로 보셨습니다. 그렇다면 피차 가르치고 권면하는 일을 평신도가 할 수 있겠군요.

훈련생1: 이것도 세례의 경우처럼 교회의 질서상 평신도가 할 수 있다고 하는 것은 곤란하다고 생각하는데요. (다른 형제는 심각한 얼굴로 쉽게 대답을 하지 못한다.)

인도자: 너무 복잡하게 생각하지 마세요. 성경 본문대로 이야기합시다. 평신도끼리도 말씀의 사역이 있어야 합니다. 그래야 모든 족속으로 제자 삼는 일이 가능할 것 아닙니까?

훈련생1: 그럼 우리 교회로 말하면 다락방의 순장 역할과 비슷한 것이네요?

인도자: 비슷한 것이 아니라 바로 그것입니다.

훈련생1: 설교는 어떻게 되는 것입니까?

인도자: 설교도 원칙상 평신도가 할 수 있어요. 초대 교회 당시 가정 교회를 할 때 누가 설교를 했나요? 그 당시 신학교 출신이 있었나요? 우리나라 초창기에 시골 교회 설교를 누가 했나요? 평신도들이 했습니다. 그러나 교회 질서상 말씀을 가르치는 은사와 교육을 맡은 교역자가 강단을 맡는 것이 교회를 위해 필수적인 일입니다. 그렇지 않고 아무나 설교를 할 수 있다고 주장하면서 강단을 점령하면 혼란의 연속밖에 더 있겠습니까?

훈련생1: 저는 이 구절(골 3:16)을 그렇게 해석을 못했어요. 교역자에게 해당되는 것으로만 알았는데 이제 듣고 보니 잘못 생각하고 있었습니다. 정말 폭탄선언인데요!

인도자: 지금 현대 교회가 모이는 수에 비해 답답할 정도로 무력한 군중이 되어 버렸다는 생각이 들지 않습니까? 그 이유가 어디에 있을까요? 평신도가 서로 가르치고 권면하는 말씀 사역을 소수의 교역자에게만 일임해버렸기 때문입니다. 마음에 우는 자가 있고 고통하는 자가 있어도 교역자만 부를 줄 알았지 말씀과 사랑으로 찾아가서 피차 가르치고 권면하는 일을 전혀 못하고 있어

평신도를 깨운다

요. 마치 남의 일처럼 생각해요. 그러니 만 명이 모이면 뭐합니까? 하나님 나라에는 무력한 군중은 의미가 없어요. 우리 교회의 제자훈련은 이런 문제점을 시정하고 평신도가 말씀 사역을 할 수 있다는 것을 입증하기 위한 시도라고 보아야 할 것입니다. (분위기는 점점 열기를 더해 간다.)

훈련생1: 저는 '제자훈련'이라는 단어를 사랑의교회에 와서 처음 들었어요. 평신도 훈련이란 말도 처음 듣고요. 솔직히 말해 전혀 몰랐던 것이지요. 알고 나니까 반드시 해야겠다는 각오를 다시 하게 됩니다.

인도자: 문제는 목사와 평신도 사이에 지나치게 차별을 두고 있다는 데 있어요. 여러분은 목사가 신약 시대의 사도라고 생각하나요?

훈련생1: 사도는 아니겠지요. 그 둘 사이에는 큰 차이가 있지 않나요?

훈련생2: 저도 그렇게 생각하지 않습니다. 목회자라고 특권이나 신분상 우월성이 있는 게 아니죠.

훈련생3: 목사는 구약 시대로 말하면 제사장 아닙니까?

인도자: 그럼 형제는 제사장입니까? 아닙니까? (그러나 대답은 엉뚱한 사람이 한다.)

훈련생4: 제사장이죠. (질문을 받은 형제가 대답을 못하고 있자 모두들 웃음을 터뜨린다.)

인도자: 베드로전서 2장 9절을 찾아보세요.

훈련생1: (본문의 내용을 유심히 읽더니) 내가 왕 같은 제사장이란 말이지요? 이것 정말 어마어마한 선언인데요. (폭소가 터진다.)

훈련생2: 여러분은 지금 우리가 하고 있는 이야기가 폭탄선언이나 다름없다고 하는데요. 저는 사랑의교회에서 처음 신앙생활을 해서 그런지 오히려 전부터 신앙생활을 한 분들이 왜 지금까지 이런 사실을 잘 모르고 있었는지 그게 더 놀랍습니다. 성령이 임하신 이상 우리 모두는 다 성령을 받은 사람이므로 말씀으로 약한 형제를 찾아서 가르치고 권면하는 일은 자연스럽게 되는 것 아닙니까? 그런데 왜 그것이 폭탄선언이라고 하는지 이해가 안 가는데요?

훈련생3: 저는 오늘에야 느끼는 것인데요, 이 구절을 몇 번 읽었는데도 나 자신이 바로 왕 같은 제사장이라는 것을 깨닫지 못했어요. 정말 전혀 나와 결부시키지 못했습니다.

인도자: 그러니까 공부가 필요하지요. 구약 시대의 제사장들은 백성의 죄를 짊어지고 직접 하나님 앞으로 나가는 사람이었습니다. 그러나 형제는 하나님 앞에 갈 때 옥 목사를 불러 세우고 가나요? 그렇지 않지요? 예수님 이름만 가지면 언제든지 직접 나갈 수 있습니다. 그것이 바로 제사장이라는 말이 의미하는 것입니다. 그리고 로마서 12장 1절의 말씀을 기억하시지요. 우리는 하나님이 기뻐하시는 거룩한 산 제사를 드리는 자들입니다. 제사로 드리는 자가 제사장입니다. 뿐만 아니라 하나님 앞에서 다른 사람을 위해 중보의 기도를 드리지 않습니까? 그것도 제사장이 하는 일입니다. 이렇게 보면 목사나 평신도나 다 같이 제사장입니다. 여기에 무슨 차이가 있습니까? 아무것도 없습니다.

훈련생1: 그런데 목사님은 기름 부음을 받은 자가 아닌가요? 흔히 그렇게 말하는 것으로 아는데요.

인도자:: 안수받는 것을 그렇게 표현합니다. 그것은 하나님이 어떤 자를 불러서 교회를 맡기실 때 그가 소명을 받은 사람이라는 것을 교회가 공적으로 인정하는 의식입니다. 그런 점에서 목사는 그 기능과 책임에서 평신도와 구별이 되는 것이 사실입니다. 그러나

평신도를 깨운다

신분상의 차이를 말하는 것은 아닙니다. 더욱이 가르치고 권면하는 말씀 사역을 독점하는 위치가 아닙니다. 평신도를 제자훈련 하려면 교역자가 이 사실을 확신할 필요가 있습니다. 그렇지 않으면 제자훈련이고 다락방이고 아무것도 할 수 없습니다. 평신도는 예배에 와서 설교나 듣고 돌아가는 것으로만 만족해야 할 것입니다.

훈련생1: 그러면 다른 교회에서는 제자훈련을 하기가 퍽 어려울 것 같은 생각이 듭니다. 다른 교회에서는 우리가 쓰는 용어부터 순수하지 못하다고 거부 반응을 일으키고 있어요. "순장은 뭐고 초신자는 뭐고 제자는 뭐냐? 너 아주 빠지기도 이상하게 빠졌구나." 이렇게 악평을 하면서 얼굴도 보기 싫다는 식이었어요. 그 순간 무안한 감도 없지 않았어요. 그러나 한편으로는 '역시 기성 교회에는 평신도에 대한 인식 문제가 참 심각하구나'라는 생각을 하게 되었습니다. 사실은 모든 교회가 모르는 바가 아닐 텐데 말입니다. 알면서 실천하지 못하는 것에 대한 양심의 가책이 없지는 않을 거예요. 만일 평신도가 잘못되어 있다면 하루 빨리 바로 잡아야 할 문제라고 봅니다. 언제까지 이대로 방치할 수는 없지 않습니까?

인도자: 대단히 일리가 있는 말씀이라고 생각합니다. 그러나 교회끼리 서로 비방하는 일은 삼가야 합니다. 사랑의교회라고 무엇이나 다 잘하는 것은 아니지 않습니까?

훈련생1: 선교 단체에서는 한 사람을 전도해서 중생으로 인도하고, 그다음에 육성하고 마지막으로 파송하는 3단계로 나누어 훈련을 시키더군요. 그리고 일대일의 방법을 강조하고요. 사랑의교회도 같은 원리가 아닌가요?

인도자: 거기에는 차이점이 있습니다. 선교 단체는 전도에 강조점을 많이 두고 있지 않습니까? 사랑의교회는 신자들의 실제적인 인격과 생활을 더 강조합니다. 다시 말해서 그리스도를 닮으라는 것이죠. 삶의 중심에 그리스도를 모셔라, 그래서 각자의 삶 전체가 그리스도를 증거하는 증인과 종의 생활이 되도록 하라는 것입니다. 여러분이야말로 그리스도를 보여주는 작은 그리스도가 되기에 얼마나 여건이 좋습니까? 예수의 제자로 잘만 준비되어 있다면 여러분을 필요로 하는 사람들이 직장에서나 이웃에서 한두 사람이겠어요?

훈련생1: 예수님의 인격과 삶을 보여주는 제자로서의 생활, 이것은 정말 큰 부담이 아닐 수 없습니다. 점점 더 어깨가 무거워지는 것을 느껴요.

인도자: 우리가 다 마찬가지입니다. 목사나 여러분이나 다를 바가 전혀 없어요. 단지 성령께서 힘주시는 대로 최선을 다할 뿐입니다. 주님을 우리 안에 모시는 결단을 한 이상 우리 안에 계시는 그분이 우리를 도와주실 것입니다. 이제 시간이 너무 많이 흘렀습니다. 나머지 부분은 다음 시간에 계속하도록 하고요. 간단히 오늘 밤에 다룬 내용을 정리해 볼까요? (각자가 한 마디씩 정리한다.) 우리 같이 머리 숙이고 기도할 텐데요. 입을 열기 전에 잠깐 생각하는 시간을 갖는 것이 좋겠습니다. (모두가 무릎을 꿇고 눈을 감고 얼마 동안 생각에 잠긴다.) 이제 K형제부터 시작하여 돌아가면서 오늘 밤 자신이 깨닫고 느낀 바를 나누어봅시다. (모두가 눈을 감은 채 진지하게 이야기한다.)

훈련생1: 크리스천의 전제 조건이 제자가 되는 것인데 그렇다면 예수를 닮아가는 인격이 얼마나 중요한가를 다시 깨닫게 되었습니다.

평신도를 깨운다

훈련생2: 저는 지금까지 교회를 다니면서 설교만 듣고 만족하는 편이었는데 그것이 잘못되었다는 것을 알게 되었습니다. 예수 닮는 제자로서 그분의 인격뿐 아니라 사역까지 계승할 수 있는 사람이 되어야 한다고 결심했습니다.

훈련생3: 지금까지 해온 교회 중심의 생활에서 그리스도 중심의 생활로 바뀌어야겠다, 그래서 예수의 향기를 나타내는 자가 되자고 마음에 새롭게 다짐하였습니다.

훈련생4: 사도 바울처럼 "내가 그리스도를 본받는 자가 된 것같이 너희는 나를 본받는 자가 되라"고 자신 있게 말할 수 있는 사람이 되었으면 합니다.

훈련생5: 저는 오늘 밤 제자가 무엇이라는 것을 실감나게 깨달았는데 다시 한번 그리스도의 인격과 삶을 닮아가는 생활, 또 그리스도의 사역을 담당하는 이 큰 사역이 어깨를 누르는 것 같아요. 그래서 앞으로 허리띠를 더 동여매지 않으면 안 되지 않겠는가 하는 의무와 책임을 느낍니다.

훈련생6: 크리스천이 바로 작은 그리스도다, 작은 그리스도가 바로 제자다, 이 시간 처음 이런 의미를 알게 되었고 평소에 평신도 선교사로 사는 삶에 회의가 있었는데 오늘 밤에 나도 그렇게 살 수 있다는 것을 알았습니다. 왕 같은 제사장이라는 말씀을 여러 번 보았으나 그 의미를 잘 몰랐는데 오늘 처음으로 나 자신이 바로 제사장임을 발견하였습니다.

훈련생7: 목사님의 교회관과 목회 비전이 정말 매력 있게 마음에 다가왔습니다.

훈련생8: 단순한 주제로만 생각했던 제자라는 것이 이렇게 엄청나고 큰 것인 줄을 몰랐습니다. 커다란 긍지를 느낍니다.

훈련생9: 하나님께서 확실히 우리에게 참 제자의 삶을 살기를 원하시고 또 우리가 그러한 참 제자가 됨으로 영광을 받으시길 원하신다는 것을 다시 한번 알았습니다. (나머지 훈련생들도 이와 비슷한 고백을 한다.)

인도자: 이제 우리 한 목소리로 기도하겠습니다. 먼저 기도 제목을 몇 가지 드리지요. (목사가 네 가지 기도 제목을 준다. 통성 기도가 끝나자 목사의 기도를 마지막으로 시간을 마친다. 시간은 밤 10시 20분이다. 자유로운 교제 시간을 충분히 갖지 못하고 헤어지는 것을 모두 서운하게 생각한다. 그러나 밤이 늦었으므로 10분 정도 이야기를 나누며 과일을 들다가 일어섰다.)

사랑의교회 담임목사는 아직 한 번도 다락방에 가보지 못했다. 목사가 지키고 앉아 있는 자리에서 감히 그 모임을 정상적으로 이끌어갈 만한 순장은 드물 것이다. 그들을 위해 목사는 나타나지 말아야 한다. 사실 다락방의 개성은 대단히 다양하다. 교회를 맡은 목회자의 개성에 따라 지역 교회의 성격이 동일하지 않듯이 다락방 역시 순장의 개성에 따라 그 성격이 각각 다른 것을 본다.

하나님의 말씀을 내용으로 다루고, 그 시간을 이끌어가는 지도 원리가 동일하다는 것을 빼놓고는 같은 것이 하나도 없다고 할 만큼 가지각색이다. 이것은 다락방마다 나름대로 장점과 단점을 다 가지고 있음을 의미한다. 그러므로 다락방 하나를 살피면서 사랑의교회 다락방 전체를 다 이야기했다고 볼 수 없다.

그러나 독자를 위해 어느 한 곳을 공개하지 않을 수 없다는 생각을 뿌리칠 수 없었다. 다음에 소개하는 다락방은 마침 어느 부인이 자연스럽게 참석해서 비밀리에 녹음하고 스케치를 해온 자료를 정리한 것이다. 여기에는 조금도 가필이 없다는 것을 미리 밝힌다. 그리고 그 시간에 다룬 교과 내용을 상세하게 소개하는 것은 피하고 그 대신 전체적인 흐름, 분위기, 느낌 등을 중심으로 정리해보았다. 다락방이 어떤 스타일의 모임인가를 들여다보는 데 조그마한 창문 구실을 할 수 있다면 그것으로 족하다고 생각한다.

2월 하순, 어느 금요일 오전 10시 30분. 강남 지역에서 흔히 볼 수 있는 중산층 아파트에 살고 있는 한 자매의 가정에서 모이는 다락방이었다. 탐방 기자는 5분 늦게 도착했는데 이미 순장과 5명의 순원이 모여서 이야기를 나누고 있었다. 다 듣지 못해서 정확히는 알 수 없었지만 크리스천 주부로서 얼마나 말을 은혜롭게 하였는가를 점검하는 것 같았다. 조금 후에 1명의 순원이 더 들어왔다. 전부 30대 주부로 보였다. 순장의 설명에 따르면 3명을 제외하고는 모두가 믿은 지 얼마 안 되는 초신자라고 하였다.

그들은 아담한 방에 둘러앉았다. 한두 명의 어린아이가 딸려 있었으나 거실로 내보내 분위기는 매우 아늑하고 조용했다. 가운데에 상을 펴 놓았지만 8명 전원이 사용할 수는 없어서 일부는 무릎에 성경과 노트를 놓고 있었다. 순장은 물론 순원에게서도 긴장이나 얼굴이 굳어진 표는 전혀 보이지 않았다. 처음 참석한 것처럼 보이는 부인 외에는 모두가 어떤 기대감에 부풀어 있는 것 같았다.

시작하고 6분쯤 지나자 한 주간 암송해오기로 한 성구를 정확히 점검했다. 그다음에 사도신경을 공동으로 고백한 다음 순장이 간단히 시작 기도를 올렸다. 그리고 찬송가 535장("주 예수 대문 밖에 기다려 섰으나")을 같이 부르기 시작했다.

여기서부터 순장에게서 리더로서의 기지(機智)가 조금씩 보이기 시작했다. 그는 순원들 마음을 다 아는 사람처럼 보였다. 7명의 자매를 (대부분 자기와 비슷한 연령인데도) 마치 어머니가 하듯이 넘치는 사랑과 보이지 않는 영적 권위로 포근히 감싸주는 것같이 느껴졌다.

찬송을 한두 절 부르다가 순장은 갑자기 중단시키고 몇 사람에게 가사를 읽어보라고 했다. 아마 입술로만 찬송을 부르는 자매가 있을까 두려웠던 모양이다. 그런데 어떤 자매는 가사 내용에 너무 감격하여 울면서 읽는 것이었다. 다른 자매 하나는 목이 메어서 한동안 말을 잇지 못할 정도였다.

다락방을 시작하는 시간부터 그 자리에 모인 사람의 마음과 마음

평신도를 깨운다

을 이어주는 은혜의 강이 흐르는 것을 볼 수 있었다. 찬송 중에 지각한 순원 한 명이 사이에 끼어 앉았다. 늦어서 미안한지 퍽 수줍어했다.

그 시간에 다룰 성경 본문은 요한복음 14장 7절에서 14절까지였다. 교회에서 내어준 교재에는 "빌립의 딜레마"라는 제목이 붙어 있었다. 돌아가면서 성경 본문을 한 절씩 읽었다. 그다음에 순장의 요구대로 지난주에 배웠던 성경을 순원들이 간단히 요약해서 대답했다. 순원은 훈련이 잘 되어 있는 것 같았다. 자기에게 질문을 할까 봐 불안해한다든지 대답을 준비하지 못해 당황해하는 자가 하나도 보이지 않았다.

복습이 끝나자 방금 읽은 본문 내용을 각자 돌아가면서 이야기하는 시간을 가졌다. 그때 순장은 신앙 경력이 있고 대답을 잘할 수 있는 한두 사람부터 먼저 지명했다. 이것은 평범하면서도 대단히 지혜로운 처사라고 할 수 있다. 처음 대답하는 사람이 위축을 당하면 그 여파가 전체에게 미칠 수 있다. 그러나 첫 번 응답자가 은혜로운 반응을 보이면 대답에 자신이 없던 사람에게 자극과 격려가 될 수 있기 때문이다.

그리고 처음 한두 번은 직접 개인을 지명해서 물었지만 그다음에는 순장의 입에서 거의 비슷한 반응이 나왔다. "고맙습니다. 또 다른 분은?" 따라서 나머지 순원은 각자가 자원해서 대화 분위기 속으로 끼어들고 있었다. 무슨 대답이건 모두가 한 마디씩은 다 하는 것이었다.

마지막에 가서 순장은 이렇게 요약했다. "지금까지 우리 모두가 이야기한 내용을 종합해보면 주영이 엄마가 대답하신 것과 이 집사님이 말씀하신 내용 안에 다 포함되어 있다고 생각합니다. 여기에다 조금 더 첨가한다면 우리는 이렇게 정리할 수 있을 것입니다…." 이와 같은 순장의 태도는 순원마다 자신이 성경공부에서 중요한 역할을 하고 있음을 무의식적으로 확신하게 만드는 데 놀라운 힘을 가지고 있었다.

순원이 본문을 요약하는 일이 끝나자 순장은 "목사님의 테이프를 들으면서 우리가 이해한 것과 얼마나 차이가 있는지 한번 검토해보도록 하지요"라고 하면서 녹음기 단추를 눌렀다. 10분 정도의 소강의였는데 어떤 사람은 노트에 받아쓰는가 하면 어떤 사람은 부동의 자세로 경청하고 있었다. 중간에 어린아이 하나가 들어와서 엄마에게 보챘지만 분위기가 조금도 흐트러지지 않았다.

테이프 강의가 끝나자 간단한 복음성가를 한 곡 불렀다("내게 강 같은 평화"). 그다음에 그들이 본문을 이해한 것과 테이프에서 들은 것 사이에서 발견한 약간의 차이점을 간단히 지적한 다음 바로 교재 내용으로 들어갔다.

문제를 차례대로 다루면서 순원 전부가 완전히 몰입하는 것같이 보였다. 순장은 필요할 때마다 참고할 만한 성경 구절을 인용하면서 순원 스스로가 본문의 의미를 정확하게 깨닫도록 유도하는 데 세심한 주의를 기울였다. 그는 교재에 있지 않은 보조 질문을 재치 있게 사용하면서 순원이 바른 대답을 하도록 도와주었다. 가끔 순원이 본문 내용과 연관성이 희박한 질문을 하면 그는 간단히 한마디로 부드럽게 처리하면서 본문에 집중할 수 있게 했다. "그 문제는 아마 다음 시간에 공부하게 될 거예요. 그 때 가서 하는 편이 새 맛을 잃지 않고 좋을 것 같지 않으세요?"

그러자 질문을 했던 순원은 어리광을 피우듯 "글쎄 말이에요. 건방지게 미리 들고 나와서 미안해요"라고 대꾸했다. 그 소리에 모두가 티 없는 웃음꽃을 피우는 것이었다.

평신도를 깨운다

후반부의 적용으로 들어갈 때에는 공부를 시작한 지 한 시간 이상이 넘어가고 있었다. 그만큼 그들은 성경 본문을 깊이 다루는 편이었다. 중간에 사담이 좀 나올 만도 했지만 분위기가 허용하지 않았다. 성경부터 먼저 이해하고 적용하자는 식이었다. 이것은 대단히 높이 평가할 만한 점이라고 아니할 수 없다. 다락방이 빠지기 쉬운 가장 무서운 함정은 어떤 인간적인 이야기에 몰입하다 성경 말씀이 뒷전으로 물러앉기 쉽다는 것이다. 그리고 일시적인 재미와 흥분을 성령의 역사로 착각하는 것이다. 이러한 함정을 피하는 길은 말씀에 우선 충실하는 것이다.

그들이 성경 본문을 이해하기 위해 집중하는 동안 순장이 일방적으로 강의나 설교를 하는 예는 한 번도 보이지 않았다. 만일 그가 혼자 '설교'를 했더라면 순원들이 그렇게 긴 시간 집중할 수 없었을 것이다. 그들이 시간 가는 줄 모르고 몰입했던 것은 그들 모두가 묻고 대답하면서 열심히 공부하는 사람이 되었기 때문이다. 순장은 마치 야구장에서 선수들을 열심히 뛰게 하려고 적절하게 사인을 보내는 코치처럼 순원 스스로가 공부할 수 있게 간접적으로 도와주고 있었다.

다락방 분위기가 본격적으로 무르익기 시작한 것은 거의 한 시간이 지나서부터였다. 예수님이 하나님이시며 그를 보는 자는 바로 하나님을 보는 사람이라는 결론으로 순장의 질문에 따라 각자가 자기 신앙과 생활에 적용하면서부터 열기가 뜨거워지고 있었다. 나중에는 순장은 가만히 있고 순원들이 마음대로 대화에 열심히 뛰어들었다.

그렇다고 그들이 자기 자랑을 늘어놓는 것은 아니었다. 그중에는 예수님이 하나님이라는 사실을 믿기는 하지만 그 믿음을 가진 사람답게 행하지 못해 고민이라고 실토하는 자매들이 몇 사람 있었다. 그 말을 듣는 다른 순원도 똑같은 고민을 안고 있다는 식으로 반응을 보였고 자기 노출을 한 자매들 역시 조금도 어색하게 여기지 않는 분위기였다. 정말 성령의 하나 되게 하심을 말씀을 중심으로 깊이 체험하는 순간순간이었다.

믿음과 행함의 관계로 적용되자 순장이 에베소서 2장 8절에서 9절 말씀과 야고보서 2장 14절 이하를 비교하면서 간단히 정리해주었다. 그의 설명의 핵심은 어느 편이 먼저인가에 있었다. 믿음이 먼저이고 그다음에 행함의 열매가 따라온다는 것이었다.

그의 설명에 대해 부정적이거나 비판적인 반응을 보이는 자는 아무도 없었다. 더 진지하게 진리를 실제 생활에 적용하는 편으로 흘러갔고 자주 유쾌한 웃음을 터트리기도 하였다. 재미있는 고백과 간증이 나왔기 때문이다.

그 가운데 어느 자매는 믿음을 가져 보려고 밤 12시에 무작정 성경을 펴서 읽은 일이 있었는데 그날은 이상하게 깊이 빠져 들어갔다고 했다. 그는 믿음과 행함이라는 두 관계를 해결하지 못해 고통을 안고 있었는데 성경을 읽는 중에 로마서 4장 1절부터 3절 말씀에서 자기 자신이 완전히 깨어지는 것을 체험하였다고 고백했다. "그 말씀을 읽고는 마치 성경 전체를 다 읽은 것 같았어요. 그리고 이상하게 향기가 온 방에 가득한 것 같아서 사방을 살펴보았어요."

그러자 듣고 있던 자매 한 명이 "그것이 성령의 향기야" 하고 흥분해서 말을 거들었다. 이야기가 좀 이상한 데로 흐르는 것같이 보이자 순장은 향기를 꼭 성령의 역사라고만 할 수는 없다고 한마디 한 다음, 하나님 말씀을 통해 그렇게 놀라운 문제 해결을 본 것은 정말 감사할 일이라고 크게 격려해주었다. 그들은 전부 다 은혜가 무엇인가를 느끼고 있는 것처럼 보였다. 하나님 말씀에 반사되는 그들의 마음과 생활에는 함께 나누고 싶은 이야기가 참 많은 것 같았다.

벌써 시간이 많이 흘러 아이들이 들어와 보채곤 하였다. 그러자 순장은 앉은 순서대로 돌아가면서 그 시간에 공부한 내용과 각자 받은 은혜를 간단히 표현하게 하였다. 순원들은 그 내용을 놀라울 정도로 잘 표현했다. 훈련이 보통 잘 되어 있는 게 아니었다. 그다음에 순장 자신이 간단히 요약했다. 이것은 일종의 단편 설교라고 할 수 있었다. 마치 못이 잘 박혔는지를 확인하기 위해 한 번 더 망치질을 하는 것이라고 할까!

찬송을 부르면서 헌금을 했다. 찬송이 좀 어려운지 잘 맞지 않았다. 그다음에 기도에 들어갔다. 몇 사람에게 헌금에 관해서, 교회 건축에 관해서, 교역자를 위해서 기도하라고 제목을 주었고 나머지는 각자 받은 은혜대로 기도하게 하였다.

지금이야말로 성령의 이슬에 흠뻑 젖는 시간이었다. 초원에서 풀을 마음껏 뜯어 먹은 양들이 잔잔한 시냇가로 돌아온 시간이었다. 기도는 무려 20분 가까이 계속되었다. 초신자들이 간단하게 기도하는 것을 거절하지 않았다. 아멘의 화답이 기도를 더 향기롭게 했다. 주기도문을 마치고 눈을 뜨니 시간은 1시가 가까워지고 있었다.

30분가량 차 마시는 시간을 갖고 자유롭게 이야기를 나누다가 흩어졌다. 교제 시간이 좀 짧은 것 같으나 어떤 점에서는 은혜를 간직하고 돌아가는 데 더 큰 도움이 될 수 있다. 세상적인 이야기가 너무 오래 계속되면 거기서 마음에 상처를 입고 은혜를 쏟아버린 채 돌아갈 수도 있기 때문이다.

사랑의교회 다락방이 대개 이와 비슷한 분위기를 가지고 운영되고 있다고 해도 크게 잘못된 말이 아닐 것이다. 물론 방금 우리가 잠깐 들여다본 다락방에 어떤 결점이 없다는 말은 아니다. 그러나 그런 결점을 여기서 꼬집을 필요는 없다고 생각한다. 그것은 평신도의 모임이기 때문이다.

이스라엘이 자연석으로 제단을 쌓기를 하나님께서 원하셨던 것처럼 지금도 마치 석공이 잘 다듬은 돌처럼 흠잡을 데 없이 숙달된 전문인이 인도하는 성경공부보다는 부족하지만 소박하고 솔직하게 있는 그대로를 가지고 말씀의 보좌를 향해 다가오는 평신도의 모임을 더 사랑하실 것으로 믿는다.

1. 사랑의교회 제자훈련생 모집 자격

○ 본 교회에 등록한 지 1년 이상 된 자로서
　세례받은 지 3년 이상 된 자
○ 새가족 모임을 마친 자
○ 연령은 33세에서 50세까지
○ 다락방을 6개월 이상 지속해서 참석하고 있는 자
○ 배우자의 허락을 받은 자
○ 신체가 건강하고 건전한 직업을 가진 자

2. 훈련 대상자 사전 점검 사항

가) 제자훈련에 임하는 각오와 결단
○ 제자훈련 지원 동기가 무엇입니까?
○ 본인이 원해서 제자훈련 신청을 했습니까?
○ 제자훈련을 받을 마음 준비는 되어 있습니까?
○ 제자반에 가정을 공개할 수 있습니까?
○ 제자훈련을 받기 위해 하루에 고정적으로
　2~3시간을 낼 수 있습니까?
○ 본인의 건강 상태는 어떻습니까? (상, 중, 하)

나) 자신의 영적 상태를 생각해봅시다.

○ 성경을 얼마나 읽었습니까?

○ 하루에 몇 장 정도 읽습니까?

○ 기도 생활을 어떻게 하십니까?

○ 신앙 서적은 얼마나 읽습니까?

○ 가정 예배를 드리고 있습니까?

○ 수요 예배를 참석하고 있습니까?

○ 철야 기도회에 참석해보셨습니까?

○ 새벽 기도회에 참석해보셨습니까?

다) 신앙 배경을 생각해봅시다.

○ 오늘 밤 이 세상을 떠난다면 천국에 들어갈 확신이 있습니까?

○ 신앙생활은 언제부터 시작했습니까?

○ 신앙생활을 처음 시작한 교회는 어느 교회였습니까?

○ 우리 교회에는 언제부터 나오셨습니까?

○ 교회 안에서 다른 훈련을 받은 경험이 있습니까?

○ 그동안 교회 안에서 어떤 봉사를 하셨습니까?

○ 우리 교회에서 현재 하고 있는 봉사는 무엇입니까?

라) 평신도 지도자로서 소명이 있습니까?

○ 어느 부분에서 봉사하기를 원하십니까?

○ 다른 사람을 섬기는 일을 기쁘게 생각하고 있습니까?

○ 음주와 흡연은 어느 정도 하십니까? (상, 중, 하)

o 자신의 장단점을 기록한 후 더욱 개발해야 할 점과 개선해야 할 점을
  분류해서 기도하고 느낀 점을 기록할 것

o 아침에 출근하는 남편과 학교 가는 자녀에게 기도해준 후 그들의 반
  응과 자신의 느낌을 기록할 것

o 다락방 순장에게 감사 편지를 쓰고 느낀 점을 기록할 것

o 담임목사, 구역 담당 교역자에게 감사 편지를 쓰고 느낀 점을 기록할 것

o 이웃에게 사랑으로 봉사할 일을 하나 정해 봉사한 후 자신의 반응을
  기록할 것

o 교회 안에서 할 일을 정해 봉사한 후 느낀 점을 기록할 것

o 가정의 달에는 가족 섬기기: 편지나 여러 가지 봉사를 통해 예수님의
  사랑을 전달할 것

o 집안 정리하기 등

1. 평신도 사역자

교역자뿐 아니라 평신도 역시 부름받은 사역자라는 의식 | 93퍼센트

사랑의교회에서 제자훈련, 사역훈련을 받고 다락방을 섬기는 순장으로 봉사하는 순장의 98퍼센트는 교회를 든든히 세우는 도구로 하나님께서 자신을 사용하고 있음을 확신했다. 또한 순장들의 70.6퍼센트는 주변 사람 중 몇몇을 평신도 지도자가 되도록 목적을 가지고 양육하고 있다고 답했으며 92.3퍼센트는 지금의 사역에 보람과 기쁨을 가지고 있다고 답했다.

　한편 언제 당신의 삶을 주님께 드리기로 헌신했는가를 묻는 질문에는 67퍼센트가 훈련받는 도중이나 훈련받은 이후라고 답했다.

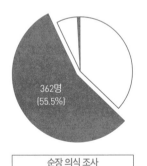

순장 의식 조사

362명
(55.5%)

도표1 | 교역자와 평신도는 맡은 일의 차이는 있지만, 부름받은 사역자라는 측면에서는 동일하다.

정말 그렇다	239명(36.7%)
그렇다	362명(55.5%)
반반이다	41명(6.4%)
아니다	4명(0.6%)
전혀 아니다	0명
무응답	6명(0.9%)

도표2 | 하나님은 나를 주님의 몸 된 교회로 든든하게 세워가는 도구로 사용하신다고 확신한다.

정말 그렇다 307명(47.1%)
그렇다   331명(50.8%)
반반이다   14명(2.1%)
아니다   0명
전혀 아니다   0명

나는 주님의 도구

순장들은 자신이 소명받은 사역자라는 분명한 인식을 갖고 있을 뿐 아니라 자신을 통해 하나님께서 교회를 세워가고 있다는 사실을 확신하고 있다(98.0퍼센트). 이런 확신은 사역자로서 소명감과 보람을 갖게 할 뿐만 아니라 지치지 않고 사역할 수 있도록 하는 동기가 된다.

도표3 | 당신은 언제 당신의 삶을 주님께 드리기로 헌신했는가?

훈련 받기 이전   214명(32.8%)
훈련 받는 도중   205명(31.4%)
훈련 받은 이후   233명(35.8%)

언제 헌신했는가?

사역 햇수에 따른 분석			
1. 5년 이하	훈련 이전 - 32.3%	훈련 도중 - 35.9%	훈련 이후 - 31.8%
2. 6 - 10년	훈련 이전 - 34.0%	훈련 도중 - 22.7%	훈련 이후 - 43.3%
3. 11 - 15년	훈련 이전 - 29.8%	훈련 도중 - 23.3%	훈련 이후 - 46.9%
4. 16년 이상	훈련 이전 - 40.3%	훈련 도중 - 29.4%	훈련 이후 - 30.3%

도표4 | 헌신의 시기에 관한 사역 햇수에 따른 분석

언제 헌신했는가?

	훈련 이전	훈련 도중	훈련 이후
5년 이하	32.3%	훈련 도중 35.9%	31.8%
6~10년	34.0%	22.7%	훈련 이후 43.3%
11~15년	29.8%	23.3%	훈련 이후 46.9%
16년 이상	훈련 이전 40.3%	29.4%	30.3%

- 이 도표는 사랑의교회 초기에는 보다 준비된 사람들, 즉 이미 헌신된 사람들이 제자훈련을 받은 케이스가 많았음을 보여준다. 1990년 이후에 훈련받은 사람일수록 훈련 중이나 이후에 헌신했다고 응답한 사람이 많았는데 다듬어지지 않은 사람을 훈련시켜 평신도 지도자로 세운다는 측면에서는 매우 긍정적이라 하겠다.

389명
(59.7%)

효과적인 은사 사용

도표5 | 나의 은사를 효과적으로 잘 사용하고 있다.

정말 그렇다　57명(8.7%)
그렇다　　　389명(59.7%)
반반이다　　191명(29.3%)
아니다　　　15명(2.3%)
전혀 아니다　0명

훈련받은 사람들은 은사에 따라 사역의 자리에 배치되고 있음을 보여준다. 응답자의 68.4퍼센트가 긍정적인 답변을 하고 있다. 그러나 "반반이다"가 29.3퍼센트로 적지 않은 비율을 차지하는 것은 은사에 따른 다양한 사역 개발과 재교육의 필요성도 보여준다. 늘어나는 다락방과 순장의 수요도 현실적인 문제가 될 것이다.

다른 사람을 양육하고 있는가?

도표6| 나는 내 주변에 있는 사람들 가운데 몇몇을 나와 같은 평신도 지도자가 되도록 의도적으로 양육하고 있다.

정말 그렇다	87명(13.7%)
그렇다	361명(56.9%)
반반이다	120명(18.9%)
아니다	64명(10.2%)
전혀 아니다	2명(0.3%)
무응답	18명(2.7%)

• 이 질문에 대한 응답은 그 분포가 고르다. 훈련 받은 사람들이 또 다른 사람을 양육하는 것은 훈련의 자연스러운 결과라 할 것이다.

도표7| 제자 양육에 관한 사역 햇수에 따른 분석

다른 사람을 양육하고 있는가?

5년 이하	11.3%	그렇다 56.5%	19.7%	12.1%
6~10년	16.6%	그렇다 61.2%	17.2%	5.0%
11~15년	19.4%	그렇다 53.2%	16.1%	11.3%
16년 이상	21.4%	그렇다 50.0%	21.4%	3.6%

정말 그렇다 　　　 그렇다 　　　 반반이다 　　　 아니다

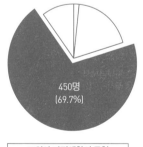

교회와 가정생활의 균형

도표8| 나는 교회와 가정생활에 균형을 잘 맞추고 있다고 생각한다.

정말 그렇다	66명(10.2%)
그렇다	450명(69.7%)
반반이다	121명(18.7%)
아니다	9명(1.4%)
전혀 아니다	0명
무응답	6명(0.9%)

순장 열 명 당 여덟 명이 교회와 가정생활에서 균형 잡힌 신앙생활을 하고 있다고 대답했다. 반면에 그렇지 못하다는 대답은 백 명 당 두 명에도 미치지 못하였다. 이것은 사랑의교회의 신앙적 안정 지수가 대단히 높다는 사실을 확인시켜 준다.

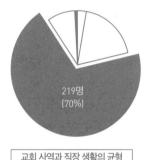

교회 사역과 직장 생활의 균형

도표9 | 나는 교회 사역과 직장 생활에 균형을 잘 맞추고 있다고 생각한다.

정말 그렇다   27명(8.6%)
그렇다   219명(70.0%)
반반이다   59명(18.8%)
아니다   8명(2.6%)
전혀 아니다   0명
무응답   339명

참고: 응답 비율은 무응답 등을 제외한 313명을 기준으로 한다. 무응답자가 많은 것은 전업 주부가 많은 까닭이다.

도표10 | 평신도 지도자로서 사역하게 된 동기는? (중복 답변)

82%	헌신을 하지 않으면 교회에서 인정받지 못하므로(537명)
73%	가르치는 것이 기쁨과 평안을 주기 때문에(475명)
33%	나의 자아를 개발하기 위해(214명)
31%	내 삶을 드려 하나님께 영광 돌리는 것이 삶의 목표이므로(203명)
31%	헌신하게 되면 하나님께서 나에게 축복을 주시므로(203명)
26%	주님의 은혜에 감사해서(167명)
25%	배우자, 목회자, 리더의 권유로(165명)
12%	가르치는 자로 부름받았기 때문에(77명)
4%	훈련을 받았다면 사역을 해야 하기 때문에(23명)

평신도를 깨운다

"헌신을 하지 않으면 교회에서 인정받지 못하므로"라는 대답이 가장 많이 나왔다. 이것은 사랑의교회 분위기를 반증한다. "사랑의교회는 평신도가 훈련받고 깨어서 사역하는 교회"라는 인식이 지배적이며 성도들이 훈련받고 헌신하는 동기가 되고 있다. 두 번째로 "사역하는 것이 기쁨과 평안을 주기 때문"이라는 응답이 많이 나온 것도 주목할 만하다. 헌신해 사역하는 평신도들은 사역을 통해 지치는 것이 아니라 오히려 기쁨과 평안을 얻으며 자발적으로 일하고 있다. (답변은 중복이며, 응답 비율은 전체 설문 응답자 652명에 대한 것이다.)

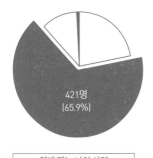

열매 맺는 나의 사역

도표11 | 나의 사역에는 하나님께서 나를 통해 일하고 계시는 열매와 증거가 있다.

정말 그렇다 142명(22.2%)
그렇다 421명(65.9%)
반반이다 71명(11.1%)
아니다 5명(0.8%)
전혀 아니다 0명
무응답 13명

자기 사역의 열매를 확인하고 확신하는 일은 매우 중요하다. 응답자의 88퍼센트가 긍정적인 답변을 하고 있다. 도표 10은 이 질문에 대한 또 다른 형태의 대답이라 할 수 있다.

보람 있는 사역

도표12 | 나는 이 사역에 보람과 기쁨을 느끼고 있다.

정말 그렇다	236명(36.4%)
그렇다	363명(55.9%)
반반이다	41명(6.3%)
아니다	8명(1.2%)
전혀 아니다	1명(0.2%)
무응답	3명

사역 햇수에 따른 분석				
1. 5년 이하	정말 그렇다 (34.47%)	그렇다 (56.80%)	반반이다 (8.50%)	아니다 (0.24%)
2. 6 - 10년	정말 그렇다 (36.17%)	그렇다 (58.87%)	반반이다 (4.96%)	아니다 (0.0%)
3. 11 - 15년	정말 그렇다 (57.81%)	그렇다 (37.50%)	반반이다 (4.69%)	아니다 (0.0%)
4. 16년 이상	정말 그렇다 (26.67%)	그렇다 (73.33%)	반반이다 (0.00%)	아니다 (0.0%)

도표13 | 사역의 보람에 관한 사역 햇수에 따른 분석

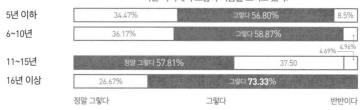

응답자 모두가 사역에서 보람과 기쁨을 느끼는 것으로 나타난다. 그런데 16년 이상 사역한 순장들의 경우 "정말 그렇다"보다 "그렇다"가 더 많은데 이것은 사역에 대한 확신은 있으나 오랜 사역으로 지친 것은 아닌지 생각하게 한다. 평신도 지도자들의 재교육이나 안식년 제도의 도입에 대한 필요성이 대두된다.

　　　　　　　　　　　　　　　　　　　　　　　　평신도를 깨운다

언제까지 사역할 것인가

도표14 | "언제까지 사역할 것인가"라는 질문에는 508명이 "주님이 부르시는 그날까지"라고 응답했다. 한시적으로 사역하겠다는 응답은 117명인데 그 세부 내용은 다음과 같다.

은퇴할 나이가 되어서	(52명)
건강의 이유로	(30명)
나 자신의 개발을 위해서	(9명)
사역에 지쳐서	(3명)
기타	(23명)

훈련받은 평신도들은 대부분 건강이 허락하는 한 사역하기를 원하고 있다. 이것은 앞서 보았던 평신도 사역자로서 소명 의식과 관련하여 생각해야 할 것이다. 훈련받은 평신도 지도자들은 단지 교회가 필요로 해서가 아니라 분명한 자기 인식에 따른 소명감과 사역의 열매를 기대하는 보람과 확신으로 사역하고 있다. 이것은 건강한 교회를 세우는 데 가장 중요한 원동력이 될 것이다.

조사 개요 ────────────────────

제자훈련과 사역훈련을 마치고 다락방을 섬기는 사랑의교회 남자 순장 138명과 여자 순장 514명(총 652명)을 대상으로 1998년 6월 7일과 9일, 양일에 걸쳐 조사한 내용을 토대로 한 것이다.

2. 순원이 본 다락방 순장

순원들, 다락방과 순장을 통해 신앙의 성장을 경험 | 94퍼센트

사랑의교회에서 모세혈관이라고 할 수 있는 소그룹 조직인 다락방에 참석하고 있는 순원을 대상으로 다락방과 순장에 대해서 어떻게 인식하고 있으며 어떠한 평가를 하고 있는지를 알아보았다. 순원 대부분(96%)이 참석하고 있는 다락방에 대해 만족감을 표시했다.

다락방이 영적 성숙에 미치는 영향

도표15 | 다락방을 통해 나의 신앙이 매우 성장했다.

정말 그렇다	67명(43%)
그렇다	80명(51%)
반반이다	8명(5%)
아니다	1명(1%)
전혀 아니다	0명(0%)
무응답	1명

순장의 역할에 대해

다락방 순원에게 영적 지도자 역할을 잘 감당하고 있는지 알아본 결과 순원의 89퍼센트가 순장을 통해 영적 성장에 도움을 받고 있다고 대답했다. 또한 순원들 중 자신의 삶에 문제가 생기면 순장에게 찾아가 조언을 구한다는 사람이 90퍼센트나 되었다. 이러한 통계 자료는 순장이 순원의 삶에 매우 깊은 영향을 끼치고 있음을 보여준다.

평신도를 깨운다

도표16 | 다락방에서 순장을 통해 받은 은혜 중에서 가장 소중하다고 느끼는 것은 무엇인가?(중복 답변)

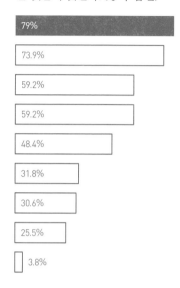

79%	순장을 통해 사랑의 손길을 경험했다(124명)
73.9%	순장과 순원들의 중보 기도를 통해 은혜를 체험했다(116명)
59.2%	다락방을 통해 성경을 체계적으로 배웠다(93명)
59.2%	마음의 평안을 누리게 되었다 (93명)
48.4%	신앙생활의 기초를 체계적으로 배웠다(76명)
31.8%	구원의 확신을 얻었다 (50명)
30.6%	경조사 등으로 어려울 때 구체적인 도움을 받았다(48명)
25.5%	개인적인 많은 문제들이 해결받았다 (40명)
3.8%	신앙의 모범이 되었다 (6명)

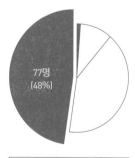

순장은 나의 영적인 부모 역할을 한다

도표17 | 다락방에서 순장은 나의 영적인 부모 역할을 한다.

정말 그렇다   77명(48%)
그렇다   64명(41%)
반반이다   15명(10%)
아니다   1명(1%)
전혀 아니다   0명

도표18 | 나는 순장을 영적 지도자라고 생각하며 때때로 그에게 조언을 구한다.

정말 그렇다　56명(36%)
그렇다　　　84명(54%)
반반이다　　9명(6%)
아니다　　　4명(3%)
전혀 아니다　1명(1%)
무응답　　　3명

순장은 영적 지도자이다

도표19 | 다락방을 통해서 교회를 더욱 사랑하게 되었다.

정말 그렇다　67명(43%)
그렇다　　　77명(49%)
반반이다　　11명(7%)
아니다　　　1명(1%)
전혀 아니다　0명

다락방이 교회에 대한
태도에 미치는 영향

다락방에 참석하는 순원의 92퍼센트가 다락방을 통해 교회를 더욱 사랑하게 되었다고 대답했다. 교회 안에서 소그룹 활동에 참여하는 사람은 자신이 출석하는 교회에 자부심을 느끼고 강한 소속감을 느낀다.

조사 개요 ────────────────────

본 조사는 다락방에 참석한 남 77명, 여 80명의 순원(총 157명)을 대상으로 1998년 6월 11일부터 19일까지 실시하였다.

평신도를 깨운다

3. 새신자들이 본 사랑의교회

할 수만 있다면 자신도 제자훈련을 받고 싶다는 마음 | 72퍼센트

사랑의교회에 새로 출석하는 새신자들에게 사랑의교회와 제자훈련 사역
에 대한 그들의 생각을 물어보았다. 새가족 모임에 참석하고 있는 새신자
중 64명을 대상으로 1998년 6월 10일(수요일 오전 새가족 모임)과 14일(주일
오후 새가족 모임), 양 일간에 걸쳐 설문조사를 실시했다. 그들 가운데 타교
회에서 신앙생활을 하다가 옮기게 된 사람은 77퍼센트였다. 이중 50퍼센
트는 가까운 친구나 친지의 적극적인 추천이 있었다고 답했다.

　그러나 결국 이들을 정착하도록 만든 가장 큰 동인은 담임목사의 설교와
체계적인 제자훈련이었던 것으로 나타났다.

남녀 성별

도표20 | 새가족 모임 참석자의 성별
구분

| 남 | 12명(18.8%) |
| 여 | 52명(81.2%) |

참석자의 연령

도표21 | 새가족 모임 참석자의 연령별 구분

20대	13명(20.3%)
30대	27명(42.2%)
40대	22명(34.4%)
50대	2명(3.1%)

도표22 | 타교회에서 신앙생활을 하던 중 교회를 옮기게 된 동기는?(중복 답변)

50%	가까운 친구나 친지의 적극적인 권유로(32명)
37%	담임목사의 설교가 좋아서 (24명)
34%	체계적인 훈련을 받고 싶어서 (22명)
25%	다락방을 통해서 받은 은혜가 크다고 들어서(16명)
19%	가까운 곳으로 이사를 오게 되어서(12명)
19%	자녀들의 신앙 교육이 철저하다고 들어서(12명)
8%	마음의 상처를 치유받을 수 있다고 여겨져서(5명)
6%	나의 은사를 잘 활용할 수 있다고 느껴서(4명)
6%	교회 건물이 아름다워서 (4명)

친구나 친지의 권유가 가장 높은 비중을 차지하는 것은 성도들이 교회에 자부심을 갖고 있음을 보여준다. 또한 사랑의교회에 출석하게 된 동기는 단순히 이사로 인한 것이 아니라 설교, 훈련, 다락방 등 교회의 이미지와

자신의 영적인 필요에 의한 것임을 보여준다. 자녀들의 신앙 교육을 위해서라는 대답도 마찬가지이다. 현대인은 단순히 집과 가깝다는 이유로 교회를 결정하지는 않는다.

사랑의교회 제자훈련에 대한 인식

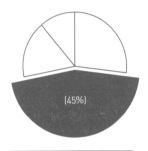

제자훈련을 받고 싶다

도표23 | 나는 할 수만 있다면 제자훈련을 받고 싶다.

정말 그렇다 (27.0%)
그렇다 (45.0%)
반반이다 (17.0%)
아니다 (11.0%)
전혀 아니다 (0.0%)

새신자 대부분(72%)이 체계적인 훈련을 받고 싶어 하는 것으로 나타났다. 이런 결과가 나온 것은 이미 제자훈련을 받고 봉사하고 있는 사람들에게서 긍정적인 모습을 발견했기 때문이다.

도표24 | 사랑의교회에 출석하면서 느끼는 사랑의교회의 장점은 무엇이라고 생각하는가? (중복 답변)

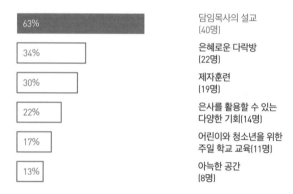

63%	담임목사의 설교 (40명)
34%	은혜로운 다락방 (22명)
30%	제자훈련 (19명)
22%	은사를 활용할 수 있는 다양한 기회(14명)
17%	어린이와 청소년을 위한 주일 학교 교육(11명)
13%	아늑한 공간 (8명)

이 질문은 앞서 사랑의교회에 출석하게 된 동기와는 구별되는데, 실제로 출석하면서 느끼는 사랑의교회의 장점이 무엇인지를 묻는 질문이다. 결과는 옮기게 된 동기와 비슷하게 나왔는데 "은혜로운 다락방"이 높게 나온 것은 아직 제자훈련을 받지 않았으나 다락방 참석을 통해 구체적인 은혜를 받고 있기 때문일 것이다. 이 결과는 새신자가 사랑의교회에 대해 가지고 있었던 이미지, 기대했던 유익이 많은 부분 충족되고 있음을 보여준다. 이런 교회의 분위기 속에서 신앙생활을 하는 새신자는 좋은 제자훈련 후보생이 되고 훈련을 받은 이후에는 평신도 지도자로 사역하는 자리에까지 이른다.

조사 개요 ————————————————————————————

본 조사는 사랑의교회 새가족 모임에 참석하고 있는 새신자를 대상으로 1998년 6월 10일과 14일 양일에 걸쳐 실시되었다.

참고: 366-369쪽의 참고도서 목록은 색인에서 제외함

평신도를 깨운다

참고 도서 목록

1-백낙준, *The History of Protestant Missions in Korea*, 1832-1910, Union Christian College Press, 1929.

2-〈월간 정경문화〉, 경향신문사, 1984년 2월호.

3-이성희, 《미래 목회 대예언》, 규장, 1998.

4-이종성, 《교회론 I》, 대한기독교출판사, 1989.

5-장희근, 《한국 장로교회사》, 아성출판사, 1970.

6-정석산, *The Evangelization of Korea and the Nevius Principles*, Calvin Theological Seminary, 1967.

7-최길성, "민중 신앙의 토속성과 외래성", 〈월간조선〉, 조선일보사, 1982년 12월.

8-네비게이토, 《성경공부 인도법》, 네비게이토 선교회, 1973.

9-로렌스 리처즈, 《교회 지도자 신학》, 문창수 역, 정경사, 1983.

10-로렌스 리처즈, 《창조적인 성서교수법》, 권혁봉 역, 생명의말씀사, 1982.

11-로버트 콜먼, 《주님의 전도 계획》, 홍성철 역, 생명의말씀사, 1981.

12-리드 앤더슨, 《21세기를 위한 교회》, 황성철 역, 솔로몬, 1997.

13-릭 워랜, 《새들백교회 이야기》, 김현회 · 박경범 역, 디모데, 1996.

14-린 · 빌 하이벨스, 《윌로우크릭 커뮤니티 교회》, 김성웅 역, 두란노, 1997.

15-마이클 윌킨스, 《제자도 신학》, 황영철 역, 국제제자훈련원, 2015.

16-윌리엄 바클레이, 《예수의 사상과 생애》, 성문학사, 1972.

17-존 스토트, 《현대 사회 문제와 기독교적 답변》, 박영호 역, 기독교문서선교회, 1985.

18-존 칼빈, 《기독교 강요》, 김문제 역, 세종문화사, 1980.

19-칼 윌슨, 《목회와 제자 양성》, 보이스사, 1981.

20-프란시스 쉐퍼, 《20세기 말의 교회》, 생명의말씀사, 1972.

21-헨드릭 크래머, 《평신도 신학》, 유동식 역, 대한기독교서회, 1981.

22-헨리 나우웬, 《영혼의 양식》, 두란노, 1997.

평신도를 깨운다

23-Barclay, William, *The Gospel of Matthew*, Westminster Press, 1958.

24-Barth, *A Linguistic Key to the Greek NT*, Regency, 1980.

25-Bavinck, J. H., *An Instruction to the Science of Mission*, The Presbyterian & Reformed Pub. Co., Philadelphia, 1960.

26-Boer, Harry, *Pentecost & Missions*, Eerdmans, Grand Rapids, 1975.

27-Bonhoeffer, D., *The Cost of Discipleship*, Macmillan Co., New York, 1975.

28-Bormann, Ernest G., *Effective Committees and Groups in the Church*, Augsburg Publishing House, Minneapolis, 1973.

29-Brown, Neil, *Laity Mobilization*, Eerdmans, Grand Rapids, 1971.

30-Bruce, F. F., *The Book of the Acts*, Eerdmans, Grand Rapids, 1975.

31-Bultmann, Rudolf, *The History of the Synoptic Tradition*, Oxford, Basil Black Well, 1963.

32-Butt Jr., Howard E., "The Layman as a Witness", *Christianity Today*, Vol. XII, No. 23.

33-Calvin, John, *Commentary on a Harmony of the Evangelical*, Baker Book House, Grand Rapids, 1979.

34-Calvin, John, *Commentary on the Epistles of Paul the Apostle To the Corinthians*, Baker Book House, Grand Rapids, 1979.

35-Crawford, John. R., "Calvin and the priesthood of all believers", *Scottish Journal of Theology*, Vol. 21, No. 2.

36-Cross, F. L., *Oxford Dictionary of the Christian Church*, Oxford University Press, London, 1958.

37-Douglas, J. D., *Let the Earth Hear His Voice*, World Wide Pub. Minneapolis, 1975.

38-DuBose, Francis M., *Classics of Christian Missions*, Broadman Press, Nashville, Tennessee, 1979.

39-Feucht, Oscar, *Everyone A Minister*, Concordance, St, Louise, 1977.

40-Finke, *The Churching of America: 1776-1990*, Chapter 7.

41-Ford, Leighton, "Jesus as a Model for Leaders", *World Evangelization*, 1995, March / April.

42-Geldenhuys, Norval, *Commentary on the Gospel of Luke*, Eerdmans, Grand Rapids, 1968.

43-Green, Joel B. , *Dictionary of Jesus and Gospels*, IVP, 1992.

44-Green, Michael, *Evangelism in the Early Church*, Eerdmans, Grand Rapids, 1975.

45-Hull, Bill, *Disciple Making Pastor*, The Fleming H. Rebell Co., 1988.

46-Klein, W.W., *Dictionary of Paul and His Letters*, IVP, 1953.

47-Kromminga, Carl, *Bring God's News to Neighbors*, Presbyterian & Reformed, Nutley, 1976.

48-Kuiper, B. K., *The Church in History*, Eerdmans, Grand Rapids, 1955.

49-Kuiper, R. B., *The Glorious Body of Christ*, Banner of Truth, London, 1967.

50-Kung, Hans, *The Church*, Image Books, New York, 1967.

51-Kuzmic, Peter, *The Church and Kingdom of God*, A Thesis from International Evangelical Conference 1983.

52-Malphurs, Aubrey, *Developing a Vision for Ministry*, Baker Book House, Grand Rapids, 1992.

53-McGrath, Alister E., *Spirituality in An Age of Change*, Zondervan Pub. House, Grand Rapids, 1994.

54-Neil, Stephen C., *Creative Tension*, Edinburgh Press, London, 1959.

55-Nygren, Anders, *This is the Church*, Muhlenberg Press, Philadelphia, 1952.

56-Piet, John H., *The Road Ahead*, Eerdmans, Grand Rapids, 1970.

57-Recker, Robert, "Witness in Word and Deed" Lengthend Cords, Baker Book House, Grand Rapids, 1975.

58-Reid, Clyde, *Groups Alive-Church Alive*, Harper and Row, New York, 1969.

59-Richards, Lawrence O., *A New Face for the Church*, Zondervan Pub. House, Grand Rapids, 1970.

60-Schaff, Philip, *History of the Christian Church*, Vol. II, Eerdmans, Grand Rapids, 1967.

61-Scharpff, Paulus, *History of Evangelism*, Eerdmans, Grand Rapids, 1966.

62-Schrenk, G., *Theological Dictionary of N. T.* Vol III, ed. Kittel, G., Eerdmans,

Grand Rapids, 1974.

63 - Schrotenboer, "The Unity of the Church in Mission", A Lecture for Reformed Missions consultation, 1976,

64 - Sheridan, Mark, "Disciples & Discipleship" in *Biblical Theology Bulletin*, Vol. III, Oct, 1973, No. 3.

65 - Stott, John, *One People*, Inter-Varsity, Press, Downers Grove, 1971.

66 - Stott, John, *The Epistles of John*, Eerdmans, Grand Rapids, 1975.

67 - Tillapaugh, Frank R., *Unleashing the Church*, Regal, Calif., 1982.

68 - Todd, James A., "Participation", *Encounter*, Christian Theological Seminary, Vol. 34, Winter, 1973, No. 1.

69 - Torrance, T. F., *Service in Jesus Christ*, Eerdmans, Grand Rapids, 1975.

70 - Verkuyl, J., *The Message of Liberation in Our Age*, Eerdmans, Grand Rapids, 1970.

71 - Webber, Robert E., *Common Roots*, Zondervan Pub. House, Grand Rapids, 1978.

72 - Weber, Hans Ruedi, *Evangelization*, Paulist Press, New York, 1975.

73 - Yalom, Irvin D., *The Theory and Practice of Group Psychotherapy*, Basic Books Inc. Publishers, New York, 1975.

서론

1) 헨드릭 크래머, 《평신도 신학》, 92. (대한기독교서회, 1981).

1장 문제와 도전

1) Neil Brown, *Mobilization*, 78.

2) 월간 〈정경문화〉, 경향신문사, 1984년 2월호, 198.

3) Bill Hull, *Disciple Making Pastor*, 29.

4) McGrath, Alister E., *Spirituality in An Age of Change*, 49.

5) Howard E. Butt Jr., "The Layman as a Witness", *Christianity Today*, Vol. XII, No. 23, 11.

6) 최길성, "민중 신앙의 토속성과 외래성", 〈월간조선〉, 조선일보사, 1982년 12월, 73.

7) Hans Ruedi Weber, *Evangelization*, 64.

2장 귀중한 각성

1) 헨드릭 크래머, 같은 책, 39.

2) John Stott, *One People*, 11. (《한 백성》, 아바서원, 2012).

3) Michael Green, *Evangelism in the Early Church*, 172. 재인용. (《초대교회의 복음 전도》, 복있는사람, 2010).

4) Bill Hull, 같은 책, 163.

3장 평신도는 누구인가?

1) John Stott, 같은 책, 28.

2) John Stott, 같은 책, 28.

3) Hans Küng, *The Church*, 169. (《교회》, 한들출판사, 2007).

4) Hans Küng, 같은 책, 58.

5) John Stott, 같은 책, 30. 재인용.

6) J. D. Douglas, *Let the Earth Hear His Voice*, 398.

7) J. D. Douglas, 같은 책, 458.

8) 헨드릭 크래머, 같은 책, 72.

4장 교역자와 평신도의 관계

1) John Stott, 같은 책, 34.

2) 존 칼빈, 《기독교 강요》, 제4권, 3장 2절, 110.

3) John Stott, 같은 책, 42.

4) Anders Nygren, *This is the church*, 272. 재인용.

5) John. R. Crawford, Calvin and the priesthood of all believers, *Scottish Journal of Theology*, Vol. 21, No. 2, 152. 재인용.

6) 존 칼빈, 같은 책, 3장 16절, 127-128.

7) John Stott, 같은 책, 47.

8) Oscar Feucht, *Everyone A Minister*, 63.

5장 목회 철학을 정립하라

1) 린 · 빌 하이벨스, 《윌로우크릭 커뮤니티교회》, 106. (두란노, 1997).

2) 릭 워렌, 《새들백교회 이야기》, 93. (디모데, 1996).

6장 교회는 무엇인가?

1) Hans Küng, 같은 책, 120.

2) Peter Kuzmic, "The Church and Kingdom of God", 휘튼 83 국제복음주의 대회, 주제 논문, 22~49.

3) Hans Küng, 같은 책, 121.

7장 도전받는 전통적인 교회론

1) Stephen C. Neill, *Creative Tension*, 112.

2) Harry Boer, *Pentecost & Missions*, 18.

3) John H. Piet, *The Road Ahead*, 11-12, 28.

4) John Calvin, *Commentary on the Epistles of Paul the Apostle To The Corinthians*, 414-415.

5) Harry Boer, 같은 책, 19. 재인용.

6) Hans Küng, 같은 책, 24ff.

7) 프란시스 쉐퍼, 《20세기 말의 교회》, 95. (생명의말씀사, 1972).

8장 교회의 사도적 본질

1) F. L. Cross, "Apostolic Succession, Apostolicity", *Oxford Dictionary of the Christian Church*, 74-75와 R. B Kuiper, *The Glorious Body of Christ*, 68. 벌코프는 교회의 속성을 논하는 자리에서 성성, 보편성, 통일성만 인정하고 사도성은 로마교회가 주장하는 속성이라고 해서 여기에 포함하지 않았다. (벌코프, 《신학 개론》, 266).

2) 한스 큉(Hans Küng)은 로마 가톨릭 배경을 가진 세계적인 신학자로서 독일 튀빙겐대학교에서 조직신학과 에큐메니컬 신학을 가르치고 있다. 본서에서 인용하는 《교회》(*The Church*)를 출판할 당시만 해도(1967년) 그의 신학 사상은 매우 건전하여 개신교로부터 대단한 환영을 받았다. 그러나 그 후부터 큉의 신학적 태도는 점점 변질되어 예수 그리스도의 신성을 부인하고 보편적 계시론을 내세워 범종교적 구원관을 주장하는 데까지 이르렀다. 이와 같은 사실을 감안할 때 한스 큉의 저서를 인용하는 일은 오해를 불러일으킬 여지가 있다. 그러나 저자가 그의 교회론을 인용하는 이유는 그 내용이 놀라울 정도로 성경적이라는 확신을 얻었기 때문이다. 그러므로 저자는 한스 큉이 논한 교회론의 범위 안에서만 그의 이름을 인용할 뿐이고, 이것이 그의 신학 사상까지 긍정한다는 의미가 아님을 여기서 밝혀둔다.

3) 이종성, 《교회론 I》, 164. (대한기독교서회, 1989).

4) Hans Küng, 같은 책, 443-444.

5) Hans Küng, 같은 책, 458.

6) Hans Küng, 같은 책, 458.

7) Hans Küng, 같은 책, 459-460.

8) Gottlob Schrenk, *Theological Dictionary of N. T.* Vol III, 54.

9) Carl Kromminga, *Bring God's News to Neighbors*, 110.

10) Stephen C. Neill, 같은 책, 9.

11) F. F. Bruce, *The Book of the Acts*, 39.

12) Harry Boer, 같은 책, 103. ff.

9장 교회의 존재 이유

1) Robert E. Webber, *Common Roots*, 84-90.

2) S. C. Farris, *Dictionary of Jesus and Gospels*, 892.

3) John Stott, 같은 책, 44.

4) Hans Küng, 같은 책, 481.

5) Hans Küng, 같은 책, 487.

6) 존 칼빈, 같은 책, 제4권 1장 1절, 4절, 45-51.

7) J. H. Bavinck, *An Instruction to Science of Mission*, 68.

8) 헨드릭 크래머, 같은 책, 147.

10장 평신도 훈련의 전략적 가치

1) James A. Todd, "Participation", *Encounter*, Vol. 34, Winter, Christian Theological Seminary, 1973, No. 1.

2) Schrotenboer, "The Unity of the Church in Mission", A Lecture for Reformed Missions Consultation, 1976, 8.

3) 칼 윌슨,《목회와 제자 양성》, 8. (보이스사, 1981).

11장 예수님과 그의 제자

1) 윌리엄 바클레이,《예수의 사상과 생애》, 89. (성문학사, 1972).

2) 윌리엄 바클레이, 같은 책, 92.

12장 사복음서와 사도행전에 나타난 '제자'라는 개념

1) Mark Sheridan, "Disciples & Discipleship", *Biblical Theology Bulletin*, Vol. III,

Oct, 1973, No. 3. 255.

2) 마이클 윌킨스, 《제자도 신학》, 413-426. (국제제자훈련원, 2015).

3) Barth, *A Linguistic Key to the Greek NT*, Regency, 1980, 531.

4) W. W. Klein, *Dictionary of Paul and His Letters*, IVP, 1953, 459.

13장 믿는 자는 다 제자인가?

1) 마이클 윌킨스, 같은 책, 27 이하.

2) 마이클 윌킨스, 같은 책, 346.

14장 인격적 위탁자

1) Rudolf Bultmann, *The History of the Synoptic Tradition*, 160.

2) John Calvin, *Commentary on a Harmony of the Evangelicals*, Vol. I, P471, 472.

3) William Barclay, *The Gospel of Matthew.* Vol. I, 407.

4) William Barclay, 같은 책, 408.

5) John Calvin, 같은 책, 472.

6) 마이클 윌킨스, 같은 책, 28-29.

7) K, H. Rengstorf, *Theological Dictionary of the N. T.*, Vol. IV, 427-431.

8) K. H. Rengstorf, 같은 책, 446.

9) Norval Geldenhuys, *Commentary on the Gospel of Luke*, 399.

15장 복음의 증인

1) H. Strathmann, "martus", *T. D. N. T.*, Vol. IV, 492.

2) K. H. Rengstorf, 같은 책, 421.

3) 초대 교회에서 대사명이 어떤 역할을 했는지에 관해 더 자세히 연구하려면
   Boer의 같은 책 118~130쪽을 참고하라.

4) Robert Recker, *Witness in Word and Deed*, 375.

5) K. H. Rengstorf, 같은 책, 455.

6) Philip Schaff, *History of the Christian Church*, Vol. II, 20-21. (《교회사전집 2:
   니케아 이전의 기독교》, CH북스, 2011).

16장 섬기는 종

1) T. F. Torrance, *Service in Jesus Christ*, 1-2.

2) D. Bonhoeffer, *The Cost of Discipleship*, 79.

3) H. W. Beyer, "diakonia", *T. D. N. T.*, Vol. II. 85-86.

4) John Stott, *The Epistles of John*, 143.

17장 교회의 체질이 바뀐다

1) Lawrence Richards, *New Face for the Church*, 38.

2) Finke, *The Churching of America*, 1776~1990, Chapter 7.

18장 제자훈련의 목적

1) 이성희,《미래 목회 대예언》, 302. (규장, 1998).

2) 존 스토트,《현대 사회 문제와 기독교의 답변》, 26. (기독교문서선교회, 1985).

3) 헨리 나우웬,《영혼의 양식》, 2월 27일. (두란노, 1997).

19장 누가 제자훈련을 시킬 것인가?

1) Francis M. DuBose, *Classics of Christian Missions*, 44.

2) John Stott, *One People*, 45-46.

3) 존 칼빈, 김문제 역, 같은 책, 4권, 52.

4) John Piet, 같은 책, 57.

5) Oscar Feucht, 같은 책, 97.

20장 어떻게 시작할 것인가?

1) Aubrey Malphurs, *Developing a Vision for Ministry*, 10.

2) 로버트 콜먼,《주님의 전도 계획》, 21-37. (생명의말씀사, 1981).

21장 무엇으로 가르칠 것인가?

1) 로버트 콜먼, 같은 책, 82.

2) 로버트 콜먼, 같은 책, 83.

3) 윌킨스, 같은 책, 23.

22장 훈련 교재는 이런 것이 좋다

1) Paulus Scharpff, *History of Evangelism*, 126 이하를 참고하라.

2) B. K. Kuiper, *The Church in History*, 342-343.

3) 로렌스 리처즈, 《창조적인 성서 교수법》, 31. (생명의말씀사, 1982).

23장 소그룹 환경

1) 린 · 빌 하이벨스, 같은 책, 243.

2) Lawrence O. Richards, 《교회 지도자 신학》, 329. (정경사, 1983).

3) J. Verkuyl, *The Message of Liberation in Our Age*, 106.

4) Ernest G. Bormann, *Effective Committees and Groups in the Church*, 12.

5) Clyde Reid, *Groups Alive-Church Alive*, 16.

6) Lawrence O. Richards, *A New Face for the Church*, 157.

7) Irvin D. Yalom, *The Theory and Practice of Group Psychotherapy*, 70-104. (《최신 집단정신치료의 이론과 실제》, 하나의학사, 2008).

24장 귀납적 방법을 바로 이해하라

1) 네비게이토, 《성경공부 인도법》, 56. (네비게이토선교회, 1973).

2) 네비게이토, 같은 책, 22.

25장 제자훈련에 필요한 리더십

1) Leighton Ford, "Jesus as a Model for Leaders", *World Evangelization*, 1995, March / April, 6-10.

2) Clyde Reid, 같은 책, 82.

3) John Stott, 같은 책, 527.

28장 한국 교회의 뿌리, 그 초창기의 정신

1) 백낙준, *The History of Protestant Missions in Korea*, 151.

2) J. Herbert Kane, *A Global View of Christian Missions*, 265.

3) John Piet, 같은 책, 57.

4) 정석산, *The Evangelization of Korea and The Nevius Principles*, 68.

5) 정석산, 같은 책, 68.

6) 백낙준, 같은 책, 151.

7) J. Herbert Kane, 같은 책, 265.

8) 백낙준, 같은 책, 151.

9) 장희근, 《한국 장로교회사》, 118. (아성, 1970).

33장 21세기, 활짝 열려 있는 문

1) 리드 앤더슨, 《21세기를 위한 교회》, 32. (솔로몬, 1997).

2) 이성희, 《미래 목회 대예언》, 109~313.

3) Tillapaugh, Frank R., *Unleashing the Church*, 20.

국제제자훈련원은 건강한 교회를 꿈꾸는 목회의 동반자로서 제자 삼는 사역을 중심으로
성경적 목회 모델을 제시함으로 세계 교회를 섬기는 전문 사역 기관입니다.

평신도를 깨운다

초판 1쇄 발행 1984년 6월 10일
개정3판 16쇄(165쇄) 발행 2024년 4월 25일

지은이 옥한흠

펴낸이 오정현
펴낸곳 국제제자훈련원
등록번호 제2013-000170호(2013년 9월 25일)
주소 서울시 서초구 효령로68길 98(서초동)
전화 02)3489-4300   **팩스** 02)3489-4329
이메일 dmipress@sarang.org

ISBN 978-89-5731-784-6 03230

※ 책값은 뒤표지에 있습니다. 잘못된 책은 구입하신 곳에서 교환해드립니다.